劳动法实务百问百答

主编 李坤 王申
副主编 孙童伟

河北大学出版社
·保定·

出 版 人：马　力
责任编辑：王殊宁
助理编辑：李　烨
装帧设计：赵　谦
责任校对：苏安邦
责任印制：常　凯

图书在版编目（CIP）数据

劳动法实务百问百答 / 李坤，王申主编．-- 保定 ：河北大学出版社，2025．5．-- ISBN 978-7-5666-2684-4

Ⅰ．D922.505

中国国家版本馆 CIP 数据核字第 2025X40W97 号

出版发行：河北大学出版社

地址：河北省保定市七一东路2666号　邮编：071000

电话：0312-5073003　0312-5073029

网址：www.hbdxcbs.com

邮箱：hbdxcbs@163.com

印　　刷：涿州市般润文化传播有限公司
幅面尺寸：170 mm×240 mm
字　　数：268千字
印　　张：18
版　　次：2025年5月第1版
印　　次：2025年5月第1次印刷
书　　号：ISBN 978-7-5666-2684-4
定　　价：86.00 元

前　言

21 世纪第三个十年，中国经济社会正经历深刻变革。自 2021 年房地产市场深度调整引发的连锁反应，到 2025 年仍在持续的经济周期震荡，建筑地产全产业链正经历前所未有的转型阵痛。在这场波及数千万从业者的行业变局中，企业破产清算、组织架构调整、大规模人员优化已成为职场常态。央企国企的“人员分流”、民营企业的“断臂求生”，让“裁员通知”从偶发事件演变为系统性风险，劳动者权益保障问题从未如此迫在眉睫。

作为深耕建筑工程领域十余年的亲历者，笔者目睹了 2024 年建筑市场“冰河时代”的来临——设计院图纸堆积成山却无新项目启动，施工单位机械封存被迫“冬眠”，地产公司成批解除劳动合同的邮件在深夜发出。更令人忧心的是，当企业生存危机与劳动者权益保护产生碰撞，缺乏法律常识的普通打工人往往成为最脆弱的群体。他们或许能看懂施工图纸，却读不懂劳动合同的隐藏条款；擅长操作专业软件，却在维权程序中手足无措。

这正是本书存在的根本价值。我们以“法律赋能”为核心理念，将复杂的劳动法规转化为 100 个场景化问答，既有理论解答，又有案件展示。涵盖劳动关系存续的全生命周期。从签订第一份劳动合同的注意事项，到被迫解除劳动关系时的赔偿计算；从加班费的计算，到竞业限制的合规边界，每个问题都源于真实案例的血泪教训。特别设置的“维权工具箱”章节，提供仲裁申请书撰写、证据收集清单、申请财产保全、申请强制执行等实用模板，让纸面上的权利转化为现实的维权武器。

相较于传统法律读物，本书独创“三重防护体系”：①以时间轴解构劳动关系，建立“事前预防—事中应对—事后救济”的全流程认知；②引入近五年各地法院最新的司法案例，以及最高人民法院指导性案例、入库案例及地方法院典型判例，通过110个真实裁判要旨揭示司法实践风向；③配备“维权工具箱”，提供了仲裁、诉讼中各个阶段需要的各类法律文书模板。

在这个充满不确定性的时代，法律认知的差距正在加剧职场生存的“马太效应”。本书愿做穿透阴霾的一束光，为迷茫中的劳动者提供可操作的权利地图。当您面对不合理的调岗通知时，当收到含糊其词的解除协议时，当遭遇变相降薪的绩效方案时，翻开这本历时一年打磨的维权指南，您会发现，每个章节都凝聚着专业律师团队的经验结晶，每个案例都经过仔细的筛选，每项建议都符合最新司法解释的裁判尺度。

谨以此书献给所有在时代浪潮中奋力前行的劳动者。愿它成为您职场背包中的“法律盾牌”，谈判桌上的“无声律师”，维权路上的“导航仪”。让我们共同相信：即便寒冬漫长，权利永不褪色；纵使前路坎坷，正义终将抵达。您的每一次依法维权，都在为构建更公平的劳动环境添砖加瓦。这，正是本书创作的终极使命。

李　坤

2025年4月5日

目　录

第一章　劳动关系的认定 …………………………………… （1）
1. 什么是事实劳动关系，如何认定？ ………………………… （1）
2. 如何区别劳动关系与劳务关系？ …………………………… （3）
3. 为个人（非个体工商户）提供劳务，双方形成的是劳动法律关系吗？ …………………………………………… （6）
4. 用人单位与尚未毕业的在校学生签订劳动合同，是否成立劳动关系？ …………………………………………… （7）
5. 用工单位招用已超过法定退休年龄的员工，双方是否成立劳动关系？ …………………………………………… （9）
6. 网络主播为公司带货，双方是否存在劳动关系？ ………… （11）
7. 在打车软件上注册的代驾司机与打车软件公司是否构成劳动关系？ …………………………………………… （15）

第二章　劳动合同的订立 …………………………………… （17）
8. 用人单位与劳动者建立劳动合同关系，必须签订书面劳动合同吗？ …………………………………………… （17）
9. 对于试用期，法律有哪些方面的限制？ …………………… （19）
10. 何种情形下可以签订无固定期限的劳动合同？ ………… （21）
11. 劳动者本可以签订无固定期限劳动合同，但却与用人单位之间签订了固定期限劳动合同，劳动者还能否要求变更为无固定期限劳动关系？ ……………………………… （23）

12. 用人单位可否与劳动者约定服务期并约定劳动者违约时应支付违约金？ …………………………………………………… (25)
13. 用人单位发生法定代表人变更、分立或合并情况时如何处理劳动合同？ …………………………………………………… (27)
14. 签订劳动合同时，用人单位能否向劳动者收取定金、保证金、风险抵押金？ ………………………………………… (29)
15. 劳动合同无效会产生什么法律后果？ ………………………… (31)
16. 当事人在订立劳动合同之时或履行劳动合同期间约定了经济补偿金的标准，其效力应当如何认定？ ……… (32)
17. 劳动合同是否必须约定有关职业病内容的条款？ ………… (33)
18. 非用人单位的原因导致未签订书面劳动合同，劳动者能否要求用人单位支付二倍工资？ …………………… (35)
19. 集体合同与个人劳动合同规定不一致时，哪个效力更高？ ……………………………………………………………… (36)
20. 用人单位超过一个月未与劳动者订立书面劳动合同，但在一年内又补签或倒签了劳动合同的，是否应该向劳动者支付二倍工资？ ………………………………………………… (37)

第三章 劳动者的基本权利及工会的作用 ………………………… (41)
21. 劳动者有哪些基本权利与义务？ ……………………………… (41)
22. 工会的基本职责有哪些，我国对于工会的权限有哪些方面的规定？ ………………………………………………… (42)
23. 用人单位订立哪些规章制度必须与职工协商？ …………… (45)
24. 残疾人、少数民族人员、退役军人就业有哪些特殊规定？ ……………………………………………………………… (46)
25. 未成年工和童工有什么不同，国家对招用未成年工的限制性要求有哪些？ ……………………………………………… (48)
26. 女职工禁忌从事的劳动范围有哪些？ ………………………… (50)

第四章 公司内部规章制度在劳动争议中的作用 ……………………（53）
27. 用人单位依法建立的规章制度，是否可以成为人民法院审理劳动争议案件的依据？ ……………………（53）
28. 用人单位制定的内部规章制度与集体合同或者劳动合同约定的内容不一致时，应如何处理？ ……………………（54）
29. 用人单位以劳动者严重违反用人单位的规章制度为由解除劳动合同，是否属于合法解除劳动合同？ ……………………（56）
30. 单位规章制度损害劳动者权益，劳动者可以辞职并要求公司补偿吗？ ……………………（62）
31. 用人单位在“内部网络”发布公司规章制度，是否构成有效公示？ ……………………（62）

第五章 劳动报酬与休假 ……………………（65）
32. 劳动者的工资包含哪些内容？ ……………………（65）
33. 如何认定劳动者的工作时间？ ……………………（66）
34. 用人单位可否对员工的休息日进行调整？ ……………………（67）
35. 实行不定时工作制的劳动者的工资如何计发，其休息休假如何确定？ ……………………（68）
36. 我国法律规定的劳动者的休假制度，除了法定节假日以外还有哪些？ ……………………（71）
37. 未经批准自愿加班能索要加班费吗？ ……………………（72）
38. 劳动者在非工作时间被公司安排工作，劳动者利用微信等社交媒体在家“隐形加班”，能否向公司索要加班费？ …（74）
39. 休息日或法定休假日加班，用人单位可否不支付加班费而给予补休？ ……………………（75）
40. 对保安、门卫、仓库保管员等全天24小时吃住在单位的特殊岗位劳动者主张加班工资的，加班事实和加班工资应如何确定？ ……………………（77）

41. 加班费的计算基数是按什么？ ……………………………… （78）
42. 在劳动者与用人单位对工资标准未约定的情况下，劳动者的工资标准应当如何确定？ ……………………………… （81）
43. 用人单位工资分配自主权具体表现为哪些方面？ ………… （82）
44. 哪些工资不应计算在最低工资的范围内？ ……………… （84）
45. 实行计件工资制的加班工资如何认定？ ………………… （85）
46. 用人单位能否以实物或购物券代替现金支付工资？ ……… （87）
47. 在何种情形下，用人单位扣除劳动者工资不视为“克扣”，无须承担法律责任？ ……………………………… （88）
48. 因劳动者本人原因给用人单位造成经济损失的，用人单位能否以扣工资的形式处罚劳动者？ ……………………… （89）
49. 劳动者请事假未批后未到岗，用人单位可以按旷工处理吗？ ……………………………… （91）
50. 妻子生育期间，男性职工请假陪护的，用人单位是否应支付请假期间的工资？ ……………………………… （92）
51. 用人单位与劳动者约定业务提成在货款收回后才支付的，该约定有效吗？ ……………………………… （93）
52. 用人单位规定劳动者在完成一定绩效后可以获得奖金，后用人单位又拒绝履行审批义务的，劳动者可以主张获奖条件成就吗？ ……………………………… （96）
53. 用人单位是否可以随意取消职工福利？ ………………… （97）

第六章　社会保险与工伤认定 ……………………………… （100）
54. 工作时间内，劳动者在工作场所的卫生设施内发生伤亡，是否构成工伤？ ……………………………… （100）
55. 职工在参加单位组织的团建活动中受伤能否认定为工伤？ ……………………………… （101）
56. 单位不缴社保，劳动者可以辞职并要求公司补偿吗？ …… （102）

57. 女职工生育津贴高于本人工资的，用人单位是否应当全额发放？ …………………………………………………… (104)
58. 劳动者在试用期内是否享有社会保险待遇？ ……………… (106)
59. 如何认定承担工伤保险责任的单位？ ………………………… (107)
60. 工伤职工在停工留薪期内“原工资福利待遇不变”的计算标准是什么？ …………………………………………… (109)
61. 超过法定退休年龄的进城务工农民在工作时间内因公伤亡的，能否认定工伤？ …………………………………………… (110)
62. 劳动者在何种情况下可以领取失业保险金，何种情况下应当停止领取失业保险金？ ……………………………………… (111)
63. 用人单位低于实际工资缴纳社保，导致员工退休后退休金减少，员工能否向法院起诉要求赔偿？ ……………… (112)
64. 用人单位未按规定足额缴纳社会保险致使劳动者工伤保险待遇降低的，用人单位是否应该承担赔偿责任？ ……… (114)

第七章　保密和竞业限制 ……………………………………… (116)
65. 什么是竞业限制？ ……………………………………………… (116)
66. 竞业限制适用于用人单位的哪些人员？ ……………………… (116)
67. 如何判定离职员工违反了竞业协议？ ………………………… (119)
68. 竞业限制条款未约定经济补偿费，或用人单位拒绝给付劳动者经济补偿费的，该条款对劳动者是否有效？ ……… (120)
69. 用人单位与劳动者在竞业限制条款中约定，因履行竞业限制条款发生争议申请仲裁和提起诉讼的期间不计入竞业限制期限，该约定是否有效？ …………………………………… (122)
70. 用人单位能否在离职协议中与劳动者约定，以离职后不能违反竞业协议为支付劳动补偿金的条件？ ……………… (123)

第八章 劳动合同的解除与终止 …………………………………… (126)

71. 劳动合同的终止与解除有何区别? ………………………… (126)

72. 在何种情况下劳动者与用人单位解除劳动合同，可要求用人单位支付经济补偿金? ………………………………… (126)

73. 用人单位和劳动者是否可以约定劳动合同的终止条件? …… (128)

74. 用人单位如何证明劳动者在试用期间不符合录用条件? …… (129)

75. 劳动合同期满后，用人单位能否终止合同的履行? ……… (130)

76. 协商一致解除劳动合同的情形下，用人单位是否需要支付给劳动者经济补偿金? ………………………………… (132)

77. 劳动者以用人单位未与其签订书面劳动合同为由解除劳动关系，用人单位需要支付经济补偿吗? ……………… (133)

78. 用人单位可否以劳动者兼职为由解除劳动合同? ………… (135)

79. 劳动者在临近下班时间之际离开工位属于严重违反劳动规章制度吗? 用人单位以此为由单方解除劳动合同合法吗? ……………………………………………… (137)

80. 劳动者解除劳动合同前十二个月平均工资，包含哪些内容? …………………………………………………… (139)

81. 劳动者提供虚假资料，用人单位以此为由解除劳动合同，需要给劳动者补偿金吗? ……………………………… (141)

82. 劳动者不能胜任工作被辞退，用人单位还需要给补偿吗? …………………………………………………… (143)

83. 用人单位是否能以“末位淘汰”为由解除合同? ………… (145)

84. 客观情况发生重大变化且用人单位与劳动者协商变更未达成一致，单位解除合同需要给劳动者补偿吗? ………… (146)

85. 劳动者在孕期严重违反单位的规章制度或严重失职给单位利益造成重大损害，用人单位能否解除劳动合同? ……… (149)

86. 对女同事进行性骚扰的，用人单位能否以严重违反单位规章制度为由解除劳动合同? ……………………………… (150)

87. 企业破产或倒闭，单位需支付经济补偿吗？ ………………（152）
88. 公司强行给员工“放假”或“待岗”，劳动者可以辞职并要求公司补偿吗？ …………………………………（153）
89. 劳动者主动解除劳动合同，要提前多久向用人单位提出？未提前向用人单位提出，需要承担什么后果？ ………（156）
90. 劳动合同解除后，用人单位和劳动者的附随义务有哪些？ …………………………………………………………（157）

第九章 劳动争议仲裁与诉讼程序 ………………………（159）
91. 什么是劳动争议？ ……………………………………（159）
92. 如何区别劳动争议与人事争议？ ……………………（160）
93. 发生劳动争议，劳动者维权的程序一般是怎么样？ ………（160）
94. 劳动调解一般内容和程序是什么？ …………………（161）
95. 劳动仲裁一般规定和程序是什么？ …………………（162）
96. 二倍工资的仲裁时效应该如何理解？ ………………（164）
97. 劳动者向人民法院提起劳动争议诉讼时应当提交哪些证据材料？ ……………………………………………（166）
98. 当事人因工资支付发生争议的，举证责任如何分配？ ……（166）
99. 当事人劳动合同的订立与解除发生争议的，举证责任如何分配？ ……………………………………………（167）
100. 劳动争议仲裁过程中，用人单位可能出现逃匿、转移财产等情形时该如何处理？ ……………………………（167）

第十章 维权工具箱 ……………………………………（169）
1. 仲裁案件法律文书模板 ………………………………（169）
当事人提交材料清单（立案） …………………………（169）
仲裁申请书 ……………………………………………（170）
授权委托书 ……………………………………………（172）

证据目录 …………………………………………………………… (173)
和解协议 …………………………………………………………… (174)
2. 诉讼案件法律文书模板 ……………………………………………… (175)
民事起诉状 ………………………………………………………… (175)
民事上诉状 ………………………………………………………… (177)
授权委托书 ………………………………………………………… (178)
缓交诉讼费用申请书 ……………………………………………… (179)
财产保全申请书 …………………………………………………… (180)
执行申请书 ………………………………………………………… (181)
解除限制高消费措施申请书 ……………………………………… (183)

第十一章　相关法律法规 …………………………………………… (184)
中华人民共和国劳动法 …………………………………………… (184)
中华人民共和国劳动合同法 ……………………………………… (197)
中华人民共和国社会保险法 ……………………………………… (215)
中华人民共和国劳动争议调解仲裁法 …………………………… (230)
最高人民法院关于审理劳动争议案件适用法律问题的解释（一）
…………………………………………………………………… (239)
最高人民法院关于审理拒不支付劳动报酬刑事案件适用法律若干问题的解释 ………………………………………………… (250)
中华人民共和国劳动合同法实施条例 …………………………… (252)
工伤保险条例 ……………………………………………………… (259)
最高人民法院关于人民法院对经劳动争议仲裁裁决的纠纷准予撤诉或驳回起诉后劳动争议仲裁裁决从何时起生效的解释
…………………………………………………………………… (273)

参考文件 ……………………………………………………………… (274)

第一章　劳动关系的认定

1. 什么是事实劳动关系，如何认定？

事实劳动关系是指用人单位与劳动者之间未签订书面劳动合同，但劳动者已实际提供劳动并接受用人单位管理的劳动关系。其核心在于存在劳动给付行为及双方从属关系，但欠缺法定的书面形式要件。中国境内的企业、个体经济组织与劳动者之间，只要劳动者事实上已成为企业、个体经济组织的成员，并为其提供有偿劳动，即适用《劳动法》①。用人单位招用劳动者未订立书面劳动合同，但同时具备下列情形的，劳动关系即成立：

（1）用人单位和劳动者符合法律、法规规定的主体资格，即用人单位需具备营业执照或合法用工资质，劳动者须年满16周岁且未达到法定退休年龄；

（2）用人单位依法制定的各项劳动规章制度适用于劳动者，劳动者服从用人单位的劳动管理，从事用人单位安排的有报酬的劳动；

（3）劳动者提供的劳动是用人单位业务的组成部分。

具体来说，用人单位未与劳动者签订劳动合同，认定双方存在劳动关系时可参照以下凭证：

（1）工资支付凭证或记录（职工工资发放花名册）、缴纳各项社会保险费用的记录；

（2）用人单位向劳动者发放的“工作证”“服务证”等能够证明身份的证件；

---

① 《中华人民共和国劳动法》（2018年修正）本书简称为《劳动法》。

（3）劳动者填写的用人单位招工招聘“登记表”“报名表”等招用记录；

（4）考勤记录；

（5）其他劳动者的证言。

以案释法1：陈某某与广州市荣景船务有限公司船员劳务合同纠纷 广州海事法院（2021）粤72民初55号

案情简介：陈某某2020年3月经赵某聘用于“荣景288”轮任职轮机长兼职厨师。陈某某在船期间根据赵某安排提供相应劳务，每月劳务报酬由赵某支付。2020年11月4日，陈某某以其腰部有伤等为由申请离船。赵某经营的“荣景288”轮在广州某某船务公司名下挂靠经营。2020年11月23日，陈某某以广州某某船务公司为被申请人，向广州市黄埔区劳动人事争议仲裁委员会申请仲裁，请求判令陈某某与广州某某船务公司成立劳动关系，船务公司支付未签订书面劳动合同的赔偿、加班费、违约解除劳动合同补偿金等。该仲裁委员会于11月24日以案件属于海事法院管辖出具不予受理通知书。陈某某遂向法院提起诉讼。

法院观点：陈某某与广州某某船务公司是否成立事实劳动关系，关键在于是否符合《劳动和社会保障部关于确立劳动关系有关事项的通知》关于劳动关系成立的认定标准。陈某某船员服务簿上虽然加盖了载明船务公司名称的船章和船员服务部签证章，但是该签证章只是基于经营和管理涉案船舶之便，由赵某私自刻制加盖，而非由船务公司使用所备案的签证章加盖，该服务簿无法成为可以证明事实劳动关系的文件材料。同时，陈某某系经中介机构介绍与赵某取得联系。双方商定从事劳务工作的岗位及报酬、在船期间陈某某根据赵某的安排提供相关劳务、陈某某所得的劳务报酬由赵某支付、劳务报酬的调整亦由赵某做出。而赵某并非船务公司的员工，其将“荣景288”轮挂靠在船务公司名下经营，系“荣景288”轮的实际经营人和管理人。因此，受赵某管理的陈某某并非船务公司的员工，与船务公司不存在管理上的从属关系，从事的劳务并非船务公司业务的直接组成部分，获取报酬与船务公司无关。通过上述事实，陈某某与船务公司之间不符合事实劳动关系的基本法律特征，不宜认定两者之间成立事实劳动关系，而应认定陈某某与赵某形成了平等主体之间的劳务合同关系。

2. 如何区别劳动关系与劳务关系？

劳动关系是指用人单位和劳动者基于雇佣与被雇用而产生的关系，在法律上属于《劳动法》的范畴；劳务关系则是平等民事主体间提供方给用工方提供劳动服务，获得劳务报酬的关系，由民法调整。两者的区别主要有以下几方面：

（1）劳动关系一方是用人单位，另一方必然是劳动者；而劳务关系可能有很多方，可能是公司与公司之间的关系，也可能是人和人之间的关系，还可能是公司与人之间的关系；

（2）在劳动关系中，劳动者除提供劳动之外，还要接受用人单位的管理，遵守其规章制度等；而劳务关系只有劳务服务，用工方支付报酬，彼此之间在法律上不存在身份隶属关系，既没有档案需要放在单位或与单位有关的地方，也不需要办员工手册等证明文件；

（3）劳动关系中的劳动者除获得工资报酬外，还有法定社会保险、公积金等，而劳务关系一般只获得劳动报酬；

（4）劳动关系适用《劳动法》，劳务关系则适用《民法典》①。

以案释法 2：乔某某、奎屯某某物资有限公司确认劳动关系纠纷　新疆维吾尔自治区高级人民法院（2023）新 40 民终 645 号

案情简介：乔某某之夫苟某某自 2011 年 6 月起在奎屯某某物资有限公司（下称“某某公司”）担任驾驶员，负责驾驶货车运输粉煤灰。2022 年 4 月 23 日，苟某某在运输途中突发疾病身亡。乔某某主张苟某某与某某公司存在劳动关系，要求确认双方自 2011 年 6 月至 2022 年 4 月 23 日期间存在劳动关系。某某公司辩称双方系劳务关系，并提交了 2022 年签订的劳务合同书，约定劳务报酬按运输毛利提成结算，但未涉及社保、基本

① 《中华人民共和国民法典》，本书简称为《民法典》。

工资等劳动关系核心条款。一审法院以劳务合同存在、报酬按提成支付为由，认定双方为劳务关系，驳回乔某某请求。乔某某不服一审判决，提起上诉。

法院观点：

(1) 劳动关系的特点。劳动关系，就是劳动力的所有者一方（劳动者）将自己的劳动力有偿交给另一方（用人单位）使用，劳动者人身在一定程度上受到用人单位的控制，劳动关系呈现人身关系的特征，进而成为一种隶属主体间的以指挥和服从为特征的管理关系。用人单位对于劳动者的管理与支配的权力体现在“从属性”，此也是劳动关系与一般的民事关系最基本的区别，该从属性主要分为人格上的从属性及经济上的从属性。人格上的从属性主要指劳动者对用人单位的指示服从的义务，表现为：①用人单位对劳动者的工作时间、地点和业务内容具有广泛的指示权；②劳动者成为用人单位组织中的一员，必须服从用人单位组织中的内部劳动规则，即必须遵守本单位的规章制度；③劳动者有接受用人单位的检查以及接受合理制裁的义务。经济从属性主要表现为：①生产工具或器械由用人单位所有，原料由用人单位供给；②劳动者的工作是作为用人单位所经营的事业整体的、不可分割的一部分，劳动者是为用人单位的事业提供劳动而不是为自己提供劳动；③责任与危险负担由雇主负责。因此“事实优先”原则对于判断劳动关系是否存在有至关重要的作用，即不管双方当事人是否订立合同，或以何种名义订立合同，主要考察的应是双方之间的权利义务关系是否具有劳动关系的特点，而不能拘泥于各方或双方如何描述这种关系。

(2) 劳务关系的特点。所谓劳务关系是劳动者与用工者根据口头或书面约定，由劳动者向用工者提供一次性的或特定的服务，用工者依约向劳动者支付劳务报酬的一种有偿服务的法律关系。它是两个或两个以上的平等主体之间就劳务事项进行等价交换过程中形成的一种经济关系，各方之间没有隶属性，没有管理与被管理的隶属关系，劳务的提供者自主管理，自由支配劳动力，提供劳务的一方自行承担风险。

(3) 劳务关系与劳动关系的区别。劳务关系与劳动关系的区别主要有四点：第一，当事人地位不同。前者当事人之间无组织、隶属关系，地位平等。后者当事人之间存在隶属关系，劳动提供方是接受方的组织成员。第二，标的不同。前者的标的是物化或非物化的劳动成果，后者的标的是劳动力的使用过程。第三，风险责任不同。前者由劳务提供方自担风险，后者由劳动接受方承担劳动过程中的风险。第四，劳动报酬性质不同。前者劳务报酬与商品交换中的价款具有同样性质，遵循等价有偿规则，通常由劳务接受方一次性支付或分多次支付。后者劳动报酬是生活消费品的一种分配形式，遵循按劳分配原则，由劳动接受方持续、定期支付。

根据前述对劳动关系与劳务关系的分析，结合本案查明的事实，苟某某与某某公司应当被认定为劳动关系，理由如下：虽然本案中某某公司提供了与苟某某之间签订的劳务合同，但是认定双方之间是劳动关系还是劳务关系应当通过双方的行为所产生的权利义务来确认。原劳动和社会保障部《关于确立劳动关系有关事项的通知》[①]（劳社部发〔2005〕12号）第一条规定："用人单位招用劳动者未订立书面劳动合同，但同时具备下列情形的，劳动关系成立：（一）用人单位和劳动者符合法律、法规规定的主体资格；（二）用人单位依法制定的各项劳动规章制度适用于劳动者，劳动者受用人单位的劳动管理，从事用人单位安排的有报酬的劳动；（三）劳动者提供的劳动是用人单位业务的组成部分。"本案中，第一，双方均符合建立劳动关系的主体资格。第二，苟某某自2011年6月直至2022年4月其去世一直在某某公司从事驾驶员工作，持续时间近11年，结合其2005年起的银行转账记录，可见其虽然每年从事的劳动时间有长有短，但其领取报酬具有一定的规律性和持续性，还是区别于劳务关系一次性、临时性、短期性的特点。苟某某负责运输粉煤灰，该工作也属于某某公司业务的组成部分，某某公司以苟某某完成的工作量为其支付劳动报

---

① 《关于确立劳动关系有关事项的通知》（劳社部发〔2005〕12号）由中华人民共和国劳动和社会保障部（2008年3月正式更名为中华人民共和国人力资源和社会保障部）于2005年5月25日发布，该文件现行有效。

酬，属于按劳分配的范畴，且苟某某的相关待遇与签订劳动合同的员工并无区别。苟某某领取工资、维稳费、高温补贴，报销差旅费，进入公司微信工作群，公司为苟某某提供宿舍等事宜均是公司对其工作具有一定安排、指示和管理的体现，且苟某某在所谓劳务合同期限内并不能随意决定其是否提供劳动，不具有劳务关系中自由支配劳动力的特点。因此可以认定苟某某与某某公司之间已具有人身隶属性的特点。第三，苟某某系以某某公司名义对外提供劳动，并且苟某某还领取了某某公司的工作服、工作证等，其劳动所产生的风险也由某某公司负担。从上述三点可以看出，双方之间符合建立劳动关系的构成要件，某某公司认为苟某某签订的劳务合同即双方之间不属于劳动关系的抗辩理由与实际不符，本院对此不予采信。

3. 为个人（非个体工商户）提供劳务，双方形成的是劳动法律关系吗？

劳动部《关于贯彻执行〈中华人民共和国劳动法〉若干问题的意见》[①]第一条解释："劳动法第二条中的'个体经济组织'是指一般雇工在七人以下的个体工商户。"没有工商行政管理部门颁发的个体工商户营业执照，不是依法成立的个体工商户，不能作为劳动法律关系的主体。一方为个人（非个体工商户）提供劳务，雇主给付其报酬，他们之间形成的是雇佣法律关系或劳务关系，比较典型的如包工头雇佣农民工实施劳务作业。包工头不具备法律规定的主体资格，故双方形成的是劳务关系或雇佣关系，而非劳动关系。

以案释法 3：贵州鸿某某建筑工程有限责任公司、黄某某劳务合同纠纷 贵州省六盘水市中级人民法院（2019）黔 02 民终 1297 号

案情简介：水城县某森林旅游开发有限公司（下称某旅开公司）作为

① 《关于贯彻执行〈中华人民共和国劳动法〉若干问题的意见》（劳部发〔1995〕309 号）由原劳动部（现中华人民共和国人力资源和社会保障部）于 1995 年 8 月 4 日发布，该文件现行有效。

发包方，将“贵州六盘水鞭陀小镇建设项目”通过招投标交由贵州鸿某某建筑工程有限责任公司（下称鸿某某公司）总承包。鸿某某公司与周某某签订土建工程劳务承包合同，约定周某某包工包辅材负责钢筋、混凝土等劳务作业。周某某将钢筋工程分包给黄某某施工，黄某某组织 20 余名农民工完成具体作业。2019 年 2 月 21 日，周某某向黄某某出具欠条，确认欠付 2017—2018 年钢筋工程劳务费 383 520 元。黄某某起诉要求周某某支付欠款及利息（按年利率 4.35%计算），并主张鸿某某公司、某旅开公司在欠付工程款范围内承担连带责任。

法院观点：本案中原审被告某旅开公司将案涉工程发包给上诉人鸿某某公司承包，鸿某某公司又将案涉工程的土建工程劳务分包给原审被告周某某，周某某又将钢筋工作交由被上诉人黄某某进行。故黄某某是向周某某提供劳务，由周某某支付劳务费，周某某与黄某某之间形成劳务合同关系。

4. 用人单位与尚未毕业的在校学生签订劳动合同，是否成立劳动关系？

用人单位与尚未毕业的在校学生签订的劳动合同是否构成劳动关系，需结合具体用工情形综合判断。

若即将毕业的大专院校在校学生以就业为目的，与用人单位签订劳动合同且符合劳动实质要件，即接受用人单位管理，按合同约定付出劳动且用人单位在明知求职者系在校学生的情况下，仍与之订立劳动合同并向其发放劳动报酬的，该劳动合同合法有效，应当认定双方之间形成劳动合同关系。

若在校生只是利用业余时间勤工俭学，或参加学校统一组织的实习活动（如社会实践、课程实习），以学习为目的且未形成稳定用工关系的；或仅从事短期、临时性工作（如兼职、按小时计酬），未接受用人单位系统管理，且以获取实践经验或补贴生活费为目的，通常视为劳务关系或实习关系。

以案释法 4：新疆某速运有限公司、单某确认劳动关系纠纷　乌鲁木齐市中级人民法院（2024）新 01 民申 106 号

案情简介：2023 年 4 月 21 日，新疆某速运有限公司与单某签订了实习协议，实习期自 2022 年 4 月 22 日至 2022 年 6 月 30 日。速运公司认为其与单某不存在劳动关系，双方签订的是实习协议，单某是在校学生，属于勤工俭学，不应认定双方存在劳动合同关系。单某认为自己已经离校完成学业，签订的实习协议不具备实习的特征，提供的劳动本质符合劳动关系的特征，应当认定双方之间建立了劳动关系。

法院观点：劳动和社会保障部《劳动和社会保障部关于确立劳动关系有关事项的通知》第一条规定："一、用人单位招用劳动者未订立书面劳动合同，但同时具备下列情形的，劳动关系成立。（一）用人单位和劳动者符合法律、法规规定的主体资格；（二）用人单位依法制定的各项劳动规章制度适用于劳动者，劳动者受用人单位的劳动管理，从事用人单位安排的有报酬的劳动；（三）劳动者提供的劳动是用人单位业务的组成部分。"本案中，某速运公司主张其与单某之间不存在劳动关系，因单某与其签订的系实习协议而非劳动合同，且单某系在校学生，属于勤工俭学，不应认定双方存在劳动合同关系。本院审查认为，首先，单某进入某速运公司工作时已成年，具备建立劳动关系的行为能力，其学生身份与劳动者身份并不冲突，判断在校学生是否属于建立劳动关系的适格主体并不以取得毕业证为前提，且单某进入某速运公司工作系自发受雇，并非经学校组织，结合学校出具的证明来看，其所从事的劳动亦不属于学校教学计划的组成部分，而属于用人单位业务范畴，故其符合法律、法规规定的劳动主体资格。其次，单某依照某速运公司的规定进行劳动，受到某速运公司的管理和指挥，双方形成管理与被管理的隶属关系。最后，某速运公司向单某安排劳动任务并支付劳动报酬，与同岗位人员同工同酬，双方形成有偿劳动。综上，单某符合上述确认劳动关系的法律规定，故一审法院认定双方存在劳动关系正确。

5. 用工单位招用已超过法定退休年龄的员工，双方是否成立劳动关系？

关于达到法定退休年龄人员的用工认定问题，司法实践中仍有争议。用人单位与依法享受养老保险待遇或者领取退休金人员建立的用工关系，对于这种情况下的用工关系如何定性，目前司法实践争议不大。根据《最高人民法院关于审理劳动争议案件适用法律问题的解释（一）》第三十二条第一款规定，用人单位与已经依法享受养老保险待遇或者领取退休金人员发生用工争议提起诉讼的，应当按劳务关系处理。

对于用人单位与已达到法定退休年龄但是不能享受养老保险待遇人员的用工关系定性，实践中存在争议。部分地区支持劳动关系成立，如江苏省、河北省、云南省、广西壮族自治区、海南省、江西省、黑龙江省、内蒙古自治区、贵州省、甘肃省、青海省、新疆维吾尔自治区、吉林省、宁夏回族自治区、西藏自治区等地法院均认为成立劳动关系。还有部分地区不支持劳动关系，认为属于劳务关系，如北京市、广东省、山东省、上海市、浙江省、重庆市、福建省、四川省、湖北省、山西省、辽宁省等均持上述观点。天津地区则区分情况，因用人单位原因导致未享受养老保险待遇，劳动者与原单位继续用工的，一般会被认定为劳动关系；非因用人单位原因，导致劳动者未享受养老保险待遇，则一般按劳务关系处理。目前最高院的倾向性观点是，以是否享受养老保险待遇作为判断劳动关系终止的核心标准，而非单纯以退休年龄为依据。对于达到法定退休年龄，但是非因用人单位原因不能享受基本养老保险待遇的，可以终止劳动关系；对于达到法定退休年龄，但是因为用人单位原因不能享受基本养老保险待遇的，不能随意终止劳动关系。

劳动者已经达到法定退休年龄而不能依法享受基本养老保险待遇的情况非常复杂，可能用人单位为劳动者缴纳了社会保险费，但是由于该劳动者累计缴费年限不满 15 年，因此不能享受按月支付的基本养老保险待遇；还有的地方没有把农民工等人员纳入基本养老保险覆盖范围，这些劳动者可能根本没有参加基本养老保险。如果在这些情况下，一律禁止用人单位终止劳动合同，对其不公。

以案释法 5：张某与北京某保洁有限公司确认劳动关系纠纷　北京市第二中级人民法院（2019）京 02 民终 1539 号

案情简介：张某 2017 年 11 月 21 日入职北京某保洁有限公司时已满 62 岁（超过男性法定退休年龄 60 岁），担任公厕保洁员。双方签订了劳务协议，约定“不建立劳动关系”“不适用劳动法”，并约定张某自愿放弃社保及劳动权益。之后张某因工作期间患热射病（中枢神经系统损害）住院治疗，要求确认劳动关系以主张工伤赔偿。北京市西城区劳动人事争议仲裁委员会以“不属于劳动争议受案范围”为由不予受理。张某起诉至法院，请求确认存在劳动关系，一审、二审均被驳回。

法院观点：《中华人民共和国劳动合同法实施条例》第二十一条规定，劳动者达到法定退休年龄的，劳动合同终止。张某入职某保洁公司时已经达到法定退休年龄。据此，一审法院对张某要求确认与某保洁公司存在劳动关系的诉讼请求，不予支持，并无不当。张某上诉仍以未享受养老保险待遇、未领取退休金为由，请求确认双方存在劳动关系，依据不足，本院不予支持。

以案释法 6：乌鲁木齐某物业服务有限公司诉马某某劳动合同纠纷案　新疆维吾尔自治区高级人民法院（2022）新民再 229 号

案情简介：2020 年 5 月 20 日，马某某入职物业公司，从事保洁工作，入职时已超过退休年龄，双方未签订劳动合同。马某某因受伤在 2020 年 11 月 23 日后再未给物业公司提供劳动。马某某参加了城乡居民基本养老保险，但尚未领取养老待遇。2021 年 7 月 6 日马某某向乌鲁木齐市沙依巴克区劳动人事争议仲裁委员会申请仲裁，仲裁裁决马某某与物业公司在 2020 年 11 月 23 日存在劳动关系。物业公司不服该仲裁裁决书，向法院起诉。物业公司认为其与马某某之间不存在劳动关系，认为马某某应聘时已达到法定退休年龄且自称已退休，公司将其视为退休返聘人员，双方应为劳务关系。马某某则辩称双方应为劳动关系。一审、二审法院均判决存在劳动关系。物业公司不服，向新疆维吾尔自治区高级人民法院申请再审。

法院观点：从案件事实来看，马某某于2020年5月20日入职物业公司时已超法定退休年龄，不符合劳动法律、法规规定的主体资格。马某某入职前无固定职业，工作持续时间较短，对物业公司的依赖性较低，物业公司也无建立长期劳动关系的意图，故双方不具备建立劳动关系的条件。

从法律规定来看，本案关键在于已达到法定退休年龄但未享受养老保险待遇人员与用人单位之间的关系认定。《中华人民共和国劳动合同法》第四十四条第二项及《最高人民法院关于审理劳动争议案件适用法律若干问题的解释（三）》[①] 第七条、《最高人民法院关于审理劳动争议案件适用法律问题的解释（一）》第三十二条第一款均未对此做出明确规定。二审法院反推认定马某某与物业公司之间形成劳动关系缺乏法律依据。《中华人民共和国劳动合同法实施条例》第二十一条规定劳动者达到法定退休年龄，劳动合同终止，本案应适用该规定。马某某未享受养老保险待遇的原因与物业公司无关，故双方无法认定为劳动关系。

从法律精神和社会效果来看，马某某请求确认劳动关系的目的是为获得工伤赔偿，但根据相关规定，其工伤认定不受影响。已超过法定退休年龄的劳动者区分不同情况认定用工关系，有利于劳动人员的有序流动及经济社会的发展。确立劳动关系将使物业公司面临难以履行的社保缴纳义务，容易激化社会矛盾。因此，马某某与物业公司之间的用工关系应认定为劳务关系，物业公司的再审理由成立。

6. 网络主播为公司带货，双方是否存在劳动关系？

劳动者与平台企业或者平台用工合作企业之间是否存在劳动关系，应当根据劳动管理和用工事实，综合考量人格从属性、经济从属性、组织从属性的有无及强弱来判断。从人格从属性看，主要体现为平台企业的工作规则、劳动纪律、奖惩办法等是否适用于劳动者，平台企业是否可通过制

---

① 该司法解释已被《最高人民法院关于废止部分司法解释及相关规范性文件的决定》（2020年12月29日发布；2021年1月1日实施）废止。

定规则、设定算法等对劳动过程进行管理控制；劳动者是否须按照平台指令完成工作任务，能否自主决定工作时间、工作量等。从经济从属性看，主要体现为平台企业是否掌握劳动者从业所必需的数据信息等重要生产资料，是否允许商定服务价格；劳动者通过平台获得的报酬是否构成其重要收入来源等。从组织从属性看，主要体现在劳动者是否被纳入平台企业组织体系，成为企业生产经营组织的有机部分，是否以平台名义对外提供服务等。企业招用网络主播开展“直播带货”业务，如果企业作为经纪人与网络主播平等协商确定双方权利义务，以约定分成方式进行收益分配，双方之间的法律关系体现出平等协商特点，则不符合确立劳动关系的情形。但是，如果主播对个人包装、直播内容、演艺方式、收益分配等没有协商权，双方之间体现出较强人格、经济、组织从属性特征，符合劳动法意义上的劳动管理及从属性特征的，则倾向于认定劳动关系。司法实践中，应当重点审查企业与网络主播之间权利义务内容及确定方式，查明平台企业是否对网络主播存在劳动管理行为，综合、据实认定法律关系性质。

以案释法 7：王某诉北京某文化传媒有限公司劳动争议案　北京市第三中级人民法院（2023）京 03 民终 7051 号

案情简介：网络主播王某与北京某传媒公司签订独家经纪合同，约定由该公司独家为王某提供经纪服务和商务运作，王某收入按月交易金额确定，双方按比例分成，且王某需按公司安排完成工作。该合同明确为合作服务合同，非劳动合同。王某在签订合同时着重修改了收益分配部分。合同履行期间，王某的收入依平台广告收入而定，其账号由双方共同运营，粉丝量从近百万增至 400 万，王某还参与了公司推荐的广告和综艺活动。后双方发生争议，王某申请劳动仲裁，要求确认劳动关系并支付奖金和二倍工资差额，但仲裁委驳回其请求，王某不服诉至法院。

法院观点：劳动关系的本质特征是支配性劳动管理，即劳动者与用人单位之间存在较强的人格从属性、经济从属性、组织从属性。在新就业形态下，对于有关企业与网络主播之间的法律关系，要立足具体案件具体分析，重点审查企业与网络主播之间的权利义务内容及确定方式，准确区分因经纪关系所产生的履约要求与劳动管理，判定平台企业是否对网络主播存在支配性劳动管理，两者之间是否存在劳动关系。

本案中，从双方订立的合同及实际履行情况看，北京某传媒公司未对网络主播王某进行支配性劳动管理。具体而言：第一，根据北京某传媒公司与王某订立的经纪合同，王某应当按照北京某传媒公司的安排，准时抵达工作场所，按约定完成工作事项。但王某无须遵守北京某传媒公司的有关工作规则、劳动纪律和奖惩办法。因此，虽然北京某传媒公司可以根据经纪合同约定对王某的演艺行为等进行必要的约束，但这并不属于劳动法律意义上的劳动管理，而是王某按照约定应当履行的合同义务。第二，王某对收益分配方式等内容具有较强的协商权和议价权。王某在与北京某传媒公司订立协议的过程中，着重对收益的分配比例等核心内容进行谈判议价，双方之间的法律关系体现出平等协商的特点，而且约定分成的收益分配方式明显有别于劳动关系。第三，从合同目的和内容看，双方合作本意是通过北京某传媒公司的孵化，进一步提升王某在自媒体平台的艺术、表演、广告、平面形象影响力和知名度，继而通过王某独立参与商业活动获取相应广告收入，并按合同约定进行分配。合同内容主要包括有关经纪事项、报酬及收益分配、违约责任等权利义务约定，不具有劳动合同的要素内容。

综上，北京某传媒公司与旗下网络主播王某之间的权利义务不符合劳动管理所要求的劳动者与用人单位之间存在人格从属性、经济从属性、组织从属性的特征，依法不应认定存在劳动关系。

以案释法 8：郎溪某服务外包有限公司与徐某申确认劳动关系纠纷案

上海市第一中级人民法院（2021）沪 01 民终 11591 号

案情简介：2019 年 4 月 1 日，郎溪某服务公司与上海某网络公司签订服务承揽合同，约定郎溪某服务公司为上海某网络公司完成商品分拣、配送等工作，自行管理服务人员并承担相应责任。2019 年 7 月，郎溪某服务公司安排徐某申到某咚买菜平台九亭站从事配送工作，并与其订立《自由职业者合作协议》和《新业态自由职业者任务承揽协议》，约定双方建立合作关系，不适用劳动合同法，实行多劳多得、不劳不得制。但实际上，郎溪某服务公司向徐某申支付的报酬包含基本报酬、按单计酬、奖励等项目。2019 年 8 月 12 日，郎溪某服务公司向徐某申转账 9042.74 元，次日徐某申在站点工作时受伤，之后未继续工作。2019 年 9 月 3 日，郎溪某服务公司向徐某申支付 15 000 元。徐某申在站点工作期间，出勤时间相对固定，接受站点管理，按照排班表打卡上班，根据系统派单完成配送任务，没有配送任务时便在站内做杂活儿。因工伤认定问题，徐某申与郎溪某服务公司发生争议，申请劳动仲裁。上海市松江区劳动人事争议仲裁委员会裁决：徐某申与郎溪某服务公司在 2019 年 7 月 5 日至 2019 年 8 月 13 日期间存在劳动关系。郎溪某服务公司不服，向上海市松江区人民法院提起诉讼。

法院观点：劳动关系的本质特征是支配性劳动管理。在新就业形态下，平台企业生产经营方式发生较大变化，劳动管理的具体形式也随之具有许多新的特点，但对劳动关系的认定仍应综合考量人格从属性、经济从属性、组织从属性的有无及强弱。具体而言，应当综合考虑劳动者对工作时间及工作量的自主决定程度、劳动过程受管理控制程度、劳动者是否需要遵守有关工作规则、算法规则、劳动纪律和奖惩办法、劳动者工作的持续性、劳动者能否决定或者改变交易价格等因素，依法做出相应认定。

本案中，虽然郎溪某服务公司与徐某申订立的是承揽、合作协议，但根据相关法律规定，结合法庭查明的事实，应当认定徐某申与郎溪某服务公司之间存在劳动关系。具体而言：其一，徐某申在站点从事配送工作，接受站点管理，按照站点排班表打卡上班，并根据派单按时完成配送任务，在配送时间、配送任务等方面不能自主选择，即使没有配送任务时也要留在站内做杂活儿。其二，徐某申的报酬组成包含基本报酬、按单计酬及奖励等项目，表明郎溪某服务公司对徐某申的工作情况存在相应的考核与管理，并据此支付报酬。其三，郎溪某服务公司从上海某网络公司承揽商品分拣、配送等业务，徐某申所从事的配送工作属于郎溪某服务公司承揽业务的重要组成部分。综上，徐某申与郎溪某服务公司之间存在用工事实，构成支配性劳动管理，符合劳动关系的本质特征，应当认定存在劳动关系。

7. 在打车软件上注册的代驾司机与打车软件公司是否构成劳动关系？

目前代驾平台主要采取众包模式，其主要特点为：司机可自由注册、选择接单时间；收入与订单量挂钩，平台收取信息服务费；平台仅提供信息撮合、服务质量监督，不介入具体劳动过程。此类模式下，平台与司机通常被认定为合作关系或劳务关系，而非劳动关系。若平台对司机实施强管理（如强制着装、罚款、设定服务标准等），可能被认定存在劳动关系。

以案释法 9：秦某丹诉北京某汽车技术开发服务有限公司劳动争议案
北京市第一中级人民法院（2023）京 01 民终 6036 号

案情简介：秦某丹于 2020 年 12 月 31 日注册某代驾平台司机端 App，申请成为代驾司机，该平台由北京某汽车公司运营。平台的《信息服务协议》规定，北京某汽车公司为代驾司机提供有偿信息服务，司机通过平台接单并与代驾服务使用方达成协议，平台记录服务过程中的信息数据。司机以平台数据为依据向使用方收取服务费，并向北京某汽车公司支付信息服务费。北京某汽车公司不提供代驾服务，仅作为中间人促成协议达成，与司机不存在劳动、劳务或雇佣关系，但有权根据平台规则监督司机的服务活动。在实际履行中，北京某汽车公司未按员工管理秦某丹，也未要求其遵守公司劳动规章制度。代驾需求由平台派单，秦某丹自行决定是否接单。他需购买工服、接受培训等，但在工作时间和工作量上有较高自主权，可自行决定是否使用平台。其报酬由代驾服务使用方直接支付。

平台根据接单率对司机进行金币奖罚，金币用于购买平台道具以提高抢单成功率，与收入无直接关联。平台还统计成单量、有责取消率等数据，对异常账号实行封禁等风控措施。后双方发生劳动争议，秦某丹申请劳动仲裁，要求北京某汽车公司支付未订立书面劳动合同的二倍工资差额 8074.38 元。仲裁委员会驳回其请求，秦某丹不服，向法院提起诉讼。

法院观点：劳动关系的本质特征是支配性劳动管理，即劳动者与用人单位之间存在较强的人格从属性、经济从属性、组织从属性。在新就业形态下，认定是否存在劳动管理，仍然应当着重考察、准确判断企业对劳动者是否存在支配性劳动管理，劳动者提供的劳动是否具有从属性特征。

本案中，虽然北京某汽车公司根据约定对代驾司机秦某丹进行一定程度的运营管理，但该管理不属于支配性劳动管理；秦某丹有权自主决定是否注册使用平台，何时使用平台，是否接单、抢单，其对北京某汽车公司并无较强的从属性。具体而言：其一，从相关协议内容来看，北京某汽车公司为代驾司机提供代驾信息有偿服务，代驾司机通过北京某汽车公司平台接单，与代驾服务使用方达成交易；代驾司机依约向代驾服务使用方收取代驾服务费，向北京某汽车公司支付信息服务费；北京某汽车公司不实际提供代驾服务，也不代理平台任何一方用户，仅充当代驾司机与代驾服务使用方之间的中间人；代驾司机可以自由决定是否使用平台接受信息服务。其二，从协议实际履行情况来看，秦某丹有权自行决定工作时间、地点，而非根据北京某汽车公司的工作安排接受订单，且北京某汽车公司未对秦某丹在上下班时间、考勤等方面进行员工管理，故双方之间不存在管理与被管理的从属关系。秦某丹的收入系从平台账号中提现，提现款项来源于代驾服务使用方，由代驾服务使用方直接支付到秦某丹在平台的账户，再由秦某丹向平台申请提现，提现时间由秦某丹自主决定，并非由北京某汽车公司支付劳动报酬。其三，尽管北京某汽车公司让秦某丹购买工服、接受软件使用培训、进行路考、接受抽查仪容等，以及根据秦某丹接单率对其进行赠送或者扣减金币，但属于维护平台正常运营、提供优质服务等进行的必要运营管理；北京某汽车公司根据秦某丹的成单量、有责取消率等数据，以及接单状况异常情况实行封禁账号等措施，亦系基于合理风控采取的必要运营措施。

综上，北京某汽车公司对代驾司机秦某丹提出的有关工作要求，是基于维护平台正常运营、提供优质服务等而采取的必要运营管理措施，不属于支配性劳动管理，故依法不应认定双方之间存在劳动关系。

第二章　劳动合同的订立

8. 用人单位与劳动者建立劳动合同关系，必须签订书面劳动合同吗？

用人单位与劳动者建立劳动关系，应当订立书面劳动合同。

劳动合同为要式合同，须采用书面形式订立。用人单位自用工之日起即与劳动者建立劳动关系，建立劳动关系应当办理用工手续，订立书面劳动合同，且用人单位应当建立职工名册备查。用人单位和劳动者协商一致后，经用人单位与劳动者在劳动合同文本上签字或者盖章后，劳动合同生效。同时，劳动合同应当由用人单位和劳动者各执一份。另外，用人单位与劳动者变更劳动合同，亦应当采用书面形式。对于已建立劳动关系，但是用人单位未同时与劳动者订立书面劳动合同的，应当自用工之日起一个月内订立书面劳动合同。

但实践中，没有签订劳动合同的现象大量存在。对此，《劳动法》第九十八条和劳动部《违反〈劳动法〉有关劳动合同规定的赔偿办法》[①] 第二条均规定，用人单位违反《劳动法》规定的条件解除劳动合同或者故意拖延不订立劳动合同的，由劳动行政部门责令改正；对劳动者造成损害的，应当承担赔偿责任。《劳动合同法》颁布实施后，对上述问题做了更进一步明确、严格的规定。该法第八十二条第一款规定，用人单位自用工之日起，超过一个月不满一年未与劳动者订立书面劳动合同的，应当向劳

---

① 《违反〈劳动法〉有关劳动合同规定的赔偿办法》（劳部发〔1995〕223号），由劳动部（现中华人民共和国人力资源和社会保障部）于1995年5月10日发布，该文件现行有效。

动者每月支付二倍的工资。另外，根据《劳动合同法》第十四条第三款规定，用人单位自用工之日起满一年不与劳动者订立书面劳动合同的，视为用人单位与劳动者已订立无固定期限劳动合同。

劳动合同期满，劳动者继续在用人单位工作的，用人单位在劳动合同期满之日超过一个月不满一年未与劳动者签订劳动合同的，应当从第二个月起向劳动者每月支付二倍的工资。

以案释法 10：周某宇、漯河市某环卫工程有限公司劳动争议民事二审案件　河南省漯河市中级人民法院（2020）豫 11 民终 1850 号

案情简介：周某宇于 2018 年 6 月到漯河市某环卫工程有限公司处工作，双方于 2019 年 8 月 9 日签订书面劳动合同，期限从 2019 年 8 月 9 日至 2021 年 8 月 8 日，合同对工资未约定，但从 2019 年 6 月 30 日后，环卫公司每月向周某宇支付月工资 3600 元。环卫公司拖欠周某宇 2020 年 2 月份、3 月份、4 月份工资计 9120 元未付。同时，环卫公司未为周某宇缴纳各项社会保险。2020 年 4 月 19 日，周某宇以环卫公司拖欠工资、未缴纳社会保险金为由离职，并申请劳动仲裁，要求环卫公司支付未签订劳动合同二倍工资、经济补偿金、拖欠的工资并缴纳工作期间的社会保险费及住房公积金。劳动仲裁对于未签订劳动合同二倍工资仅支持了 7200 元。周某宇不服裁决，向原审法院提起诉讼。

法院观点：一审法院认为，关于周某宇主张的双倍工资差额问题，双倍工资不属于劳动报酬，是因用人单位未及时与劳动者签订书面劳动合同而给予的惩罚，应适用《劳动争议调解仲裁法》① 第二十七条规定，即劳动争议申请仲裁的时效期间为一年。原告于 2018 年 6 月到被告处工作，双方于 2019 年 8 月 9 日签订了书面劳动合同，在未签订合同的 2018 年 7 月至 2019 年 7 月一年的仲裁时效期间，双方未因拖欠劳动报酬等原因发生纠纷，故一审法院认定周某宇请求的双倍工资差额已超过一年的仲裁时效期间，对其请求的双倍工资差额不予支持。

① 《中华人民共和国劳动争议调解仲裁法》本书简称《劳动争议调解仲裁法》。

二审法院认为，周某宇 2018 年 6 月到环卫公司工作，双方 2019 年 8 月 9 日签订书面劳动合同，根据《劳动合同法》第八十二条第一款规定："用人单位自用工之日起超过一个月不满一年未与劳动者订立书面劳动合同的，应当向劳动者每月支付二倍的工资。"《劳动合同法实施条例》第七条规定："用人单位自用工之日起满一年未与劳动者订立书面劳动合同的，自用工之日起满一个月的次日至满一年的前一日应当依照劳动合同法第八十二条的规定向劳动者每月支付两倍的工资，并视为自用工之日起满一年的当日已经与劳动者订立无固定期限劳动合同，应当立即与劳动者补订书面劳动合同。"周某宇要求支付双倍工资的工资差额的上诉请求于法有据。《劳动争议调解仲裁法》第二十七条第一款规定："劳动争议申请仲裁的时效期间为一年。仲裁时效期间从当事人知道或者应当知道其权利被侵害之日起计算。"第二十七条第四款规定："劳动关系存续期间因拖欠劳动报酬发生争议的，劳动者申请仲裁不受本条第一款规定的仲裁时效期间的限制。"周某宇 2020 年 4 月 16 日以环卫公司拖欠工资、未缴纳社会保险金为由向漯河市郾城区劳动人事争议仲裁委员会申请劳动仲裁，不受一年仲裁时效限制，环卫公司未按规定与上诉人签订书面劳动合同，应支付上诉人 2018 年 7 月至 2019 年 5 月的双倍工资的工资差额共计 33 906 元。

9. 对于试用期，法律有哪些方面的限制？

试用期是劳动合同当事人在合同中约定试用工作的期限。劳动合同中规定试用期的目的，是为了维护劳资双方的利益。但是，为了防止用人单位滥用试用期的规定侵害员工利益，法律对试用期的适用进行了限制，具体是：

（1）对试用期的期限进行了限制。劳动合同期限三个月以上不满一年的，试用期不得超过一个月；劳动合同期限一年以上三年以下的，试用期不得超过二个月；三年以上固定期限和无固定期限的劳动合同试用期不得超过六个月。

（2）对试用期适用的范围进行了限制。以完成一定工作任务为期限的劳动合同或者劳动合同期限不满三个月的，不得约定试用期。

(3) 对试用期的适用次数进行了限制。用人单位与劳动者只能约定一次试用期。

同时，《劳动合同法实施条例》第十五条规定："劳动者在试用期的工资不得低于本单位相同岗位最低档工资的百分之八十或者不得低于劳动合同约定工资的百分之八十，并不得低于用人单位所在地的最低工资标准。"

用人单位超过法律规定期限与劳动者约定试用期，由劳动行政部门责令改正；违法约定的试用期已经履行的，由用人单位以劳动者试用期满月工资为标准，按已经履行的超过法定试用期的期间向劳动者支付赔偿金，但无须向劳动者补足超过期间的工资差额。

以案释法 11：许某、浙江某科技有限公司劳动争议　浙江省嘉兴市中级人民法院（2022）浙 04 民终 3809、3810 号

案情简介：许某于 2020 年 1 月 16 日入职某科技公司。2021 年 4 月 15 日，公司法定代表人通过微信向许发送一份无固定期限劳动合同，约定基本月工资为 15 000 元，试用期 15 个月（2020 年 1 月 16 日至 2021 年 4 月 15 日），但未正式签署盖章。后双方于 2021 年 7 月 14 日签订固定期限劳动合同，期限至 2022 年 7 月 14 日。许某在 2021 年 10 月达到退休年龄，劳动关系终止。之后双方因试用期赔偿金、工资差额、特殊奖励金和销售提成产生争议，诉至法院。

法院观点：根据《关于审理劳动争议案件若干问题的解答（三）》① 规定，用人单位超过法律规定期限与劳动者约定试用期，对已经履行的超过法定试用期的期间，用人单位应当按照《劳动合同法》第八十三条规定支付赔偿金，但无须向劳动者补足超过试用期间的工资差额。故许某要求某科技公司补足 2020 年 7 月 16 日至 2021 年 4 月 15 日超过法定试用期期间的工资差额的诉讼请求，不予支持。关于 2020 年 1 月 16 日至 2020 年 7

---

① 《关于审理劳动争议案件若干问题的解答（三）》，由浙江省高级人民法院民事审判第一庭、浙江省劳动人事争议仲裁院 2015 年 9 月 29 日发布和实施。

月 15 日法定试用期内的工资问题，根据《劳动合同法》第二十条规定，劳动者在试用期的工资不得低于本单位相同岗位最低档工资或者劳动合同约定工资的百分之八十，并不得低于用人单位所在地的最低工资标准。本案第一份劳动合同约定许某工资为 15 000 元/月，参照上述规定，许某试用期的工资不得低于 12 000 元/月（15 000 元/月 80%），而其实际试用期工资为 8000 元/月，某科技公司应补足许某试用期工资。根据许某主张，经计算，某科技公司应当补足许某 2020 年 1 月 16 日至 2020 年 7 月 15 日试用期间的工资 24 000 元［（12 000 元/月—8000 元/月）6 个月］。

10. 何种情形下可以签订无固定期限的劳动合同？

无固定期限劳动合同，是指用人单位与劳动者约定无确定终止时间的劳动合同。用人单位与劳动者协商一致，可以订立无固定期限劳动合同。《劳动合同法》第十四条进一步规定，有下列情形之一，劳动者提出或者同意续订、订立劳动合同的，除劳动者提出订立固定期限劳动合同外，应当订立无固定期限劳动合同：（一）劳动者在该用人单位连续工作满十年的；（二）用人单位初次实行劳动合同制度或者国有企业改制重新订立劳动合同时，劳动者在该用人单位连续工作满十年且距法定退休年龄不足十年的；（三）连续订立二次固定期限劳动合同，且劳动者没有《劳动合同法》第三十九条和第四十条第一项、第二项规定的情形，续订劳动合同的。

除了用人单位与劳动者自愿签订的以外，还有一种是“视为”已签订无固定期限劳动合同的情形，即用人单位自用工之日起满一年不与劳动者订立书面劳动合同的，视为用人单位与劳动者已订立无固定期限劳动合同。

以案释法 12：邢某某、长春四某汽车零件有限责任公司劳动争议　吉林省高级人民法院（2023）吉民再 338 号

案情简介：邢某某于 2017 年 5 月入职长春四某汽车零件有限责任公司，双方签订了两份固定期限劳动合同，期限分别为 2020 年 3 月 1 日至

2020年12月31日、2021年1月1日至2021年12月31日。邢某某在2020年3月5日曾因不满岗位安排提出离职，但未办理离职手续，后于4月18日回公司上班。2021年4月25日，邢某某发生工伤事故，构成十级伤残，停工留薪期为3个月。2021年12月8日，四某公司向邢某某发出不续签劳动合同通知书，告知合同到期后不再续签。邢某某认为公司违法解除劳动合同，要求支付赔偿金、一次性伤残补助金、一次性伤残就业补助金、一次性工伤医疗补助金以及未足额支付的工资等共计236 200元。一审法院判决四某公司支付邢某某一次性伤残补助金、一次性伤残就业补助金、工伤停工留薪期工资及未支付工资等合计62 296.77元，驳回其他诉求。邢某某不服上诉，二审法院改判四某公司支付邢某某一次性伤残补助金、一次性伤残就业补助金、工伤停工留薪期工资及解除劳动合同经济补偿和未支付工资，合计98 966.10元。邢某某申请再审，主张应支付违法解除劳动合同赔偿金。

法院观点：《劳动合同法》第十四条规定："无固定期限劳动合同，是指用人单位与劳动者约定无确定终止时间的劳动合同。用人单位与劳动者协商一致，可以订立无固定期限劳动合同。有下列情形之一，劳动者提出或者同意续订、订立劳动合同的，除劳动者提出订立固定期限劳动合同外，应当订立无固定期限劳动合同：（一）劳动者在该用人单位连续工作满十年的；（二）用人单位初次实行劳动合同制度或者国有企业改制重新订立劳动合同时，劳动者在该用人单位连续工作满十年且距法定退休年龄不足十年的；（三）连续订立二次固定期限劳动合同，且劳动者没有本法第三十九条和第四十条第一项、第二项规定的情形，续订劳动合同的。用人单位自用工之日起满一年不与劳动者订立书面劳动合同的，视为用人单位与劳动者已订立无固定期限劳动合同。"第四十八条规定："用人单位违反本法规定解除或者终止劳动合同，劳动者要求继续履行劳动合同的，用人单位应当继续履行；劳动者不要求继续履行劳动合同或者劳动合同已经不能继续履行的，用人单位应当依照本法第八十七条规定支付赔偿金。"第八十七条规定："用人单位违反本法规定解除或者终止劳动合同的，应当依照本法第四十七条规定的经济补偿标准的二倍向劳动者支付赔偿金。”据此，用人单位与劳动者连续订立了两次固定期限劳动合同，第二次签订的劳动合同已经到期，只要劳动者没有用人单位可以依法解除劳动合同的情形，用人单位与劳动者又续订劳动合同的，用人单位就应当与劳动者签订无固定期限劳动合同。如果用人单位违反上述规定不与劳动者签订无固定期限劳动合同的，在解除或者终止劳动合同时，用人单位应当按照上述法律规定的经济补偿标准的二倍向劳动者支付赔偿金。故法院将经济补偿27 267.15元变更为违法终止劳动合同的赔偿金54 534.30元。

11. 劳动者本可以签订无固定期限劳动合同，但却与用人单位之间签订了固定期限劳动合同，劳动者还能否要求变更为无固定期限劳动关系？

对于劳动者符合无固定期限劳动合同的情形，但劳动者与用人单位之间已经签订固定期限劳动合同的，劳动者能否要求变更为无固定期限劳动关系。对此，学界有两种观点：

第一种观点认为，《劳动合同法》第十四条规定，劳动者有选择订立固定期限劳动合同和无固定期限劳动合同的权利，但是没有赋予用人单位选择订立固定期限劳动合同的权利。因此，如果用人单位提出续订固定期限劳动合同，是对该法律条文的违反，劳动者后来反悔的，应当予以支持。

第二种观点认为，从《劳动合同法》的条文看，法律只是规定劳动者提出订立合同，用人单位应当订立。在劳动者未提出订立无固定期限劳动合同的情况下，用人单位并非就不能订立固定期限劳动合同。在双方签订固定期限劳动合同不存在意思表示瑕疵，就不违反法律规定。劳动者后来反悔的，不予支持。

《北京市高级人民法院、北京市劳动人事争议仲裁委员会关于审理劳动争议案件法律适用问题的解答》中支持第二种观点：劳动者与用人单位签订了固定期限劳动合同后，劳动者要求变更为无固定期限劳动合同的，不予支持，但有证据证明用人单位存在欺诈、胁迫、乘人之危等情形的除外。此外需注意的是，劳动者在两次固定劳动合同期满后继续在用人单位工作，用人单位未表示异议，但未与劳动者订立无固定期限劳动合同，劳动者主张用人单位支付未订立无固定期限劳动合同双倍工资差额的，应予支持。支付劳动者的第二倍工资按月计算，不满一个月的，按该月计薪日计算。此类争议的仲裁时效期间适用《劳动争议调解仲裁法》第二十七条第一款的规定，从用人单位应当订立劳动合同的次日起计算。

以案释法 13：从某某、广东南某传媒科技有限公司等劳动争议案　广东省高级人民法院（2020）粤民申 10931 号

案情简介：从某某于 2012 年 1 月 1 日入职南某公司，双方先后签订三次固定期限劳动合同，最后一期合同期限为 2016 年 1 月 1 日至 2018 年 12 月 31 日。合同期满前，南某公司通知从某某不再续签并终止劳动关系。从某某主张其符合《劳动合同法》第十四条订立无固定期限劳动合同的条件，认为第三次固定期限劳动合同因违反法律强制性规定而无效，公司终止劳动关系属违法解除，应支付赔偿金。一审、二审法院均未支持其诉求，从某某向省高院申请再审。

法院观点：《劳动合同法》第十四条第二款规定："用人单位与劳动者协商一致，可以订立无固定期限劳动合同。有下列情形之一，劳动者提出或者同意续订、订立劳动合同的，除劳动者提出订立固定期限劳动合同外，应当订立无固定期限劳动合同：（一）劳动者在该用人单位连续工作满十年的；（二）用人单位初次实行劳动合同制度或者国有企业改制重新订立劳动合同时，劳动者在该用人单位连续工作满十年且距法定退休年龄不足十年的；（三）连续订立二次固定期限劳动合同，且劳动者没有本法第三十九条和第四十条第一项、第二项规定的情形，续订劳动合同的。"从某某于 2012 年 1 月 1 日入职南某公司，双方一共签订过三次劳动合同，最后一期劳动合同期限为 2016 年 1 月 1 日至 2018 年 12 月 31 日。上述关于订立无固定期限劳动合同的规定，旨在保障劳动者的就业稳定等，并未禁止劳动者与用人单位订立固定期限劳动合同。本案中，从某某在符合签订无固定期限劳动合同的条件下，与南某公司签订固定期限劳动合同，从某某未能举证证明系在违背其真实意思表示的情况下签订的该劳动合同，且亦未有证据证明在合同履行期间从某某曾对此提出异议，故双方签订期限为2016年1月1日至2018年12月31日的固定期限劳动合同并未违反《劳动合同法》的规定，该合同合法有效。由于从某某未能提供证据证明该劳动合同期限届满前，其曾向南某公司要求续签劳动合同，故南某公司在2018年12月31日合同期满时向从某某发出《劳动合同到期不续签通知书》，表示不再与从某某续签劳动合同，则劳动合同因期满而终止，南某公司并非违法解除劳动合同，无须支付违法解除劳动合同的赔偿金，仅应向从某某支付终止劳动合同的经济补偿。

12. 用人单位可否与劳动者约定服务期并约定劳动者违约时应支付违约金？

《劳动合同法》对服务期的约定进行了严格的限制，只有用人单位为劳动者提供专项培训费用，对其进行专业技术培训的，才可以与该劳动者订立协议，约定服务期。除此之外的解决户口、提供住房、配备专车等特殊待遇都不能成为约定服务期的理由。需要强调的是“专项培训费用”，是用人单位为了对劳动者进行专业技术培训而支付的费用，应当是“专项”的、“专业”的，并不是任何培训费用和培训技术都构成约定服务期的条件。如上岗前关于安全生产、操作流程、规章制度等必要的就业基础知识培训就不在此列。

当事人可以在劳动合同中约定违约金。其中，用人单位承担违约金的情形法律没有限制。而劳动者承担违约金的情形只有以下两种：

（1）在培训服务期约定中约定违约金；

（2）在竞业限制约定中约定违约金。

除上述两种情形外，用人单位不得与劳动者约定由劳动者承担的违约金，或者以赔偿金、违约赔偿金、违约责任金等其他名义约定由劳动者承担违约责任。但确因劳动者违反诚实信用原则，给用人单位造成损失的，劳动者应当予以赔偿。因此，劳动者违反服务期约定的，应当按照约定向用人单位支付违约金。违约金的数额不得超过用人单位提供的培训费用。用人单位要求劳动者支付的违约金不得超过服务期尚未履行部分所应分摊的培训费用。

以案释法 14：方某丰与广州番禺某村镇银行股份有限公司劳动争议 广东省广州市中级人民法院（2017）粤 01 民终 3767 号

案情简介：方某丰入职某村镇银行，双方签订《新员工培训协议》，约定若方在服务期满前主动离职，需返还培训补助、福利及银行垫付的培训费用 6600 元。后方某丰离职，某村镇银行要求其返还培训费，双方产生劳动争议。一审法院判决方无须返还培训费，某村镇银行不服，提起上诉。

法院观点：《劳动法》第三条规定："劳动者享有平等就业和选择职业的权利、取得劳动报酬的权利、休息休假的权利、获得劳动安全卫生保护的权利、接受职业技能培训的权利、享受社会保险和福利的权利、提请劳动争议处理的权利以及法律规定的其他劳动权利。"第六十八条规定："用人单位应当建立职业培训制度，按照国家规定提取和使用职业培训经费，根据本单位实际，有计划地对劳动者进行职业培训。从事技术工种的劳动者，上岗前必须经过培训。"《职业教育法》① 第二十八条规定②："企业应当承担对本单位的职工和准备录用的人员进行职业教育的费用，具体办法由国务院有关部门会同国务院财政部门或者由省、自治区、直辖市人民政府依法规定。"由此可见，用人单位为劳动者进行岗前培训等一般培训，是用人单位应尽的法定义务，也是劳动者享有的法定权利。用人单位不得

---

① 《中华人民共和国职业教育法》本书简称《职业教育法》。

② 《中华人民共和国职业教育法》于 2022 年修订，2022 年 4 月 20 日发布，2022 年 5 月 1 日实施。第五十八条规定，企业应当根据国务院规定的标准，按照职工工资总额一定比例提取和使用职工教育经费。职工教育经费可以用于举办职业教育机构、对本单位的职工和准备招用人员进行职业教育等合理用途，其中用于企业一线职工职业教育的经费应当达到国家规定的比例。用人单位安排职工到职业学校或者职业培训机构接受职业教育的，应当在其接受职业教育期间依法支付工资，保障相关待遇。

要求劳动者承担岗前培训产生的培训费用。本案中，某村镇银行通过约定的形式将培训费转嫁给方某丰，免除自己的法定责任，应认定协议的该条款无效。据此，对某村镇银行主张方某丰应按《新员工培训协议》的约定向其返还培训费用 6600 元，本院不予支持。

以案释法 15：某公司与赵某劳动合同纠纷　北京市第三中级人民法院 (2024) 京 03 民终 17840 号

案情简介：某公司与赵某签订《北京地区普通高校毕业研究生就业协议书及附件》，明确约定："乙方因任何原因要求调离或辞职，须提前一个月向甲方提出书面申请。占用进京指标者，凡服务期未满六年，均须一次性支付甲方赔偿金 200 000 元。"之后，双方正式签订为期六年的劳动合同书，并于劳动合同书中，特意再次明确关于户口进京问题的相关约定。在工作未满六年时，赵某主动提出离职，双方劳动关系解除，赵某依约向某公司方支付赔偿金 200 000 元。后赵某向法院起诉，要求公司归还离职赔偿金。

法院观点：劳动争议案件中，用人单位为其招用的劳动者办理了本市户口，双方据此约定了服务期和违约金，用人单位以双方约定为依据要求劳动者支付违约金的，不应予以支持。确因劳动者违反诚实信用原则，给用人单位造成损失的，劳动者应当予以赔偿。因此，赵某应当向某公司支付赔偿金。就具体赔偿金数额而言，某公司提交证据并未证实实际发生的损失，法院综合了赵某的工作年限、工资标准、某公司隐性损失等情形，酌定赔偿金额为 140 000 元，认定某公司返还赔偿金 60 000 元。

13. 用人单位发生法定代表人变更、分立或合并情况时如何处理劳动合同？

根据《劳动部关于实行劳动合同制度若干问题的通知》的规定，企业法定代表人的变更，不影响劳动合同的履行，用人单位和劳动者不需因此重新签订劳动合同。根据《劳动部关于贯彻执行〈中华人民共和国劳动法〉若干问题的意见》的规定，用人单位发生分立或合并后，分立或合并后的用人单位可以依照其实际情况与原用人单位的劳动者遵循平等自愿、协商一致的原则变更原劳动合同。

此外，《最高人民法院关于审理劳动争议案件适用法律问题的解释（一）》第四十六条已明确规定，劳动者非因本人原因从原用人单位被安排到新用人单位工作，原用人单位未支付经济补偿，劳动者依据劳动合同法第三十八条规定与新用人单位解除劳动合同，或者新用人单位向劳动者提出解除、终止劳动合同，在计算支付经济补偿或赔偿金的工作年限时，劳动者请求把在原用人单位的工作年限合并计算为新用人单位工作年限的，人民法院应予支持。用人单位符合下列情形之一的，应当认定属于“劳动者非因本人原因从原用人单位被安排到新用人单位工作”：

（1）劳动者仍在原工作场所、工作岗位工作，劳动合同主体由原用人单位变更为新用人单位；

（2）用人单位以组织委派或任命形式对劳动者进行工作调动；

（3）因用人单位合并、分立等原因导致劳动者工作调动；

（4）用人单位及其关联企业与劳动者轮流订立劳动合同；

（5）其他合理情形。

以案释法 16：包某某与上海某美饮料食品有限公司劳动合同纠纷案

上海市第一中级人民法院（2014）沪一中民三（民）终字第 1258 号

案情简介：包某某于 2006 年 4 月 4 日开始在某美公司从事销售工作，最初通过 A 公司劳务派遣进入某美公司，后劳务派遣公司先后变更为 B 公司、C 公司。2010 年 2 月 1 日，包某某与某美公司直接签订劳动合同，合同期限至 2013 年 3 月 31 日。2013 年 3 月 25 日，包某某因患病开始休病假，未再上班。2013 年 9 月 2 日，某美公司通知包某某，劳动合同因医疗期结束而终止，但邮件被退回。9 月 12 日，某美公司再次寄送终止通知，包某某签收。某美公司于 9 月 3 日开具退工证明。2013 年 9 月 25 日，包某某申请仲裁，要求恢复劳动关系、支付病假工资及疾病救济费等。仲裁裁决某美公司支付包某某 2013 年 4 月至 8 月病假工资差额，驳回其他请求。包某某不服仲裁结果，诉至法院，要求恢复劳动关系、支付病假工资差额及疾病救济费等。

法院观点：本案的争议焦点为包某某的工作年限是否连续计算。根据本案查明的事实，包某某于2006年4月4日起，一直在某美公司处从事销售相关工作，其用人单位先后从A公司、B公司变更为C公司，2010年2月1日起变更为某美公司，自2006年4月4日至2010年3月期间，包某某的工作场所并无变化，且从事的工作内容也没有变化。某美公司主张用人单位主体的变更系包某某本人原因造成，但某美公司未提供充分证据予以证明。从上述事实分析可以得知，包某某的劳动合同主体虽然由A公司变为B公司，再变为C公司，但是包某某的工作场所没有变化，包某某一直在从事销售相关工作，某美公司亦承认由于公司人员需要，某美公司从2010年2月1日起与包某某建立劳动关系。根据《最高人民法院关于审理劳动争议案件适用法律若干问题的解释（四）》① 第五条第二款第（一）项之规定②，可以认定本案的情形属于“劳动者非因本人原因从原用人单位被安排到新用人单位工作”。因此，依照《劳动合同法实施条例》第十条的规定，可以确认包某某在某美公司处的工作年限应自2006年4月4日起计算。

14. 签订劳动合同时，用人单位能否向劳动者收取定金、保证金、风险抵押金？

《劳动合同法》第九条明确规定，用人单位招用劳动者，不得扣押劳动者的居民身份证或者其他证件，不得要求劳动者提供担保或者以担保名义向劳动者收取财物。按此规定，用人单位不能向劳动者收取财物作为担保，也不能要求劳动者提供保证人作为担保。即便是劳动合同履行过程

---

① 《最高人民法院关于审理劳动争议案件适用法律若干问题的解释（四）》已被《最高人民法院关于废止部分司法解释及相关规范性文件的决定》（2020年12月29日发布；2021年1月1日实施）废止。

② 《最高人民法院关于审理劳动争议案件适用法律问题的解释（一）》（现行有效）第四十六条做出了相同规定。

中，用人单位要求劳动者缴纳风险抵押金，法院一般也会认为系变相向劳动者收取财物且具有担保的性质，故一般也不予支持。此外，用人单位设置风险抵押金的返还往往与项目的盈利状况挂钩，易被认定为将企业的经营风险转嫁给劳动者，就劳动者的特殊身份而言，在任何情况下都不应承担企业的商业经营风险，故用人单位向劳动者收取风险抵押金的行为违反了劳动合同法的基本原则而无效。

同时《劳动合同法》第八十四条赋予了劳动行政部门对设定担保行为进行监督检查的职权。劳动行政部门有权对用人单位设定担保行为进行监督检查，对用人单位要求劳动者提供担保、向劳动者收取财物，劳动行政部门可以责令限期退还劳动者本人，按每一名劳动者500元以上2000元以下的标准处以罚款。用人单位设定担保行为对劳动者造成损害的，还应当承担赔偿责任。用人单位违反本法规定，扣押劳动者身份证等证件的，由劳动行政部门责令限期退还劳动者本人，可以依照有关法律规定给予处罚。

以案释法17：顾某与某某公司劳动争议案　上海市嘉定区人民法院(2024)沪0114民初5329号

案情简介：顾某于2012年入职一家建筑公司，担任项目经理。2022年6月，建筑公司向顾某收取了两笔不同项目的风险抵押金各6万元。2022年10月，双方解除劳动关系。顾某要求建筑公司返还之前在两个项目上收取的风险抵押金共计12万元。建筑公司表示，收取风险抵押金是为了顺利推进工程项目及利润考核的激励机制，且根据公司内部项目责任考核管理办法规定，如员工没有完成责任目标，则风险抵押金用于冲抵罚款，多退少补。建筑公司称，顾某在职期间曾参与多个项目，虽其中一个项目履约情况良好，利润可观，但其作为项目经理的其他多个项目均存在严重亏损或者潜亏的情况，其缴纳的风险抵押金冲抵罚款，故不同意返还。

法院观点：用人单位招用劳动者，不得扣押劳动者的居民身份证和其他证件，不得要求劳动者提供担保或者以其他名义向劳动者收取财物。建筑公司收取顾某风险抵押金的行为，明显违反法律法规的强制性规定，故顾某要求建筑公司返还风险抵押金的诉讼请求，合法有据，应予支持。劳动者因故意或重大过失造成用人单位损失的，用人单位可以要求劳动者赔偿，但不构成不返还风险抵押金的合法理由。法院判决被告建筑公司应于判决生效之日起十日内返还原告顾某风险抵押金人民币 12 万元。

15. 劳动合同无效会产生什么法律后果？

根据《劳动合同法》第二十八条的规定，劳动合同被确认无效，劳动者已经付出劳动的，用人单位应当向劳动者支付劳动报酬。劳动报酬的数额，参照本单位相同或相似岗位劳动者的劳动报酬确定。包括无营业执照经营的单位被依法处理，该单位的劳动者已经付出劳动的，由被处理的单位或者其出资人向劳动者支付劳动报酬。用人单位与劳动者有恶意串通，损害国家利益、社会公共利益或者他人合法权益的情形除外。根据《劳动法》第九十七条的规定，由于用人单位的原因订立的无效合同，给劳动者造成损害的，应当比照违法解除劳动合同经济补偿金的支付标准，赔偿劳动者因合同无效所造成的经济损失。由于劳动者原因导致合同无效的，用人单位不承担赔偿责任。

以案释法 18：吴某某诉重庆某旅游公司劳动合同纠纷案　重庆市第一中级人民法院（2023）渝 01 民终 4085 号

案情简介：2021 年 8 月 3 日，吴某某入职重庆某旅游公司，任运营事业部总监，双方签订了书面劳动合同，并对工资待遇、工作地点等进行了约定，劳动合同还约定，吴某某若以提供虚假简历、证件资料或其他欺诈手段订立劳动合同的，重庆某旅游公司可随时单方解除劳动合同，且无须支付经济赔偿。2022 年 2 月 19 日，吴某某以重庆某旅游公司未及时足额支付劳动报酬、未依法缴纳社保等为由，解除其与重庆某旅游公司之间的劳动合同。2022 年 3 月 7 日，重庆某旅游公司以吴某某隐瞒与其他公司存在劳动关系，还与重庆某旅游公司签订劳动合同系欺诈为由，函告双方签订的劳动合同无效。另查明，重庆工商大学档案馆出具《关于吴某某学历情况核实证明》载明，重庆工商大学档案馆经核查，重庆商学院1999年毕业生中没有名为“吴某某”的学生。

法院观点：应聘者的工作履历和学历是用人单位在招聘员工时考量的重要因素。吴某某在重庆某旅游公司处应聘时就其工作经历、学历存在不实陈述，构成欺诈，其欺诈行为足以导致被告在违背真实意愿的情况下与吴某某建立劳动合同关系。双方签订的劳动合同无效。无效的劳动合同自始无效，无须再行解除。重庆某旅游公司仅须支付拖欠的工资报酬，无须支付赔偿金。

16. 当事人在订立劳动合同之时或履行劳动合同期间约定了经济补偿金的标准，其效力应当如何认定？

为避免用人单位利用其强势地位，迫使劳动者以协议的方式降低经济补偿金标准，免除或部分免除其法定义务，经济补偿金的数额应按法定标准计算。如用人单位与劳动者之间在订立劳动合同之时或在履行劳动合同过程中对于经济补偿金的约定不符合法定标准，该约定应认定为无效。但如果系在解除劳动合同过程中，双方对经济补偿金的数额经协商达成一致，劳动者没有受到胁迫、主观上也不存在重大误解等情形的，则应认定为有效。

对于实践中常存在的用人单位与劳动者之间在劳动合同中有约定，每一合同履行期满由用人单位予以发放“解约补偿金”或用人单位与劳动者在合同期满终止发放补偿金后依然延续劳动关系的，如用人单位不当解除与劳动者的劳动合同，在计算劳动者的经济补偿金时，应以其连续工作年限计发，已领取的上述款项应予以扣除。

以案释法19：河南某鑫合金有限公司、张某劳动争议案　河南省郑州市中级人民法院（2020）豫01民终13604号

案情简介：张某于2017年10月入职河南某鑫合金有限公司，双方签订劳动合同约定：合同期限自2018年11月1日至2020年12月31日，并特别约定若男性员工年满60周岁（女性55周岁）或员工连续旷工超15日

(年累计超30日),合同自动终止且无须支付经济补偿。2019年8月25日,张某签署普通员工解除劳动关系申请表,表中载明其因“个人原因”申请离职,自愿放弃对公司的权利,并要求公司按原工资发放时间结清剩余工资。同日,张还签署了解除(终止)劳动关系通知书及劳动关系终止证明。2020年8月4日,张某以某鑫公司未缴纳社会保险、违法解除劳动关系为由申请仲裁,请求确认劳动关系存续期间(2017年5月至诉讼时)、支付经济补偿金7800元及拖欠工资等。仲裁委以“张某已超法定退休年龄,争议不属受理范围”为由,做出不予受理决定。张某不服该决定,向人民法院提起诉讼。

法院观点:《劳动合同法》第二十六条规定,下列劳动合同无效或者部分无效:(一)以欺诈、胁迫的手段或者乘人之危,使对方在违背真实意思的情况下订立或者变更劳动合同的;(二)用人单位免除自己的法定责任、排除劳动者权利的;(三)违反法律、行政法规强制性规定的。对劳动合同的无效或者部分无效有争议的,由劳动争议仲裁机构或者人民法院确认。从本院受理的涉及河南某鑫合金有限公司的多起劳动争议案件来看,某鑫合金公司提交的劳动合同书、普通员工解除劳动关系申请表等材料均系公司单方制作交由劳动者签字,具有重复使用的目的,其中关于双方解除或终止劳动关系后,劳动者自愿放弃经济补偿等权利的约定,明显有悖公平原则,且排除了劳动者的主要权利,故上述约定系格式条款,应当确认无效,依照法律规定,河南某鑫合金有限公司应当向张某支付经济补偿金。

17. 劳动合同是否必须约定有关职业病内容的条款?

《劳动合同法》中并没有强制要求必须约定有关职业病的具体内容,但《职业病防治法》① 中有相关规定。用人单位与劳动者订立劳动合同时,应当将工作过程中可能产生的职业病危害及其后果、职业病防护措施和待

---

① 《中华人民共和国职业病防治法》本书简称《职业病防治法》。

遇等如实告知劳动者，并在劳动合同中写明，不得隐瞒或欺骗。劳动者在已订立劳动合同期间因工作岗位或工作内容变更，从事与所订立劳动合同中未告知的存在职业病危害的作业时，用人单位应当依照上述规定，向劳动者履行如实告知的义务，并协商变更原劳动合同相关条款。用人单位违反上述规定的，劳动者有权拒绝从事存在职业病危害的作业，用人单位不得因此解除或者终止与劳动者订立的劳动合同。因此，对于可能产生职业病的工作，用人单位应当在劳动合同中对工作的危害及其后果、职业病防护措施和待遇等如实告知劳动者。虽然《劳动合同法》没有强制要求必须约定有关职业病的具体内容，但用人单位有义务为从事接触职业病危害作业的劳动者进行离岗前职业健康检查。如果没有未进行离岗前职业健康检查，不得解除或者终止与其订立的劳动合同。

以案释法 20：陆某与上海某轧钢作业服务有限公司劳动合同纠纷　上海市第二中级人民法院（2018）沪 02 民终 2013 号

案情简介：陆某在上海某轧钢作业服务有限公司工作期间，公司未对其进行离岗前职业健康检查。陆某离职后被认定为职业病，公司以双方劳动合同已经终止为由拒绝承担责任。陆某遂向法院提起诉讼，要求确认公司应承担职业病防治责任。

法院观点：用人单位应当对从事接触职业病危害作业的劳动者进行上岗前、在岗期间和离岗时的职业健康检查。对未进行离岗前职业健康检查的劳动者不得解除或者终止与其订立的劳动合同。法院判决公司应承担相应的职业病防治责任。

以案释法 21：张某诉某劳务服务有限公司、某工业有限公司劳动合同纠纷案　上海市第二中级人民法院（2015）沪二中民三（民）终字第 962 号

案情简介：2010 年 1 月，张某与某劳务服务公司建立劳动关系后被派遣至某工业有限公司担任电焊工，双方签订的最后一期劳动合同的期限系自 2010 年 1 月 1 日至 2014 年 6 月 30 日。2014 年 1 月 13 日，某劳务服务公司（甲方）与张某（乙方）签订协商解除劳动合同协议书。2014 年 4

月，张某经上海市肺科医院诊断为电焊工尘肺一期。2014 年 12 月 10 日，张某经上海市劳动能力鉴定委员会鉴定为职业病致残程度七级。后张某于 2014 年 11 月 27 日申请仲裁，要求自 2014 年 1 月 13 日起恢复与某劳务服务公司的劳动关系。该仲裁委员会裁决对张某的请求事项不予支持。张某不服仲裁裁决，提起诉讼。

法院观点：用人单位安排从事接触职业病危害的作业的劳动者进行离岗职业健康检查是其法定义务，劳动者未明确已经知晓并放弃离岗前职业健康检查的权利的，该项义务并不因劳动者与用人单位协商一致解除劳动合同而免除。用人单位与劳动者协商一致解除劳动合同的，解除协议应认定无效。

在劳动者职业病鉴定结论未做出之前，双方的劳动关系并不因协议解除或者劳动合同到期终止。在经过职业病认定及劳动能力鉴定后，如妨碍双方劳动合同解除或者终止的情形均已消失，而用人单位亦无继续履行或者续订的意思表示，在符合终止劳动合同条件的情况下，双方的劳动关系可于劳动者职业病致残程度鉴定结果出具之日依法终止。

18. 非用人单位的原因导致未签订书面劳动合同，劳动者能否要求用人单位支付二倍工资？

签订书面劳动合同系用人单位的法定义务，但确系不可归责于用人单位的原因导致未签订书面劳动合同，劳动者因此主张二倍工资的，法院一般不予支持。下列情形一般可认定为“不可归责于用人单位的原因”：用人单位有充分证据证明劳动者拒绝签订或者利用主管人事等职权故意不签订劳动合同的；工伤职工在停工留薪期内的，女职工在产假期内或哺乳假内的，职工患病或非因工负伤在病假期内的，因其他客观原因导致用人单位无法及时与劳动者签订劳动合同的。

以案释法 22：刘某等劳动合同纠纷　山东省菏泽市（地区）中级人民法院（2022）鲁 17 民终 3174 号

案情简介：刘某于 2021 年 4 月入职被告公司，刘某担任总经理职务，未与公司签订书面劳动合同，公司也未为其缴纳社会保险。后公司终止筹备经营，其要求公司支付双倍工资差额和解除劳动合同赔偿金。

法院观点：《劳动合同法》第八十二条规定："用人单位自用工之日起超过一个月不满一年未与劳动者订立书面劳动合同的，应当向劳动者每月支付二倍的工资。"基于此，用人单位不与劳动者签订书面劳动合同，应承担相应法律责任。但刘某作为人力资源高管，本人具有督导公司与员工签订劳动合同的职责，对于自身未签订劳动合同具有过错，其再行请求公司承担未签订书面劳动合同期间的二倍工资，有违诚信公平原则，在刘某没有证据证明其本人向公司提出签订劳动合同而被公司拒绝的情形下，对刘某主张未签订书面劳动合同二倍工资的请求不应支持。

19. 集体合同与个人劳动合同规定不一致时，哪个效力更高？

依法签订的集体合同对企业和企业的全体职工具有约束力。职工个人与企业订立的劳动合同中劳动条件和劳动报酬等标准不得低于集体合同的规定。

集体合同中劳动条件和劳动报酬的规定不得违背国家法律法规的规定。企业与职工签订的劳动合同在此方面不得低于集体合同的规定。即集体合同的法律效力高于劳动合同，集体合同对劳动者个体合同具有变更效力。

以案释法 23：袁某诉某科技公司劳动纠纷案　南京江北新区人民法院(2023) 苏 0191 民初 1234 号

案情简介：袁某于 2021 年 6 月入职某科技公司，月薪 25 000 元。2022 年 12 月，科技公司以持续亏损为由召开职工代表大会，讨论 2023 年薪资调整事宜。经讨论、投票表决，77%的职工代表同意通过调薪方案，决定：为了避免大量裁员，采用降薪的措施渡过难关，基本月薪 15 000 元及以下的不降薪；基本月薪 15 000 元至 25 000 元（含）降薪 20%，降薪后最低值 15 000 元；基本月薪 25 000 以上的降薪 30%，降薪后最低值 20 000 元。科技公司将该方案在公司内公示。2023 年 1 月，科技公司与公司工会签订工资集体合同，约定2023年度员工薪资按上述调整方案施行。该集体合同报送江北新区劳动行政管理部门审查通过。袁某不同意降薪，于2023年2月以公司克扣工资为由提出被迫离职。后袁某申请劳动仲裁，要求科技公司支付解除劳动合同的经济补偿和工资差额。仲裁裁决不予支持后，袁某诉至法院。

法院观点：用人单位因经营亏损，经平等协商，依法与工会组织签订的集体合同约定调整薪酬，具有法律约束力，职工应当遵守。本案中，2023年薪资调整方案经职工代表大会讨论，过半数通过。科技公司与工会订立关于2023年薪资调整的专项集体合同，报所在地劳动行政部门审查后已生效，科技公司和袁某均应按约履行。科技公司按照集体合同的约定支付袁某工资，不属于未足额支付劳动报酬。法院遂判决驳回袁某的诉讼请求。

20. 用人单位超过一个月未与劳动者订立书面劳动合同，但在一年内又补签或倒签了劳动合同的，是否应该向劳动者支付二倍工资？

实务中，用人单位在未及时与劳动者签订劳动合同的情况下，大多数用人单位可能会通过补签或倒签劳动合同来避免或降低支付“二倍工资”的风险。“补签”与“倒签”劳动合同并不是法律概念，实务中通常认为，补签劳动合同是指劳动合同期限覆盖实际用工期限，劳动合同的落款日期与实际签订日期一致；倒签劳动合同是指劳动合同期限覆盖实际用工期限，劳动合同的落款日期为开始用工之日或用工之日起一个月内。

不少地区均出台了地方性规定对此问题进行了明确。归纳起来大致分为三种观点：第一种观点认为，补签、倒签劳动合同均不能免除用人单位支付“二倍工资”的义务。第二种观点认为，补签劳动合同可以免除支付“二倍工资”，倒签劳动合同不可以免除支付“二倍工资”。第三种观点认为，只要不违背劳动者的真实意愿，补签或倒签均无须支付“二倍工资”。

在“补签”“倒签”的概念使用上，各地的理解并未统一，存在混用的情形，但是如果劳动合同期限覆盖了实际用工期限的，主流意见还是认为此时用人单位无须支付二倍工资；另一方面，各地对于此类问题更为关注劳动者在补签、倒签劳动合同时意思表示是否真实，如果不存在欺诈、胁迫等情形时，一般情况下认为用人单位无须支付“二倍工资”。

以案释法 24：范某某与日喀则某大厦劳动争议　西藏自治区高级人民法院（2020）藏民申 57 号

案情简介：2016 年 4 月 24 日范某某与某大厦口头约定范某某在某大厦任销售部经理一职，于 2018 年 3 月 30 日双方正式签订书面劳动合同，约定合同期限为 3 年即 2016 年 4 月 24 日至 2019 年 4 月 24 日止，合同签字落款时间为 2016 年 4 月 24 日。因范某某不服从销售部新的工作安排，某大厦于 2018 年 3 月 30 日下发了书面的停职通知。2018 年 4 月 17 日范某某向日劳动仲裁委员会申请仲裁，某大厦不服，向人民法院提起诉讼。

法院观点：订立书面劳动合同是用人单位的一种法定责任，具有强制性，未按期签订书面合同而支付二倍工资是法定义务，具有惩罚性，并不属于双方可以自由约定的权利义务。因此，只要用人单位自用工之日起超过一个月未与劳动者签订书面劳动合同的，应当按照规定向劳动者支付二倍工资；如果劳动者不与用人单位订立书面劳动合同，用人单位应当终止与劳动者的劳动关系。即使用人单位与劳动者补签或者倒签劳动合同，也不会影响用人单位向劳动者支付二倍工资。况且日喀则某大厦主张此时签订书面劳动合同的原因，不足以豁免其承担二倍工资的法律责任，也没有任何范某某恶意拒绝签订书面劳动等事实依据，以证明其尽到了诚信磋商，积极履行订立书面劳动合同义务的事实。故日喀则某大厦向范某某支付二倍工资。

以案释法 25：江苏某雅家居科技有限公司与孟某某劳动合同纠纷　江苏省宿迁市中级人民法院（2018）苏 13 民终 4828 号

案情简介：2017 年 6 月 19 日，孟某某到某雅公司从事切割岗位工作。2017 年 10 月 16 日，双方签订劳动合同，孟某某在某雅公司提供的劳动合同上签名后将合同文本交给某雅公司，合同期限自 2017 年 6 月 19 日至

2018年6月19日。因某雅公司单位经办工作人员疏忽，劳动合同落款处未加盖某雅公司公章，也无法定代表人签名。2017年12月27日，孟某某离职并向某雅公司索回之前签订的劳动合同。2018年1月19日，孟某某以某雅公司未按法律规定签订劳动合同要求支付双倍工资为由申请仲裁。某雅公司不服仲裁判决，向法院起诉。

法院观点：孟某某于2017年6月19日进入某雅公司工作，某雅公司未在法定期限内与孟某某签订劳动合同，后该公司直至2017年10月16日才与孟某某签订了书面合同，且该劳动合同中载明的落款日期提前至某雅公司用工之日，某雅公司的上述行为属于倒签劳动合同的情形，而补签劳动合同的签订时间应为合同实际签订日期，故某雅公司主张其属于用人单位与劳动者之间补签劳动合同与事实不符，本院对此不予支持。因用人单位倒签劳动合同与劳动合同法关于用人单位与劳动者建立劳动关系应及时签订劳动合同的立法本意相悖，不利于保护劳动者的合法权益，用人单位采取此种方式并不能掩盖其在用工之日起一个月内未签订书面劳动合同的事实，因此，判令某雅公司向孟某某支付未签订劳动合同二倍工资有事实及法律依据。

以案释法26：仲某某与北京某达物流有限公司劳动争议　北京市第三中级人民法院（2019）京03民终15216号

案情简介：仲某某于2016年12月29日入职某达公司司机岗位。仲某某称2018年6月16日，某达公司车队负责人强迫其签订了仅具有个人姓名的空白劳动合同书，其开始拒绝填写，但车队负责人强调填写该合同书仅为购买保险，公司盖好公章买完保险会交给个人一份，不合适的部分可以协商更改，如果员工拒绝签字，将做开除处理。仲某某提交了某达公司在仲裁阶段提交的劳动合同书。该劳动合同书显示仲某某在某达公司工作起始时间为2016年12月29日，合同期限自2016年12月29日至2018年8月28日，落款部分乙方签字处有仲某某签字，落款日期为2017年1月23日。仲某某称当时其只是在劳动合同书上签字，重要部分的内容均为空白，均是某达公司后补上去的。某达公司否认仲某某是在空白劳动合同中签字，主张该劳动合同书是在仲某某入职当月签订。

法院观点：仲某某对落款日期为2017年1月23日的劳动合同中其签字予以认可，且该劳动合同中载明的工作起始时间与仲某某入职的工作时间一致，仲某某主张其系受胁迫签署的上述劳动合同，但就此并未提交相应的证据予以证明，故本院对其主张不予采纳。即使该劳动合同书系之后补签或倒签，亦视为仲某某对某达公司自其入职之日即与其签订劳动合同行为的追认。即双方就订立劳动合同已达成合意，且并无证据证明该劳动合同的签订并非仲某某的真实意思表示，故仲某某要求某达公司支付未签订劳动合同二倍工资差额的请求，法院不予支持。

第三章　劳动者的基本权利及工会的作用

21. 劳动者有哪些基本权利与义务?

劳动者享有平等就业和选择职业的权利、取得劳动报酬的权利、休息休假的权利、获得劳动安全卫生保护的权利、接受职业技能培训的权利、享受社会保险和福利的权利、提请劳动争议处理的权利以及法律规定的其他劳动权利。除此之外，劳动者还享有以下权利：参加和组织工会；参加职工民主管理；参加劳动竞赛；提出合理化建议；从事科学研究、技术革新、发明创造；依法解除劳动合同；对用人单位管理人员违章指挥、强令冒险作业拒绝执行；对危害生命安全和身体健康的行为提出批评、检举和控告；对违反劳动法的行为进行监督等。劳动者在享有劳动权利的同时，也应当承担相应的义务。如完成劳动任务、提高职业技能、执行劳动安全卫生规程、遵守公司的纪律和章程、遵守职业道德、对公司诚实信用等。劳动者如果未履行相应的义务，则有可能面临被解除劳动合同且无法拿到任何补偿的风险。

以案释法 27：某精细化工（张家港）有限公司与施某某劳动争议纠纷案　江苏省高级人民法院（2021）苏民再 332 号

案情简介：施某某于 2006 年入职某精细化工（张家港）有限公司，入职时隐瞒了真实的学习经历，并向公司提供了虚假的毕业证书。公司在施某某入职近十年后，以她当初入职时学历虚假为由解除劳动合同。施某某认为公司解除劳动合同违法，要求公司支付违法解除劳动合同赔偿金。

法院观点：施某某入职时隐瞒真实的学习经历并向公司提供虚假的毕

业证书，该行为在双方续签劳动合同时一直持续。结合在劳动合同履行期间，施某某还存在故意删除公司重要资料、多次在工作时间浏览与工作无关的网页及网络购物等情形，公司解除与施某某的劳动关系不违反法律规定，不属于违法解除劳动合同，公司无须向施某某支付经济赔偿金。

22. 工会的基本职责有哪些，我国对于工会的权限有哪些方面的规定？

工会的基本职责是维护职工合法权益，具体来说，主要包括以下几个方面的内容：(1) 工会通过平等协商和集体合同制度，协调劳动关系，维护企业职工合法权益；(2) 工会依照法律规定通过职工代表大会或者其他形式，组织职工参与本单位的民主决策、民主管理和民主监督；(3) 工会必须密切联系职工，听取、反映职工的意见和要求，关心职工的生活，帮助职工解决困难，全心全意为职工服务。

根据《工会法》[①] 的规定，我国工会的权限主要有以下几个方面：(1) 帮助指导职工与企业以及实行企业化管理的事业单位签订劳动合同。工会代表职工与企业以及实行企业化管理的事业单位进行平等协商，签订集体合同。集体合同草案应当提交职工代表大会或者全体职工讨论通过。工会签订集体合同，上级工会应当给予支持和帮助。企业违反集体合同，侵犯职工劳动权益的，工会可以依法要求企业承担责任；因履行集体合同发生争议，经协商解决不成的，工会可以向劳动争议仲裁机构提请仲裁，仲裁机构不予受理或者对仲裁裁决不服的，可以向人民法院提起诉讼。(2) 对企业、事业单位对职工的不当处分，有权提出意见。企业单方面解除职工劳动合同时，应当事先将理由通知工会，工会认为企业违反法律、法规和有关合同，要求重新研究处理时，企业应当研究工会的意见，并将处理结果书面通知工会。(3) 维护职工的合法权益，对于用人单位侵犯职工合法权益的行为，依法进行相应的处理。企业、事业单位违反劳动法

① 《中华人民共和国工会法》本书简称《工会法》。

律、法规规定，有下列侵犯职工劳动权益情形的，工会应当代表职工与企业、事业单位交涉，要求企业、事业单位采取措施予以改正；企业、事业单位应当予以研究处理，并向工会做出答复；企业、事业单位拒不改正的，工会可以请求当地人民政府依法做出处理：克扣职工工资的；不提供劳动安全卫生条件的；随意延长劳动时间的；侵犯女职工和未成年工特殊权益的；其他严重侵犯职工劳动权益的。（4）对于一些问题进行调查处理，如职工因工伤亡事故和其他严重危害职工健康问题，停工、怠工事件等。（5）参加劳动争议的调解工作等。

以案释法 28：杨某某与江苏某阳汽车有限公司徐州分公司、江苏某阳汽车有限公司劳动争议案　江苏省南京市中级人民法院（2020）苏 01 民终 10301 号

案情简介：杨某某自 1996 年入职某阳公司，历任总经理及分公司负责人。2019 年 9 月，某阳公司以杨某某强占公司财物、敲诈勒索领导、煽动闹事为由单方解除劳动合同。因某阳徐州分公司、某阳公司尚未建立工会组织，因此公司无法通知工会，也未向属地工会报告。2019 年 12 月 24 日，杨某某申请仲裁，仲裁委出具不予受理通知书。于是杨某某以公司解除劳动合同程序违法等理由向法院起诉。

法院观点：根据《劳动合同法》第四十三条规定，用人单位单方解除劳动合同，应当事先将理由通知工会。用人单位违反法律、行政法规规定或者劳动合同约定的，工会有权要求用人单位纠正。用人单位应当研究工会的意见，并将处理结果书面通知工会。《最高人民法院关于审理劳动争议案件适用法律若干问题的解释（四）》第十二条规定①，建立了工会组织的用人单位解除劳动合同符合劳动合同法第三十九条、第四十条规定，但未按照劳动合同法第四十三条规定事先通知工会，劳动者以用人单位违法解除劳动合同为由请求用人单位支付赔偿金的，人民法院应予支持，但

① 该条已被《最高人民法院关于审理劳动争议案件适用法律问题的解释（一）》第四十七条取代。

起诉前用人单位已经补正有关程序的除外。本案中，杨某某于2019年12月27日诉至一审法院，某阳公司于2020年4月23日征求员工意见，2020年8月20日向所在地工会寄送解除劳动关系通知函，其解除程序并不符合法律及司法解释的相关规定。最终认定某阳公司系违法解除与杨某某劳动合同，应向杨某某支付赔偿金。

以案释法29：山东聊城某纺织有限公司、李某某劳动争议案　山东省聊城市中级人民法院（2020）鲁15民终2451号

案情简介：李某某于1990年起在某纺织公司工作，双方签订有劳动合同。2016年4月，某纺织公司以李某某连续旷工超过15天为由，根据公司管理制度做出解除劳动合同决定。但该决定未有效送达李某某，同时某纺织公司在解除劳动合同前也未通知工会并征求工会意见。李某某称其因工作岗位劳动强度大要求调岗，但协商未果。最后某纺织公司向法院起诉，请求法院确认双方的劳动关系已经解除，李某某则要求继续履行劳动合同。

法院观点：《劳动合同法》第四十三条规定："用人单位单方解除劳动合同，应当事先将理由通知工会。用人单位违反法律、行政法规规定或者劳动合同约定的，工会有权要求用人单位纠正。用人单位应当研究工会的意见，并将处理结果书面通知工会。"《最高人民法院关于审理劳动争议案件适用法律若干问题的解释（四）》第十二条规定："建立了工会组织的用人单位解除劳动合同符合劳动合同法第三十九条、第四十条规定，但未按照劳动合同法第四十三条规定事先通知工会，劳动者以用人单位违法解除劳动合同为由请求用人单位支付赔偿金的，人民法院应予支持，但起诉前用人单位已经补正有关程序的除外。"根据以上规定，如用人单位单方解除劳动合同前未通知工会并征求工会意见，则解除劳动合同程序违法。原告未举证证明在本案起诉前已将解除与被告劳动合同的决定通知工会并征求工会意见，应认定原告解除劳动合同程序违法。《劳动合同法》第四十八条规定"用人单位违反本法规定解除或者终止劳动合同，劳动者要求继续履行劳动合同的，用人单位应当继续履行"，现被告要求继续履行劳动合同，本院依法予以支持。

23. 用人单位订立哪些规章制度必须与职工协商？

根据《劳动合同法》第四条规定，用人单位在制定、修改或者决定有关劳动报酬、工作时间、休息休假、劳动安全卫生、保险福利、职工培训、劳动纪律以及劳动定额管理等直接涉及劳动者切身利益的规章制度或者重大事项时，应当经职工代表大会或者全体职工讨论，提出方案和意见，与工会或者职工代表平等协商确定。在规章制度和重大事项决定实施过程中，工会或者职工认为不适当的，有权向用人单位提出，通过协商予以修改完善。未经民主程序制定，仅经工会事后同意的规章制度，用人单位以此作为用工管理依据的，人民法院依法不予支持。

《劳动合同法》第四条第二款规定的“平等协商确定”主要是指程序上的要求，不要求劳资双方必须达成一致意见，最后决定权在用人单位。用人单位在履行民主程序（讨论、听取意见）后，如果平等协商无法达成一致，可单方决定规章制度的最终内容，但须确保内容合法合理且不侵犯劳动者权益。

以案释法 30：某人寿保险有限公司诉马某劳动争议案　天津市第一中级人民法院（2023）津 01 民终 4642 号

案情简介：2006 年 8 月，马某入职某人寿保险有限公司。某保险公司依据自 2021 年 1 月 1 日起实施的《绩效考核管理办法（2021 版）》对马某进行考核。马某对该文件制定程序提出异议，并于 2022 年向天津市劳动人事争议仲裁委员会提起仲裁，2022 年 11 月 7 日，天津市劳动人事争议仲裁委员会做出裁决：自本裁决生效之日起十五日内，某保险公司支付马某 2021 年度绩效工资 64 655.22 元。某保险公司不服前述劳动仲裁，向法院提起诉讼，请求判令：不予支付马某 2021 年度绩效奖金 64 655.22 元。

法院观点：用人单位有权根据企业生产经营状况制定考核的内容、方式、标准以及据此确定奖金分配比例，但应当遵守法定的程序，防止用人单位滥用权力，保护劳动者的合法权益。《劳动合同法》第四条第二款规定："用人单位在制定、修改或者决定有关劳动报酬、工作时间、休息休假、劳动安全卫生、保险福利、职工培训、劳动纪律以及劳动定额管理等直接涉及劳动者切身利益的规章制度或者重大事项时，应当经职工代表大会或者全体职工讨论，提出方案和意见，与工会或者职工代表平等协商确定。"根据该条规定，劳动者作为劳动管理的亲历者，对涉及切身利益的规章制度最有发言权，目的就是保障劳动者适当参与规章制度制定程序的权利。工会的事后同意，与经职工代表大会或者全体职工讨论并非相同程序，不能保障劳动者参与协商的权利，不符合法定程序的要求。

某保险公司制定的《考核办法》和《2021 年总公司年终奖金方案》涉及劳动报酬，特别是设定了如绩效不合格，某保险公司可解除劳动关系的条款。因该条直接涉及劳动者切身利益，某保险公司在制定两项制度时，应经职工代表大会或全体职工讨论，与工会或职工代表平等协商确定。现某保险公司提交的 2021 年 6 月 30 日工会通过的决议，不能证明在制定时已经职工讨论，是在与工会或职工代表平等协商的情况下确定的。在确定马某低于 6 分时，某保险公司也未按制度规定向其说明情况。某保险公司制定的规章制度违反了法定程序，其确定马某的个人绩效系数为 0，违反公平公正原则，因此其要求不予支付马某奖金的请求不能成立。

24. 残疾人、少数民族人员、退役军人就业有哪些特殊规定？

对于残疾人的就业，根据《残疾人保障法》① 和相关法律的规定，中国残疾人联合会及其地方组织所属的残疾人就业服务机构应当免费为残疾人就业提供下列服务：（1）发布残疾人就业信息；（2）组织开展残疾人职业培训；（3）为残疾人提供职业心理咨询、职业适应评估、职业康复训练、求职定向指导、职业介绍等服务；（4）为残疾人自主择业提供必要的帮助；（5）为用人单位安排残疾人就业提供必要的支持。国家鼓励其他就业服务机构为残疾人就业提供免费服务。残疾人职工与用人单位发生争议

---

① 《中华人民共和国残疾人保障法》本书简称《残疾人保障法》。

的，当地法律援助机构应当依法为其提供法律援助，各级残疾人联合会应当给予支持和帮助。

我国对少数民族人员就业的特殊规定主要包括：（1）民族自治地方的企业、事业单位在招收人员的时候，要优先招收少数民族人员，并且可以从农村和牧区少数民族人口中招收。（2）上级国家机关隶属的民族自治地方的企业、事业单位，在招收人员的时候，应当优先招收当地少数民族人员。

国家采取政府推动、市场引导、社会支持相结合的方式，鼓励和扶持退役军人就业创业。县级以上地方人民政府退役军人工作主管部门应当加强对退役军人就业创业的宣传、组织、协调等工作，会同有关部门采取退役军人专场招聘会等形式，开展就业推荐、职业指导，帮助退役军人就业。机关、群团组织、事业单位和国有企业在招录或者招聘人员时，对退役军人的年龄和学历条件可以适当放宽，同等条件下优先招录、招聘退役军人。退役的军士和义务兵服现役经历视为基层工作经历。服现役满五年的高校毕业生退役军人可以报考面向服务基层项目人员定向考录的职位，同服务基层项目人员共享公务员定向考录计划。退役军人创办小微企业，可以按照国家有关规定申请创业担保贷款，并享受贷款贴息等融资优惠政策。退役军人从事个体经营，依法享受税收优惠政策。

以案释法 31：王某与某影城劳动争议二审民事判决书　北京市第二中级人民法院（2023）京 02 民终 12160 号

案情简介：王某系肢体残疾人，由某街道残联介绍到某影城工作。工作一段时间后，影城店长与王某微信沟通，称将对王某工作内容进行部分调整，工作强度将有所增加，拟安排王某在检票口售票、检票、售卖商品等，并且撤掉检票口原有的工作人员座椅。王某表示工作强度可以去适应，但影城明知其没有椅子支撑，无法坚持八小时站立工作，仍将椅子撤掉，意在逼迫其离职。王某称，2022 年 6 月 8 日影城口头将其辞退。王某申请劳动仲裁，后起诉至法院，要求影城支付解除劳动合同的经济补偿。

法院观点：王某主张影城 2022 年 6 月 8 日口头将其辞退，影城对此不予认可，王某亦未能对此提供证据证明，故法院对王某的该主张不予采信。但是从王某提交的与影城店长的微信聊天记录来看，影城虽然没有明确提出解除劳动合同，却在明知王某需要座椅才能工作的情况下，不予安排座椅，并增加工作量等。影城未能考虑王某的合理诉求，没有为王某提供适合其身体状况的劳动条件和劳动保护。鉴于本案实际情况，为维护残疾人合法权益，法院最终判令某影城向王某支付解除劳动合同经济补偿。

25. 未成年工和童工有什么不同，国家对招用未成年工的限制性要求有哪些？

《劳动法》不禁止招收和使用未成年工，即年满十六周岁未满十八周岁的未成年人，不过对于未成年工，法律规定了比较特殊的劳动保护；但是，明文禁止使用童工，即未满十六周岁的未成年人。这一禁止性的规定只有一个例外，即文艺工作者、运动员、艺徒需要招收、使用未成年人的，这种情况下，要依照国家有关规定。

国家对未成年工实行特殊劳动保护。未成年工的身体发育尚未完全定型，正在向成熟期过渡。在安排未成年工的劳动时要注意他们的生理特点，过重的体力劳动、不良的工作体位、过度紧张的劳动、不适合的工具等都会对未成年工的正常发育产生不良影响。为了保护未成年工的正常发育和安全健康，除改善一般的劳动条件外，需要在工作时间、工作场所等方面给予特殊保护。

（1）就业年龄的限制

确定最低就业年龄必须考虑青少年的身体发育状况以及保障他们在就业前有接受完整义务教育的时间。《劳动法》规定："禁止用人单位招用未满 16 周岁的未成年人。文艺、体育和特种工艺单位招用未满 16 周岁的未成年人，必须依据国家有关规定，履行审批手续并保障其受义务教育的权利。"

（2）禁止未成年工从事有害健康的工作

身体发育还未成熟的未成年工，不能适应特别繁重及危险的工作，他们对有毒有害作业的抵抗力也较弱。《劳动法》规定，招收录用未成年工应当经过体格检查，录用后也应定期进行健康检查。

（3）对未成年工实行工作时间的保护

为了保障未成年工的正常发育和继续组织他们完成文化技术学习任务，一般对未成年工实行缩短工作日制度，并且不得安排未成年工从事加班加点和夜班工作。对于某些经过批准允许招收十六周岁以下的学徒的特殊行业，国家还规定了一些特殊的保护措施，保证他们的身心能够健康成长。

（4）对未成年工进行健康检查

为保障未成年工的身体健康，《劳动法》规定："用人单位应当对未成年工定期进行健康检查。"如果发现疾病或身体发育中的异常情况，应及时进行治疗。对未成年工进行定期的健康检查是用人单位的一项法定义务，用人单位不得以任何借口加以取消。对未成年工的健康检查，应当注意以下几个方面：

第一，用人单位应按下列要求对未成年工定期进行健康检查：（1）安排工作岗位之前；（2）工作满一年；（3）年满十八周岁，距前一次体检时间已超过半年。第二，未成年工的健康检查，应按法定《未成年工健康检查表》列出的项目进行。第三，用人单位应根据未成年工的健康检查结果安排其从事适合的劳动；对不能胜任原劳动岗位的，应根据医务部门的证明，予以减轻劳动量或安排其他劳动。

以案释法 32：乔某、康某某等提供劳务者受害责任纠纷案　河北省鸡泽县人民法院（2021）冀 0431 民初 458 号

案情简介：2020 年 9 月 16 日下午，乔某经人介绍并由康某某同意后，到康某某、柴某某、杨某某共同经营的位于鸡泽县的作坊提供井盖加工劳务。2020 年 9 月 19 日，乔某在干活中被机器切掉 7 根手指（出事时年满十六周岁，未满十八周岁），遂由康某某送往河北工程大学附属医院进行救治并垫付了部分医疗费。但后续治疗费高昂，乔某无奈提前出院，经多次与康某某、柴某某、杨某某协商未果，乔某诉至法院。

法院观点：按照《中华人民共和国侵权责任法》第三十五条的规定，提供劳务一方因劳务自己受到损害的，根据各自的过错承担相应的责任。本案中乔某已满十六周岁，以自己的劳动收入为主要生活来源，应视为完全民事行为能力人，但是其属于未成年工，使用未成年工的单位应对未成年工进行特殊保护，不得安排未成年工从事使用凿岩机、捣固机、气镐、气铲、铆钉机、电锤等具有危险性的工作，而本案中，康某某、柴某某、杨某某作为作坊的经营者，没有按照规定，使用了未成年工，且在乔某工作时未能采取安全措施，致使乔某在使用切割机时受伤，对于乔某的损失应依法承担赔偿责任。

26. 女职工禁忌从事的劳动范围有哪些？

1. 女职工禁忌从事的劳动范围：

（1）矿山井下作业；

（2）体力劳动强度分级标准中规定的第四级体力劳动强度的作业；

（3）每小时负重 6 次以上、每次负重超过 20 公斤的作业，或者间断负重、每次负重超过 25 公斤的作业。

2. 女职工在经期禁忌从事的劳动范围：

（1）冷水作业分级标准中规定的第二级、第三级、第四级冷水作业；

（2）低温作业分级标准中规定的第二级、第三级、第四级低温作业；

（3）体力劳动强度分级标准中规定的第三级、第四级体力劳动强度的作业；

（4）高处作业分级标准中规定的第三级、第四级高处作业。

3. 女职工在孕期禁忌从事的劳动范围：

（1）作业场所空气中铅及其化合物、汞及其化合物、苯、镉、铍、砷、氰化物、氮氧化物、一氧化碳、二硫化碳、氯、己内酰胺、氯丁二烯、氯乙烯、环氧乙烷、苯胺、甲醛等有毒物质浓度超过国家职业卫生标准的作业；

（2）从事抗癌药物、己烯雌酚生产，接触麻醉剂气体等的作业；

（3）非密封源放射性物质的操作，核事故与放射事故的应急处置；

（4）高处作业分级标准中规定的高处作业；

（5）冷水作业分级标准中规定的冷水作业；

（6）低温作业分级标准中规定的低温作业；

（7）高温作业分级标准中规定的第三级、第四级的作业；

（8）噪声作业分级标准中规定的第三级、第四级的作业；

（9）体力劳动强度分级标准中规定的第三级、第四级体力劳动强度的作业；

（10）在密闭空间、高压室作业或者潜水作业，伴有强烈振动的作业，或者需要频繁弯腰、攀高、下蹲的作业。

4. 女职工在哺乳期禁忌从事的劳动范围：

（1）孕期禁忌从事的劳动范围的第一项、第三项、第九项；

（2）作业场所空气中锰、氟、溴、甲醇、有机磷化合物、有机氯化合物等有毒物质浓度超过国家职业卫生标准的作业。

2012 年 4 月 28 日国务院公布了《女职工劳动保护特别规定》，国家对孕产期、哺乳期的女职工除了规定禁忌从事的劳动范围之外，还规定了女职工生育享受 98 天产假，其中产前可以休假 15 天；难产的，增加产假 15 天；生育多胞胎的，每多生育 1 个婴儿，增加产假 15 天。女职工怀孕未满 4 个月流产的，享受 15 天产假；怀孕满 4 个月流产的，享受 42 天产假。对哺乳未满 1 周岁婴儿的女职工，用人单位不得延长劳动时间或者安排夜班劳动。用人单位应当在每天的劳动时间内为哺乳期女职工安排 1 小时哺乳时间；女职工生育多胞胎的，每多哺乳 1 个婴儿每天增加 1 小时哺乳时间。

以案释法 33：曾某英、广州市某丰皮革制品有限公司劳动争议　广东省广州市中级人民法院（2019）粤 01 民终 18084 号

案情简介：曾某英于 2007 年入职广州市某丰皮革制品有限公司，负责操作开布机，工作车间气味较浓。2018 年初怀孕后，曾某英因担心工作环境影响胎儿健康，申请调岗并要求公司提供专业检测报告，但公司未回应。2018 年 7 月 3 日，曾某英请假未获批准，公司随后以其未上班为由解除劳动关系。曾某英申请仲裁后不服仲裁结果，诉至法院，要求支付违法解除劳动关系赔偿金及少发工资。

法院观点：根据《女职工劳动保护特别规定》第六条第一款之规定："女职工在孕期不能适应原劳动的，用人单位应当根据医疗机构的证明，予以减轻劳动量或者安排其他能够适应的劳动。"同时上述规定附录第三条第一项规定："女职工在孕期禁忌从事的劳动范围包括：（一）作业场所空气中铅及其化合物、汞及其化合物、苯、镉、铍、砷、氰化物、氮氧化物、一氧化碳、二硫化碳、氯、己内酰胺、氯丁二烯、氯乙烯、环氧乙烷、苯胺、甲醛等有毒物质浓度超过国家职业卫生标准的作业。"本案中，根据某丰公司所提交的环境影响报告表以及大气污染物排放检测报告，曾某英所在的开布机工作岗位确实存在苯、甲苯、二甲苯、非甲烷总烃等有毒物质，若上述有毒物质浓度超过了国家职业卫生标准，则属于女职工在孕期禁忌从事的劳动范围，故曾某英在怀孕后请求某丰公司调整岗位具有合理合法性。虽然某丰公司在诉讼时提交了大气污染物排放检测报告证明该岗位有害物质排放浓度符合广东省大气污染物排放限值，但是大气污染物检测标准以及检测方法与国家职业卫生标准所规定的工作场所空气中化学物质容许浓度（包括时间加权平均容许浓度、短时间接触容许浓度以及最高容许浓度）以及检测方法并不一致，不能直接证明涉案作业场所空气中的有毒物质浓度符合国家职业卫生标准。而且，在曾某英明确要求某丰公司说明涉案岗位存在的化学物质对于孕妇是否存在危害的情况下，某丰公司未对此进行解释以及展示相应的检测报告，也未同意曾某英的调岗请求，不能消除曾某英的疑虑。在此情况下，某丰公司要求曾某英回原岗位上班，属于要求曾某英进行冒险作业，故曾某英未到岗上班，而按照某丰公司的要求写请假条请假，不存在过错。某丰公司以曾某英未到岗上班为由，解除曾某英的劳动关系，依据不足，应属于违法解除劳动合同。依照经济补偿标准的二倍向劳动者支付赔偿金。

第四章　公司内部规章制度在劳动争议中的作用

27. 用人单位依法建立的规章制度，是否可以成为人民法院审理劳动争议案件的依据？

《最高人民法院关于审理劳动争议案件适用法律问题的解释（一）》第五十条规定，用人单位根据《劳动合同法》第四条之规定，通过民主程序制定的规章制度，不违反国家法律、行政法规及政策规定，并已向劳动者公示的，可以作为人民法院审理劳动争议案件的依据。可见，用人单位的规章制度可以成为人民法院审理劳动争议案件依据的三个条件是：（1）通过民主程序制定；（2）不违反法律、行政法规及政策的规定；（3）已向劳动者公示。只有同时具备这三个条件的单位规章制度，才可以作为劳动争议案件审理时适用的依据。

以案释法34：王某某与某特汽车工程研究（南京）有限公司劳动争议江苏省高级人民法院（2017）苏民申4651号

案情简介：王某某于2007年11月12日入职某特汽车工程研究（南京）有限公司，先后担任物流工程师、项目工程师。2014年11月21日，双方签订变更劳动合同协议书，约定自2014年12月1日起，王某某的岗位变更为项目助理，2014年12月1日至2015年2月28日保持基本工资不变，从2015年3月1日起，级别由SG7变更为SG4，基本工资由14 019元降低为8233元/月。2015年3月10日，某特公司以王某某“多次不服从管理、威胁并骚扰他人、不诚信且屡教不改的行为严重扰乱了公司的工作秩序”为由，单方解除劳动合同。王某某申请仲裁，要求确认某特公司单方解除劳动合同决定违法，并支付违法解除劳动合同赔偿金、汽油补贴、企业年金。王某某向法院提起诉讼。

法院观点：某特公司提交了江苏省南京市钟山公证处（2015）宁钟证经内字第4091号公证书及相关翻译件，证明某特公司在起草员工手册时，于2008年6月20日通过电子邮件形式，将员工手册初稿发至公司全体工作人员电子邮箱，并特别说明如有任何意见或建议，请于2008年6月25日前向公司提出。2009年6月，某特公司将员工手册定稿发送至公司全体工作人员电子邮箱。王某某与某特公司签订的劳动合同中亦载明，员工将通过签署其收到和理解本合同附件二列明的各项现行公司规章制度和原公司后侧的确认书来证明其同意遵守该等规章制度和员工手册。上述证据能够证明员工手册经过了民主议定程序，属于符合法律规定的规章制度。某特公司提供的证据，能够证明王某某存在严重违反该公司规章制度的行为。某特公司于2015年3月9日通过电子邮件将解除王某某劳动合同的决定告知工会，解除程序符合法律规定。因此，一、二审法院认定某特公司不存在违法解除劳动合同的情形，亦无不当。裁定驳回王某某的再审申请。

28. 用人单位制定的内部规章制度与集体合同或者劳动合同约定的内容不一致时，应如何处理？

劳动规章制度是用人单位依法制定的适用于本单位及本单位全体劳动者或部分劳动者的劳动管理规则。劳动合同是劳动者与用人单位确立劳动关系，明确双方权利和义务的协议。集体合同是用人单位与本单位职工根据法律、法规、规章的规定，就劳动报酬、工作时间、休息休假、劳动安全卫生、职业培训、保险福利等事项，通过集体协商签订的书面协议。规章制度、集体合同和劳动合同都是法院处理劳动争议的重要依据。实践中，劳动争议案件处理往往出现既有内部规章制度又有双方签订的劳动合同的情况，此时以何者作为依据将直接导致裁判结果的差别，对当事人的权利义务也势必产生重大影响。《最高人民法院关于审理劳动争议案件适用法律问题的解释（一）》第五十条第二款规定，用人单位制定的内部规章制度与集体合同或者劳动合同约定的内容不一致，劳动者请求优先适用合同约定的，人民法院应予支持。因此，司法实践中应以劳动者的请求作为适用规章制度或劳动合同的前提，劳动者要求优先适用规章制度或劳动合同约定的，法院应当予以支持。

以案释法 35：某邦石油化工有限公司与张某某劳动争议　江苏省淮安市中级人民法院（2019）苏 08 民终 2197 号

案情简介：张某某在某邦化工工作，双方签订劳动合同，合同约定若在上班期间睡觉，公司可以随时解除劳动合同。但是公司的《员工手册》中没有规定上班打瞌睡、躺下睡觉可以解除劳动合同，而是规定有下列行为之一为严重违纪，视情节扣减个人当月绩效评分 30—100 分，或做工资降档（降薪）处理，或待岗处理。上班期间禁止睡觉：（1）打瞌睡，扣 30 分/次；（2）躺下睡觉，取消当月绩效奖金。某邦化工在安全检查中发现张某某在夜班期间睡觉，给予张某某解除劳动合同的处理决定。张某某对某邦化工解除其劳动关系决定不服，向淮安市劳动人事争议仲裁委员会申请仲裁，该仲裁委做出不予受理通知书后张某某诉至法院。

法院观点：《最高人民法院关于审理劳动争议案件适用法律问题的解释（一）》第五十条第二款规定，用人单位制定的内部规章制度与集体合同或者劳动合同约定的内容不一致，劳动者请求优先适用合同约定的，人民法院应予支持。本案中对于上班时间睡觉的情形，某邦化工的《员工手册》中是给予取消当月绩效奖金的处理，而在劳动合同则约定上班期间睡觉可以随时解除劳动合同，两者处罚结果不一致。根据上述司法解释条款的规定，其本身赋予的是劳动者在面临公司内部规章与劳动合同约定不一致的情况下具有优先适用合同约定的请求权，以彰显对劳动者权益的保护，并未给予用人单位相应的请求优先适用合同约定的权利。虽然现行立法并未对规章制度、劳动合同和集体合同的效力进行位阶设置，但实践中应根据何者对劳动者有利来决定两者之效力位阶，针对本案情形，选择《员工手册》规定较之选择劳动合同约定对张某某行为进行处理，对张某某更为有利，故某邦化工根据劳动合同约定对张某某进行处理，予以解除劳动合同不当，某邦化工属于违法解除劳动关系。

29. 用人单位以劳动者严重违反用人单位的规章制度为由解除劳动合同，是否属于合法解除劳动合同？

用人单位因劳动者违反规章制度，可以单方解除劳动合同。但必须同时满足三个条件：首先，规章制度的内容必须是符合法律、法规的规定，不得违反法律、法规及公序良俗；制定程序合法，经职工代表大会或全体职工讨论，并与工会或职工代表平等协商确定；已向劳动者公示或告知。其次，劳动者的行为属于“严重”违反用人单位的规章制度。何为“严重”，一般应根据劳动法规所规定的限度和用人单位内部的规章制度依此限度所规定的具体界限为准。例如，违反操作规程，损坏生产、经营设备造成经济损失，不服从用人单位正常工作调动，不服从用人单位的劳动人事管理，无理取闹，打架斗殴，散布谣言损害企业声誉等，这些都给用人单位的正常生产经营秩序和管理秩序带来了损害。最后，解除程序合法。若用人单位已建立工会，解除前需将理由通知工会；未建立工会的，应通过职工代表或上级工会补正程序。

以案释法 36：郑某诉某尔自动化控制（中国）有限公司劳动合同纠纷案 上海市第一中级人民法院（2021）沪 01 民终 2032 号

案情简介：郑某于 2012 年 7 月入职某尔自动化控制（中国）有限公司，担任渠道销售经理。公司有性骚扰防范培训机制，郑某接受过相关培训。公司《商业行为准则》和《员工手册》对性骚扰等违纪行为有明确规定，且经过工会讨论。郑某与公司签订的劳动合同约定，确认并同意公司的规章制度作为合同组成部分。2017 年版《员工手册》修改后，郑某再次签署确认书表示接受。

2018 年 8 月 30 日，郑某因下属任某与上级邓某关系僵而找任某谈话。了解情况后，非但未采取积极措施，反而暗示任某接受邓某的骚扰。之后，郑某以任某不合群为由向人事部提出解除其劳动合同，但未说明合理依据。人事部找任某了解情况，任某告知被邓某骚扰及郑某的不当行为。

2019 年 1 月 15 日，公司对郑某进行调查，制作了调查笔录，郑某虽未签字但对部分内容做了修改。对于女员工反映邓某性骚扰问题，郑某在笔录中答复“没有”。2019 年 1 月 31 日，公司以郑某未尽经理职责，对下属遭受骚扰未采取措施反而打击报复以及在调查中做虚假陈述为由，出具“单方面解除函”，解除与郑某的劳动合同。

2019 年 7 月 22 日，郑某申请仲裁，要求公司支付违法解除劳动合同赔偿金 368 130 元，该请求未获支持。郑某不服，诉至法院。

法院观点：某尔公司 2017 年版《员工手册》《商业行为准则》分别于 2017 年 9 月、2014 年 12 月经某尔公司工会沟通会议进行讨论。郑某与某尔公司签订的劳动合同明确约定《员工手册》《商业行为准则》属于劳动合同的组成部分，郑某已阅读并理解和接受上述制度。在《员工手册》修订后，郑某亦再次签署确认书，确认已阅读、明白并愿接受 2017 年版《员工手册》，愿恪守公司政策作为在某尔公司工作的前提条件。在此情况下，某尔公司的《员工手册》《商业行为准则》对郑某具有约束力。

某尔公司建立了工作场所性骚扰防范培训机制，郑某接受过相关培训。公司《商业行为准则》要求经理、主管等管理人员在下属提出担忧或问题时能够专业并及时帮助解决，不能进行打击报复，且 2017 年版《员工手册》将违反公司《商业行为准则》的行为列为会导致立即辞退的严重违纪行为范围。然而，郑某在知晓任某与邓某关系不好的原因后，不仅未采取积极措施，反而认为任某处理不当，并于 2018 年 11 月中旬向人事经理提出任某性格不合群，希望公司能解除与任某的劳动合同，据此可以合理推断郑某对任某进行了打击报复。某尔公司 2017 年版《员工手册》明确规定在公司内部调查中做虚假陈述的行为属于会导致立即辞退的严重违纪行为。公司在 2019 年 1 月 15 日对郑某进行调查时，郑某在调查笔录中存在虚假陈述情况。综上，法院认为郑某存在严重违纪行为，某尔公司解除劳动合同合法，不构成违法解除劳动合同。

以案释法 37：孙某某诉某区人力资源开发有限公司劳动合同纠纷案

江苏省连云港市中级人民法院（2019）苏 07 民终 658 号

案情简介：2016 年 7 月 1 日，孙某某与某区人力资源开发有限公司（以下简称某区公司）签订劳动合同，约定：劳动合同期限为自 2016 年 7 月 1 日起至 2019 年 6 月 30 日止；乙方工作地点为连云港，从事邮件收派与司机岗位工作；乙方严重违反甲方的劳动纪律、规章制度的，甲方可以立即解除本合同且不承担任何经济补偿；甲方违约解除或者终止劳动合同的，应当按照法律规定和本合同约定向乙方支付经济补偿金或赔偿金；甲方依法制定并通过公示的各项规章制度，如《员工手册》《奖励与处罚管理规定》《员工考勤管理规定》等文件作为本合同的附件，与本合同具有同等效力。之后，孙某某根据某区公司安排，负责江苏省灌南县堆沟港镇区域的顺丰快递收派邮件工作。2017 年 9 月 12 日、10 月 3 日、10 月 16 日，孙某某先后存在工作时间未穿工作服、代他人刷考勤卡、在单位公共平台留言辱骂公司主管等违纪行为。事后，某区公司依据《奖励与处罚管理规定》，由用人部门负责人、建议部门负责人、工会负责人、人力资源部负责人共同签署确认，对孙某某上述违纪行为分别给予扣 2 分、扣 10 分、扣 10 分处罚，但具体扣分处罚时间难以认定。

2017 年 10 月 17 日，孙某某被所在单位用人部门以未及时上交履职期间的营业款项为由安排停工。次日，孙某某至所在单位刷卡考勤，显示刷卡信息无法录入。10 月 25 日，某区公司出具离职证明，载明孙某某自 2017 年 10 月 21 日从某区公司正式离职，已办理完毕手续，即日起与公司无任何劳动关系。10 月 30 日，某区公司又出具解除劳动合同通知书，载明孙某某在未履行请假手续也未经任何领导批准情况下，自 2017 年 10 月 20 日起无故旷工 3 天以上，依据国家的相关法律法规及单位规章制度，经单位研究决定自 2017 年 10 月 20 日起与孙某某解除劳动关系，限于 2017 年 11 月 15 日前办理相关手续，逾期未办理，后果自负。之后，孙某某向江苏省灌南县劳动人事争议仲裁委员会申请仲裁，仲裁裁决后孙某某不服，递诉至法院，要求某区公司支付违法解除劳动合同赔偿金共计

68 500 元。

某区公司在案件审理过程中提出，孙某某在职期间存在未按规定着工作服、代人打卡、谩骂主管以及未按照公司规章制度及时上交营业款项等违纪行为，严重违反用人单位规章制度；自 2017 年 10 月 20 日起，孙某某在未履行请假手续且未经批准的情况下无故旷工多日，依法自 2017 年 10 月 20 日起与孙某某解除劳动关系，符合法律规定。

法院观点：孙某某与某区公司签订的劳动合同系双方真实意思表示，合法有效。劳动合同附件《奖励与处罚管理规定》作为用人单位的管理规章制度，不违反法律、行政法规的强制性规定，合法有效，对双方当事人均具有约束力。根据《奖励与处罚管理规定》，员工连续旷工 3 天（含）以上的，公司有权对其处以第五类处罚责任，即解除合同、永不录用。某区公司向孙某某送达的解除劳动合同通知书明确载明解除劳动合同的事由为孙某某无故旷工达 3 天以上，孙某某诉请法院审查的内容也是某区公司以其无故旷工达 3 天以上而解除劳动合同行为的合法性，故法院对某区公司解除劳动合同的合法性审查也应以解除劳动合同通知书载明的内容为限，而不能超越该诉争范围。虽然某区公司在庭审中另提出孙某某在工作期间存在不及时上交营业款、未穿工服、代他人刷考勤卡、在单位公共平台留言辱骂公司主管等其他违纪行为，也是严重违反用人单位规章制度，公司仍有权解除劳动合同，但是根据在案证据及某区公司的陈述，某区公司在已知孙某某存在上述行为的情况下，没有提出解除劳动合同，而是主动提出重新安排孙某某从事其他工作，在向孙某某出具解除劳动合同通知书时也没有将上述行为作为解除劳动合同的理由。对于某区公司在诉讼期间提出的上述主张，法院不予支持。

某区公司以孙某某无故旷工达 3 天以上为由解除劳动合同，应对孙某某无故旷工达 3 天以上的事实承担举证证明责任。但某区公司仅提供了本单位出具的员工考勤表为证，该考勤表未经孙某某签字确认，孙某某对此亦不予认可，认为是单位领导安排停工并提供刷卡失败视频为证。因孙某某在工作期间被安排停工，某区公司之后是否通知孙某某到公司报到、如何通知、通知时间等事实，某区公司均没有提供证据加以证明，故孙某某无故旷工 3 天以上的事实不清，某区公司应对此承担举证不能的不利后果，其以孙某某旷工违反公司规章制度为由解除劳动合同，缺少事实依据，属于违法解除劳动合同。

以案释法 38：郑某与某证券有限责任公司劳动争议 北京市第二中级人民法院（2017）京 02 民终 6959 号

案情简介：2011 年 8 月 1 日，郑某与某证券公司订立劳动合同。2013 年 1 月 11 日，某证券公司以郑某存在虚假报销为由单方解除了与郑某的劳动合同。郑某主张某证券公司属于违法解除劳动合同，通过仲裁和诉讼要求继续履行劳动合同。郑某主张某证券公司解除劳动合同所依据的《员工手册》未经民主程序制定，其中关于违反一次即可立即解雇的“不符合正当并忠实履行职责的欺诈、不诚实或不当行为”以及“不诚实或虚假陈述的行为”等规定过于宽泛且过于苛刻，容易导致某证券公司解除权的滥用。某证券公司提交的证据不足以证实《员工手册》系经过民主程序制定。

法院观点：郑某的不实报销行为是否属于“严重违反用人单位的规章制度”，相关规章制度未经民主程序能否作为解除劳动合同的依据是本案的争议焦点。规章制度是用人单位依法制定，并在本单位实施的效力范围及于全体职工的规范劳动管理的制度。用人单位制定规章制度不得违反法律、法规的规定；须公示并使劳动者对规章制度的内容知情。除了合法性、公示性之外，《劳动合同法》第四条对用人单位规章制度的民主程序做出了明确规定，劳动者作为用人单位劳动管理的亲历者，对涉及切身利益的规章制度内容最敏感也最有发言权，保障劳动者适当参与规章制度制定程序的权利，是对规章制度最重要最有效的合理规制手段。尽管并非任何规章制度都需要经过严格的民主程序，但是某证券公司将郑某的不实报销行为等同于《员工手册》中列举的违反一次即可立即解雇的“不符合正当并忠实履行职责的欺诈、不诚实或不当行为”以及“不诚实或虚假陈述的行为”，郑某则从某证券公司未给予其申辩或自我纠正的权利、《员工手册》的相关规定过于宽泛等角度提出规章制度过苛以及对某证券公司滥用解除权的质疑，鉴于防止用人单位通过宽泛且缺乏处罚程序规制的规章制度可能导致劳动者在履行劳动合同过程中极易陷入不安之中的价值判断，郑某的质疑具有一定的合理性。故在郑某所提合理质疑成立的前提下，法院应该对《员工手册》进行民主程序的审查，并据此认定某证券公司属于违法解除劳动合同。

以案释法 39：杨某某与南京某达汽车销售服务有限公司劳动争议　江苏省南京市中级人民法院（2017）苏 01 民终 10978 号

案情简介：南京某达汽车销售服务有限公司《员工手册》规定迟到 30 分钟内扣除 50 元/次。员工杨某某因考勤问题被扣减工资 300 元，其不服公司处罚，申请劳动仲裁并提起诉讼。

法院观点：通过民主程序制定的规章制度，不违反国家法律、行政法规及政策规定，并已向劳动者公示的，可以作为人民法院审理劳动争议案件的依据。现某达汽销公司在二审提交的《关于重申〈考勤管理制度〉的通知》未能提供证据证明经民主程序制定，某达汽销公司依据该通知中关于未刷卡未登记的行为视为旷工的规定，主张杨某某未刷卡的行为构成旷工，缺乏合法的规章制度依据，本院不予采纳。另外，罚款是国家行政执法行为和司法机关因公民违反法律、行政法规和规章而实施的经济处罚，主体仅限于有法律、法规授权的行政机关、司法机关等，且应严格依照法律所规定的程序执行。《中华人民共和国劳动合同法》第九十条则规定，劳动者违反本法规定解除劳动合同，或者违反劳动合同中约定的保密义务或者竞业限制，给用人单位造成损失的，应当承担赔偿责任。某达汽销公司虽提交证据证明其《员工手册》经过员工代表大会讨论通过，但该《员工手册》中关于迟到罚款的规定，缺乏法律依据，不具有法律约束力。据此，某达汽销公司扣发杨某某 2017 年 3 月的工资 300 元，缺乏事实和法律依据，应当予以返还。

30. 单位规章制度损害劳动者权益，劳动者可以辞职并要求公司补偿吗？

根据《劳动合同法》规定，用人单位在制定、修改或者决定有关劳动报酬、工作时间、休息休假、劳动安全卫生、保险福利、职工培训、劳动纪律以及劳动定额管理等直接涉及劳动者切身利益的规章制度或者重大事项时，应当与工会或者职工代表平等协商确定。此外，单位规章制度和重大事项要经过公示并告知劳动者。因此，当用人单位的规章制度违反法律、法规的规定，损害劳动者权益时，劳动者可以解除劳动合同并要求公司补偿。

以案释法40：马某与某昌印刷公司劳动争议案 北京市第三中级人民法院（2023）京03民终261号

案情简介：马某于2021年3月9日入职某昌印刷公司，担任资深招聘专员。双方签订了为期三年的劳动合同，并约定试用期为六个月。马某的工资结构包括固定收入、季度绩效奖金和年度绩效奖金等。2022年3月12日，马某以公司未及时足额支付劳动报酬、未依法缴纳社会保险及公积金、规章制度违法等为由，向公司发送“被迫解除劳动关系通知书”，并于2022年3月15日正式离职。

法院观点：某昌印刷公司发布的《某昌文化集团考勤及休假管理制度》中第三章考勤管理项下第六条加班管理之条款中规定：“（四）原则上，加班申请应扣除中间用餐及休息时间。非操作序列员工工作日加班不计为加班，周末加班计为加班。”明显损害劳动者权益，且明显违反法律法规，马某据此提出解除双方劳动关系并要求某昌印刷公司支付解除劳动关系经济补偿金，于法有据。

31. 用人单位在“内部网络”发布公司规章制度，是否构成有效公示？

用人单位规章制度对劳动者生效的法定条件之一，是通过有效方式向劳动者公示或告知。若仅满足内容合法性和民主程序，但未有效公示，则规章制度仍可能被认定为无效。法律未强制要求公示的具体形式，但须确保劳动者能够知悉且可随时查阅。随着现代化办公方式的普及，用人单位通过 OA 办公系统、单位局域网、电子邮件等方式与劳动者进行信息沟通与交流已成常态。用人单位通过 OA 办公系统向全体员工发布公司规章制度征求意见稿，明确征询员工的意见或建议，并要求员工在一定的时间内反馈修改建议或意见，如未提交意见，则视为无修改意见或建议。征求意见期满后，通过 OA 办公系统正式向全体员工发布公司的最终规章制度，并提醒员工及时查阅、遵照执行。此类操作，一般可以认为用人单位已履行平等协商的民主程序，已向劳动者公示或告知，可以作为公司用工管理的依据。

以案释法 41：广州市某元生物制品有限公司与开某某劳动争议　江苏省高级人民法院（2018）苏民再 119 号

案情简介：开某某于 2010 年 12 月 1 日入职某元公司，双方签订劳动合同，约定开从事婴线终端推广员工作，后调整为“葆艾主管”。某元公司通过 OA 办公系统发布《某元员工手册》和《某元奖惩管理制度》征求意见稿，要求员工在一定期限内反馈意见，未反馈视为无异议。开某某未在规定期限内反馈意见。2015 年 5 月 20 日，某元公司以虚假报销为由，依据《某元员工手册》和《某元奖惩管理制度》的相关规定，解除与开某某的劳动合同。开某某提起劳动仲裁，请求确认某元公司违法解除劳动关系，并支付经济赔偿金等诉求。后开某某不服仲裁裁决，遂提起诉讼。

法院观点：一、二审法院均认为，某元公司解除劳动合同的行为违法，某元公司提供的《某元奖惩管理制度》（征集意见稿）网面截图等证据，无法证明该制度已经法定民主程序讨论并与工会或职工代表协商，不能作为解除劳动合同的依据，某元公司应当向开某某支付赔偿金。再审法院认为，用人单位通过 OA 办公系统、单位局域网、电子邮件等方式与劳动者进行信息沟通与交流已成常态。本案中，某元公司将《某元员工手册》（征集意见稿）、《某元奖惩管理制度》（征集意见稿）通过 OA 办公系统向全体员工发布，明确征询员工的意见或建议。员工如认为征集意见稿内容不适当，可在五个工作日内反馈修改建议或意见，如五个工作日内未提交意见，则视为无修改意见或建议。期满后，某元公司将《某元员工手册》《某元奖惩管理制度》通过OA办公系统正式向全体员工发布，并提醒员工及时查阅、遵照执行。以上事实证明，某元公司将拟实施的规章制度通过OA办公系统先行征集员工意见，员工如认为征集意见稿内容不适当，完全有权利向某元公司提出，进而通过协商予以修改完善，员工未提修改意见或建议并不意味着平等协商的民主程序未履行。故《某元员工手册》《某元奖惩管理制度》经过民主程序确定，能够作为处理双方劳动争议的依据。且《某元员工手册》《某元奖惩管理制度》的内容并未违反法律、行政法规的规定，不存在明显不合理的情形，已向劳动者公示或告知，可以作为某元公司用工管理的依据。

第五章　劳动报酬与休假

32. 劳动者的工资包含哪些内容？

《劳动法》中的“工资”，是指用人单位依据国家有关规定或劳动合同的约定，以货币形式支付给本单位劳动者的劳动报酬。据国家统计局《关于工资总额组成的规定》，工资主要由以下几个部分组成：（一）计时工资。是指按计时工资标准（包括地区生活费补贴）和工作时间支付给个人的劳动报酬。（二）计件工资。是指对已做工作按计件单价支付的劳动报酬。（三）奖金。是指支付给职工的超额劳动报酬和增收节支的劳动报酬。（四）津贴和补贴。指为了补偿职工特殊或额外的劳动消耗和因其他特殊原因支付给职工的津贴，以及为了保证职工工资水平不受物价影响支付给职工的物价补贴。（五）加班加点工资。是指按规定支付的加班工资和加点工资。（六）特殊情况下支付的工资。包括：(1) 根据国家法律、法规和政策规定，因病、工伤、产假、计划生育假、婚丧假、事假、探亲假、定期休假、停工学习、执行国家或社会义务等原因按计时工资标准或计时工资标准的一定比例支付的工资；(2) 附加工资、保留工资。

要注意下列各项不列入工资总额：(1) 根据国务院发布的有关规定颁发的创造发明奖、自然科学奖、科学技术进步奖、支付的合理化建议和技术改进奖以及支付给运动员、教练员的奖金；(2) 有关劳动保险和职工福利方面的各项费用；(3) 有关离休、退休、退职人员待遇的各项支出；(4) 劳动保护的各项支出；(5) 稿费、讲课费及其他专门工作报酬；(6) 出差伙食补助费、误餐补助、调动工作的旅费和安家费；(7) 对自带工具、牲畜来企业工作的职工所支付的工具、牲畜等补偿费用；(8) 实行租赁经营单位的承租人的风险性补偿收入；（9）对购买本企业股票和债券的职工所支付的股息（包括股金分红）和利息；（10）劳动合同制职工解除劳动合同时由企业支付的医疗补助费、生活补助费等；（11）因录用临时工而在工资以外向提供劳动力单位支付的手续费或管理费；（12）支付给家庭工人的加工费和按加工订货办法支付给承包单位的发包费用；（13）支付给参加企业劳动的在校学生的补贴；（14）计划生育独生子女补贴。

33. 如何认定劳动者的工作时间？

工作时间是指劳动者为用人单位从事生产和工作的时间。工作时间一般以小时为计算单位，它包括每日工作的小时数和每周工作的天数和小时数。

工作时间有如下特征：（1）工作时间是法定的。即工作时间往往由法律进行限制，用人单位安排劳动者工作不能突破法律的限制。（2）工作时间不限于实际工作时间，还包括工作准备时间和交接班时间，以及中间休息时间、女职工哺乳时间、出差时间等。劳动者由用人单位安排从事其他工作的，也包括在工作时间之内。（3）工作时间是劳动者履行劳动义务的时间。根据劳动合同，劳动者必须为用人单位劳动，劳动者为用人单位劳动的时间即为工作时间。（4）工作时间是用人单位计发劳动者报酬的依据之一。劳动者没有按劳动合同进行足够时间的劳动，其工资福利待遇往往受到影响。劳动者加班加点依照规定可得到加班工资。

法律明文规定的劳动者从事劳动的时间限制称为法定工作时间，法定工作时间适用于国家机关、企事业单位、社会团体等，不适用农民和个体劳动者。

以案释法 42：天津高院与市人社局联合发布劳动人事争议典型案例之四 津人社局函〔2024〕30 号

案情简介：王某于 2012 年 9 月 4 日入职某软件公司。2021 年 5 月 27 日双方签订无固定期限劳动合同，约定王某在工程类岗位工作，实行标准工时制，每周双休。2023 年 6 月 3 日凌晨 1 时 31 分，王某通过微信与某软件公司工作人员对接工作，对接内容为双方相互发送表格截图，对表格内容进行查询、修改。至凌晨3时57分，王某表示已制作201条；至5时21分，王某继续补全表格；后双方持续对接工作至中午12时34分，相关工作才处理完成。某软件公司于2023年7月25日向王某发送“解除劳动关系通知书”，解除与王某的劳动关系。王某于2023年9月1日向劳动人事争议仲裁委员会申请仲裁，请求某软件公司支付休息日加班工资。……王某不服仲裁裁决，诉至人民法院。

法院观点：用人单位在法定标准工作时间以外安排劳动者工作，都应当依法支付劳动者加班工资。对于劳动者休息日线上工作，是否认定为加班，应当根据以下条件做出判断：一是劳动者处于法定标准工作时间以外的休息时间；二是劳动者按照用人单位的要求付出了实质性劳动；三是该劳动明显占用了劳动者的休息时间。

本案中，2023年6月3日为休息日，某软件公司在该日安排王某处理工作事务，该事务明显超出了简单沟通的范畴，需要对具体工作问题进行实质性处理。且根据微信聊天记录显示，王某处理该工作的时间为当日凌晨至中午，明显占用了王某的休息时间。某软件公司以没有收到王某的加班申请为由否认王某加班的事实，但其又认可公司其他员工曾与王某对接工作事务。人民法院结合聊天记录、工作内容等证据，认定王某存在休息日加班的情形，判决某软件公司支付王某2023年6月3日的休息日加班工资。

34. 用人单位可否对员工的休息日进行调整？

根据国务院《关于修改〈国务院关于职工工作时间的规定〉的决定》第三条、第七条的规定，职工每日工作8小时，每周工作40小时。国家机关、事业单位实行统一的工作时间，星期六和星期日为休息日。企业和不能实行规定的统一工作时间的事业单位，可以根据实际情况灵活安排周休息日。但是，用人单位需要与员工进行协商，在不影响员工合理权利的情况下，才能灵活安排周休息日。

以案释法 43：上海某大酒店有限公司与樊某劳动合同纠纷　上海市第二中级人民法院（2020）沪 02 民终 6335 号

案情简介：樊某自 2000 年 12 月 7 日起在上海某大酒店有限公司消控室工作，双方签订无固定期限劳动合同，上班时间为早 8：30 到晚 5:00，做五休二。2019 年 7 月，酒店领导在公共场合吸烟，樊某劝阻无效后翻拍监控录像并向相关部门举报，此后酒店对监控室重新排班，安排樊某值晚班，晚 8:30 至次日早上 8:30，做一休一。但樊某拒绝并按原工作时间上班至 8 月 7 日。当日，酒店以设备升级调试为由安排其带薪休假，遭拒后向其出具离职通知书，以严重违反企业规章制度为由辞退樊某。

法院观点：首先，虽然原告有权根据工作需要变更被告的工作时间，但是该变更应具有合理性，并在客观上不对被告造成不利。被告系临近退休的女性，原告在有两名持证人员可安排的情况下，安排被告一人连续值晚班有欠合理；其次，即使新版员工手册可以作为解除劳动合同的依据，该员工手册对不服从、拒绝分配的工作或不服从上级指示的行为规定了处理流程：第一次书面警告，第二次最后书面警告，第三次解除劳动合同。但未有证据证明原告在被告不按照工作表上班后，对被告有过任何处理行为，直至被告拒绝带薪休假当天被直接解除劳动合同。至于樊某未按照某大酒店的安排值夜班，并擅自删改值班记录，该行为确有不妥。但考虑到樊某与管理人员之前存在矛盾，樊某拒绝该工作安排亦属事出有因，且双方在工作安排上的沟通并不顺畅，某大酒店完全可依据现行有效的规章制度做出处理，现其未按照员工手册中规定的处罚制度处置，而是径行做出辞退决定，缺乏合理性。故法院认定酒店属违法解除劳动合同，应支付樊某违法解除劳动合同赔偿金。

35. 实行不定时工作制的劳动者的工资如何计发，其休息休假如何确定？

首先，不定时工作制有特定的人员范围，只有无法实行标准工时制度的人员才能适用。根据《关于企业实行不定时工作制和综合计算工时工作制的审批办法》[①] 第四条规定，具体包括以下三类：一是用人单位里的高级管理人员、外勤人员、推销人员、部分值班人员和其他因工作无法按标准工作时间衡量的劳动者；二是用人单位里的长途运输人员、出租汽车司机和铁路、港口、仓库的部分装卸人员以及因工作性质特殊，需机动作业的劳动者；三是其他因生产特点、工作特殊需要或职责范围的关系，适合实行不定时工作制的职工。如果劳动者不属于上述三类人员，那么即使其与用人单位约定实行不定时工作制的，也属于无效约定，依然视为实行标准工时制。

对于实行不定时工作制的劳动者，其工资计发方式与标准工时制有所不同。根据《工资支付暂行规定》[②] 第十三条，实行不定时工作制的劳动者，不执行加班工资的规定。即劳动者工作日延长加班、休息日加班、法定节假日加班，用人单位不需要支付加班工资。其工资标准由企业按照本单位的工资制度和工资分配办法，根据劳动者的实际工作时间和完成劳动定额情况计发。

休息休假是劳动者的法定权利，不管实行何种工作时间制度，用人单位均有义务保障劳动者休息休假的权利。《关于企业实行不定时工作制和综合计算工时工作制的审批办法》第六条规定："对于实行不定时工作制和综合计算工时工作制等其他工作和休息办法的职工，企业应根据《劳动法》第一章、第四章有关规定，在保障职工身体健康并充分听取职工意见的基础上，采用集中工作、集中休息、轮休调休、弹性工作时间等适当方式，确保职工的休息休假权利和生产、工作任务的完成。"

---

① 《关于企业实行不定时工作制和综合计算工时工作制的审批办法》（劳部发〔1994〕503 号）由原劳动部（现中华人民共和国人力资源和社会保障部）在 1994 年 12 月 14 日发布，1995 年 1 月 1 日实施，该文件现行有效。

② 《工资支付暂行规定》（劳部发〔1994〕489 号）由原劳动部（现中华人民共和国人力资源和社会保障部）在 1994 年 12 月 6 日发布，1995 年 1 月 1 日实施，该文件现行有效。

以案释法 44：孟某诉天津某云商有限公司劳动争议案　天津市第一中级人民法院（2015）一中民一终字第 0686 号

案情简介：2003 年，孟某入职天津某云商有限公司，约定工作时间实行不定时工时制。2013 年 9 月，孟某申请补休年假及尚未休息的假期，天津某公司批准年假。9 月 24 日，孟某休完年假，天津某公司通知其到岗工作，孟某未到岗。天津某公司向孟某发出旷工通知书，后又向孟某发出解除劳动通知书，解除与孟某的劳动合同。孟某认为，其有 170 天补假未休，且天津某公司未支付加班费工资，其要求休假调养身体符合规定；天津某公司将孟某辞退，且不支付经济补偿金的行为侵害了其合法权益。双方发生纠纷后，已经劳动仲裁。因对仲裁裁决不服，遂诉至法院。经审理查明：孟某提交 2009 年 6 月 11 日的行政许可决定书，对天津某公司企业中的管理人员共 48 个岗位实行不定时工作制，孟某属于店长，属于企业管理人员。孟某每周工作 6 天，每天工作 7.5 个小时，天津某公司的员工系统中显示有孟某补假的天数。

法院观点：第一，不定时工作制适用于因企业生产经营特点而无法按标准时间衡量的员工，对于不定时工作制的实施不仅要进行审批，在审批之后还应按审批的内容予以实际履行才可认定为不定时工作制。天津某公司提供的孟某考勤及双方认可的实际履行的情况显示，孟某每周工作 6 天，每天工作 7.5 个小时，该工作时间不符合不定时工作制的集中工作、集中休息、轮休调休及弹性工作特点。天津某公司在员工系统中亦显示有孟某补假的天数。对于孟某实际加班天数，孟某已经提交员工考勤截图证明其加班的事实，如天津某公司予以否认，应当提交相反证据证明。现天津某公司以孟某离职账户注销，相关数据无法查看为由拒不提供证据，不利后果应当由天津某公司自行承担。对于孟某主张存在加班 167.7 天的事实，依法予以确认。

第二，孟某作为劳动者享有休息休假的权利，但应当提交相应的请假证明并履行规定的请假手续，用人单位在收到劳动者的申请后，应当充分保障劳动者休病假的权利，不得缩短其病假期或拒绝批准。劳动者亦不得滥用其生病休假的权利。本案中，孟某无正当理由且未经用人单位批准，未到岗工作，连续旷工三天以上，天津某公司依据规章制度解除与孟某的劳动合同并无不当。对于孟某主张违法解除合同赔偿金的诉讼请求，依法不予支持。

36. 我国法律规定的劳动者的休假制度，除了法定节假日以外还有哪些？

休假，即劳动者带薪休息，是法定的劳动者免于上班并且有工资保障的休息时间。我国《劳动法》及相关法规规定的休假，主要有以下几种：

（一）法定节假日。即《劳动法》第四十条所规定的。

（二）年休假。年休假是劳动者连续工作满 1 年后，每年依法享有的保留职务和工资的一定期限连续休息的假期。

（三）探亲假。探亲假是指法定的给予家属分居两地的职工，在一定时期内与父母或配偶团聚的假期，我国现行法规中关于探亲假的规定主要有以下内容：

第一，享受探亲假的条件。凡在国家机关、人民团体和全民所有制企业、事业单位工作满 1 年的固定职工，与配偶不住在一起，又不能在公休假日团聚的，可以享受本规定探望配偶的待遇；与父亲、母亲都不住在一起又不能在公休假日团聚的，可以享受本规定探望父母的待遇。但是，职工与父亲或与母亲一方能够在公休假日团聚的，不能享受本规定探望父母的待遇。

第二，探亲假假期。主要有以下几种情形：（1）职工探望配偶的，每年给予一方探亲假一次，假期为 30 天。（2）未婚职工探望父母，原则上每年给假一次，假期为 20 天。如果因为工作需要，本单位当年不能给予假期，或者职工自愿两年探亲一次的，可以两年给假一次，假期为 45 天。（3）已婚职工探望父母的，每四年给假一次，假期为 20 天。探亲假期是指职工与配偶、父、母团聚的时间，另外，根据实际需要给予路程假。上述假期均包括公休假日和法定节日在内。

（四）其他假期。除了上述假期之外，依规定还有女职工产假、职工婚丧假等。对于女职工产假，《女职工劳动保护特别规定》第七条规定，女职工生育享受98天产假。

37. 未经批准自愿加班能索要加班费吗？

根据《劳动法》规定，企业可以制订与国家法律不相抵触的加班制度，对符合加班制度的加班情况支付不低于法定标准的加班工资。可见，用人单位支付加班工资的前提是“用人单位根据实际需要安排劳动者在法定标准工作时间以外工作”。劳动者自愿加班的，用人单位依据以上规定可以不支付加班工资。根据我国《劳动法》及相关司法实践，未经批准的自愿加班是否能索要加班费，关键在于加班是否由用人单位实际安排或变相要求，而非仅以“是否经过审批”作为唯一判断标准。劳动者需初步证明加班事实（如考勤记录、工作沟通记录等），若用人单位否认，需提供反证；若用人单位拒不提供相关证据，可能承担不利后果。

以案释法45：北京某咨询有限公司与刘某谋劳动争议　北京市第三中级人民法院（2023）京03民终5361号

案情简介：刘某谋于2020年12月14日入职某咨询公司，担任咨询顾问，双方签订了劳务协议，约定工作时间为每日8小时、每周不超过40小时，并明确加班需经过审批。刘某谋主张在2020年12月19日至2021年3月11日期间存在加班，要求公司支付加班费，但公司拒绝支付，认为其未安排加班且刘某谋未履行加班审批程序。

法院观点：当事人对自己提出的主张，有责任提供证据。刘某谋主张存在休息日及延时加班，就此提交电子邮件、微信聊天记录、飞机行程、打车记录、火车票等证据，证明刘某谋被某咨询公司安排出差及加班的情况。某咨询公司对前述加班事实虽持异议，但未提交充分证据证明，对其该上诉意见，本院实难采纳。对于加班审批，企业实行加班审批的制度，应仅适用于劳动者主动加班的情形，不应适用于公司安排的加班，加班审批制不应成为加班费给付请求的阻却事由。故在某咨询公司无充分证据证明情况下，对刘某谋关于其存在加班的主张，本院予以采信。

以案释法 46：赵某某、创新科技（山东青岛）有限公司劳动争议案山东省高级人民法院（2022）鲁民申 6038 号

案情简介：2017 年 8 月 8 日，赵某某与创新科技公司签订劳动合同，合同约定实行标准工时，因工作需要必须加班应填写加班调休申请表并经部门主管、人力资源主管、总经理批准，公司实行加班调休制度，加班时间应在当年度调休完毕；合同到期后，双方又签订期限为 2020 年 8 月 1 日至 2023 年 7 月 31 日的劳动合同，合同约定赵某某在生产部门担任生产主管职务，实行国家规定的工时制度，公司因工作需要安排延长工作时间或节假日加班加点的，赵某某应服从统一安排，赵某某加班应征得上级主管的书面同意，否则不视为加班。

因工作岗位调整等相关问题，赵某某向创新科技公司发函通知解除劳动合同，并先后诉至劳动仲裁委及法院，要求创新科技公司支付经济补偿和加班费等。

法院观点：用人单位支付劳动者加班费的前提是用人单位根据生产经营需要安排职工在法定标准工作时间之外提供劳动，即由用人单位安排劳动者加班的，用人单位才支付其加班费；劳动者未经用人单位安排，自行加班的，劳动者无权要求用人单位支付加班费。本案中，双方订立的劳动合同明确约定，申请人实行标准工时，因工作需要必须加班应填写加班调休申请表并经部门主管、人力资源主管、总经理批准，公司实行加班调休制度，加班时间应在当年度调休完毕。公司因工作需要安排延长工作时间或节假日加班加点的，应服从统一安排，加班应征得上级主管的书面同意，否则不视为加班。申请人原审提供的相关证据材料能够证实其在标准工作时间之外存在为被申请人提供劳动的事实，但申请人原审中没有提供充分有效的证据证明其在标准工作时间之外提供劳动，系受被申请人安排所致，以及按照双方劳动合同的约定办理了加班审批手续，故原审判决以此证据不足为由没有认定申请人主张的加班事实存在，符合劳动法的规定。进而，原审未支持申请人因加班费问题要求被申请人支付其经济补偿金的请求，适用法律亦无不当。

38. 劳动者在非工作时间被公司安排工作，劳动者利用微信等社交媒体在家“隐形加班”，能否向公司索要加班费？

随着经济发展及互联网技术的进步，劳动者工作模式越来越灵活，可以通过电脑、手机随时随地提供劳动，不再拘束于用人单位提供的工作地点、办公工位，特别是劳动者在非工作时间、工作场所以外利用微信等社交媒体开展工作等情况并不少见，对于此类劳动者“隐形加班”“远程加班”问题，不能仅因劳动者未在用人单位工作场所进行工作来否定加班，而应虚化工作场所概念，综合考虑劳动者是否提供了实质工作内容认定加班情况。对于利用微信等社交媒体开展工作的情形，如果劳动者在非工作时间使用社交媒体开展工作已经超出一般简单沟通的范畴，劳动者付出了实质性劳动内容或者使用社交媒体工作具有周期性和固定性特点，明显占用了劳动者休息时间的，应当认定为加班。

以案释法47：李某艳诉北京某科技公司劳动争议案　北京市第三中级人民法院（2022）京03民终9602号

案情简介：李某艳于2019年4月1日入职北京某科技公司担任产品运营，双方签订了期限至2022年3月31日的劳动合同。李某艳主张北京某科技公司应向其支付2019年12月21日至2020年12月11日加班费、2020年2月1日至12月11日工资差额、未休年休假工资、违法解除劳动关系经济赔偿金。关于加班情况，劳动合同中约定执行不定时工作制，北京某科技公司认可未进行不定时工作制审批。李某艳主张其下班后存在延时加班共计140.6小时，未调休的休息日加班397.9小时，法定节假日加班57.3小时，公司未向其支付加班费。李某艳就此提交了微信聊天记录、“假期社群官方账号值班表”等证据。

经查，李某艳主张的加班系在微信或者钉钉等软件中与客户或者同事的沟通交流，李某艳表示自己系运营岗位，岗位职责是搭建运营组织构架、程序整体运营、管理内容团队、投放计划制定和实施、研究产品优劣并做跟踪、商务拓展等。北京某科技公司则表示，李某艳是运营部门负责人，在下班之后，如果公司有事，其他员工给李某艳打电话咨询不应属于加班。对于李某艳主张的周末及法定节假日值班的情况，北京某科技公司表示，微信群里有客户也有公司其他员工，客户会在群里发问，只是需要员工回复客户信息，北京某科技公司认为这不属于加班的范畴。

法院观点：关于"隐形加班"的认定标准。对于用人单位安排劳动者在非工作时间、工作场所以外利用微信等社交媒体开展工作，劳动者能够证明自己付出了实质性劳动且明显占用休息时间，并请求用人单位支付加班费的，人民法院应予支持。关于加班费数额。利用社交媒体加班的工作时长、工作状态等难以客观量化，用人单位亦无法客观掌握，若以全部时长作为加班时长，对用人单位而言有失公平。因此，在无法准确衡量劳动者"隐形加班"时长与集中度的情况下，对于加班费数额，应当根据证据体现的加班频率、工作内容、在线工作时间等予以酌定，以平衡好劳动者与用人单位之间的利益。

本案中，虽然北京某科技公司称值班内容就是负责休息日客户群中客户偶尔提出问题的回复，并非加班，但根据聊天记录内容及李某艳的工作职责可知，李某艳在部分工作日下班时间、休息日等利用社交媒体工作已经超出了简单沟通的范畴，且"假期社群官方账号值班表"能够证明北京某科技公司在休息日安排李某艳利用社交媒体工作的事实。该工作内容具有周期性和固定性的特点，有别于临时性、偶发性的一般沟通，体现了用人单位管理用工的特点，应当认定为加班，北京某科技公司应支付加班费。

39. 休息日或法定休假日加班，用人单位可否不支付加班费而给予补休？

依据《劳动法》第四十四条规定，休息日安排劳动者加班工作的，应首先安排补休，不能补休时，则应支付不低于工资的百分之二百的工资报酬。补休时间应等同于加班时间。是否通过补休替代加班费的决定权在用人单位，劳动者无权单方面拒绝补休并要求支付加班费。但若企业长期拖延补休安排，劳动者可主张支付加班费。

法定休假日安排劳动者加班工作的，应另外支付不低于工资的百分之三百的工资报酬，不能以安排补休代替支付加班费。因为法定休假日（如春节、国庆节等）具有特殊意义，其休息权无法通过补休完全弥补。《劳动法》第四十四条明确，法定休假日加班必须支付三倍工资，这一规定属于强制性条款，企业不得通过补休规避。因此，即使安排补休，用人单位仍须支付不低于工资百分之三百的加班工资。

以案释法 48：新疆某公司、李某劳动争议　新疆生产建设兵团第（农）六师中级人民法院（2024）兵 06 民终 464 号

案情简介：李某于 2024 年 3 月 9 日入职新疆某资源再生利用有限公司（以下简称某公司），担任统计及行政岗位工作，双方未签订书面劳动合同。李某工作期间存在法定节假日加班的情况，某公司虽安排调休，但未支付加班费。2024 年 6 月 25 日，李某因公司未发放工资提出离职，并申请劳动仲裁，要求支付未签订劳动合同的双倍工资差额、加班费及违法解除劳动合同赔偿金等。仲裁裁决支持了李某的请求，某公司不服，提起诉讼。

法院观点：《劳动法》第四十四条规定："有下列情形之一的，用人单位应当按照下列标准支付高于劳动者正常工作时间工资的工资报酬：（一）安排劳动者延长工作时间的，支付不低于工资的百分之一百五十的工资报酬；（二）休息日安排劳动者工作又不能安排补休的，支付不低于工资的百分之二百的工资报酬；（三）法定休假日安排劳动者工作的，支付不低于工资的百分之三百的工资报酬。"本案中，某公司认可李某存在加班的事实，其主张李某已经调休，不应当支付法定节假日加班工资，但根据上述法律规定，用人单位安排劳动者补休可以不支付加班工资的情形不包括"法定节假日"，故某公司该项上诉主张于法无据，本院不予支持。

40. 对保安、门卫、仓库保管员等全天24小时吃住在单位的特殊岗位劳动者主张加班工资的，加班事实和加班工资应如何确定?

对于全天24小时吃住在单位的保安、传达室门卫、仓库保管员等人员，其工作性质具有特殊性。如确因工作所需和单位要求，不能睡眠休息的，应认定为工作时间；如工作场所中同时提供了住宿或休息设施的，应合理扣除可以睡眠休息的时间，即劳动者正常上班以外的时间不应计算为工作时间，对超出标准工作时间上班的，用人单位应支付加班工资。审判实践中，一般综合考虑以下因素：用人单位是否就该岗位向劳动行政部门申请办理过综合计算工时工作制、不定时工作制的审批手续（应注意审批的有效期和审批人数）；用人单位是否在工作场所内为劳动者配备必要的休息设施；用人单位的工作制度或规章制度中对劳动者具体工作内容、工作强度的要求（以判断劳动者按照该制度工作是否将导致事实上无法休息）；用人单位安排值班的人数（即考虑同一时段劳动者是否有轮换休息的可能性）。

以案释法49：大连某物业管理有限公司与张某某劳动争议　辽宁省大连市中级人民法院（2023）辽02民终10165号

案情简介：保安张某某于2015年6月入职大连某物业管理有限公司，劳动合同约定标准工时制（每日8小时），但实际执行“工作24小时，休息48小时”模式。张某某主张2015年至2022年期间的工作日延时加班工资、法定节假日加班工资及未休年休假工资，仲裁及一审部分支持其请求。物业公司不服一审关于延时加班工资的判决，提起上诉。

法院观点：从现已查明的事实来看，张某某从事的岗位是以三人组为单位的轮班制保安工作（工作24小时，休息48小时），张某某主要负责白天的巡检工作和保安室值守，上诉人为其提供了床铺等设备，夜间对其并无巡检安排，且可与同组成员轮换休息，张某某工作岗位劳动强度并非高强度作业，与正常从事生产经营岗位的加班性质完全不同，工作内容更倾向于值班。张某某并非持续工作，上诉人亦安排了休息区域及床铺，允许其休息。且案涉劳动合同已明确约定工作岗位，张某某了解自己所从事的工作岗位及工作制度，并长期执行，亦未曾提出过异议。根据张某某的工作特殊性和工作强度，考虑正常人的生理需要，张某某不可能存在24小时内不休息的客观事实。即便在疫情防控期间曾存在过测温登记等工作内容，上诉人亦已支付了相应的劳动报酬。从上诉人提供的工资审批表项目来看，包括加班费及奖励等项目，张某某未有证据证明自己曾对工资标准、加班费等事宜向上诉人提出过异议，且上诉人发放的工资未低于大连市最低工资标准。综合以上评析，本院认为，上诉人已充分保障了张某某休息的权利，本院对张某某要求上诉人支付加班费的主张不予支持。原审法院计算加班时间时未考虑前述因素，未考虑到人体正常所需合理就餐和休息时间，不符合日常生活法则，本院予以改判。

41. 加班费的计算基数是按什么？

《劳动法》第四十四条规定："有下列情形之一的，用人单位应当按照下列标准支付高于劳动者正常工作时间工资的工资报酬：（一）安排劳动者延长工作时间的，支付不低于工资的百分之一百五十的工资报酬；（二）休息日安排劳动者工作又不能安排补休的，支付不低于工资的百分之二百的工资报酬；（三）法定休假日安排劳动者工作的，支付不低于工资的百分之三百的工资报酬。"原劳动部办公厅印发的《关于〈劳动法〉若干条文的说明》规定，劳动法第四十四条规定的"工资"，实行计时工资的用人单位，指的是用人单位规定的其本人的基本工资，其计算方法是：用月基本工资除以月法定工作天数即得日工资，用日工资除以日工作时间即得小时工资。因此，如果双方当事人约定加班工资基数的，则按照约定处理；没有约定加班工资基数的，用人单位按基本工资为基数计算加班费也是符合法律规定的。当然，用人单位也可以按劳动者在正常劳动时间内取得的全部工资为基数计算加班费，这也是可以的。

在司法实践中，各地的标准并不完全一致。如北京市高级人民法院、北京市劳动人事争议仲裁委员会《关于审理劳动争议案件解答（一）》（2024年4月30日发布）中规定，劳动合同没有明确约定工资数额，或者合同约定不明确时，应当以实际发放的工资作为计算基数。用人单位按月直接支付给职工的工资、奖金、津贴、补贴等都属于实际发放的工资，具体包括国家统计局《〈关于工资总额组成的规定〉若干具体范围的解释》中规定“工资总额”的几个组成部分。加班费计算基数应包括“基本工资”“岗位津贴”等所有工资项目。不能以“基本工资”“岗位工资”或“职务工资”单独一项作为计算基数。在以实际发放的工资作为加班费计算基数时，加班费（前月）、伙食补助等应当扣除，不能列入计算基数范围。

广州市中级人民法院《关于审理劳动争议案件的参考意见》中规定，双方当事人约定加班工资基数的，按照约定处理；劳动合同没有约定加班工资计算基数但约定标准工资的，按劳动合同约定的标准工资作为加班工资计算基数；劳动合同没有约定标准工资但实发工资列明工资构成的，可按实发工资中标准（基本）工资作为加班工资的计算基数，其中不得将加班工资重复算入加班工资计算基数内，且加班工资的计算基数不得低于当地最低工资标准。

湖北省人力资源和社会保障厅《湖北省审理劳动人事争议仲裁案件若干问题规范指引（一）》（鄂人社发〔2024〕7号）中规定，当事人劳动合同、用人单位规章制度均未对计算基数进行约定或者规定，或者约定、规定无效的，根据劳动者前12个月正常工作时间的平均工资计算，包括计时工资、计件工资以及奖金、津贴和补贴等货币性收入。如果前12个月正常工作时间的平均工资低于当地最低工资标准的，则以当地最低工资标准为计算基数。

以案释法50：罗某某、某茂科技（广州）有限公司劳动合同纠纷案 广东省高级人民法院（2018）粤民再295号

案情简介：罗某某于1999年12月入职某上公司，2010年5月26日起与某茂公司建立劳动关系。双方签订的劳动合同约定罗某某正常工作时间工资为6100元/月，加班上限为1000元。罗某某主张，其加班工资应以正常工作时间工资6100元为基数计算，而非公司主张的基本薪资2787元。

法院观点：从劳动合同的约定及某上公司、某茂公司向罗某某支付加班工资的实际履行情况来看，两公司一直以基本薪资为基数计算加班工资，经核算，上述计算加班工资的基数不低于同期广州市最低工资标准。罗某某与某茂公司签订的劳动合同中明确约定“加班上限为1000元”，罗某某在实际履行中一直未就此提出异议。现罗某某要求某茂公司支付加班工资差额及50%的赔偿金，缺乏依据。原劳动部办公厅印发的《关于〈劳动法〉若干条文的说明》规定，劳动法第四十四条规定的“工资”，实行计时工资的用人单位，指的是用人单位规定的其本人的基本工资，其计算方法是：用月基本工资除以月法定工作天数即得日工资，用日工资除以日工作时间即得小时工资。因此，被申诉人以罗某某的基本工资为基数计算加班费，符合相关法律及规章的规定，并无不当。

以案释法51：孙某某、青岛某电子有限公司劳动合同纠纷案　山东省高级人民法院（2020）鲁民申1441号

案情简介：孙某某起诉某公司未足额支付其加班费。根据《山东省企业工资支付规定》第二十五条，加班费计算基数应为劳动者上一月提供正常劳动所得的实际工资（扣除加班工资后的数额），而非劳动合同约定的基本工资。孙某某认为，劳动合同中关于加班费计算基数的约定违反了《中华人民共和国劳动法》第四十四条的规定，应认定为无效，故申请再审。

法院观点：申请人主张被申请人应当按照《山东省企业工资支付规定》第二十五条之规定计算加班费基数，双方劳动合同中关于加班费计算基数的约定违反了上述规定应认定无效，但根据《中华人民共和国劳动合同法》第二十六条之规定，劳动合同的约定只有在违反法律、行政法规的强制性规定时方可认定无效，《山东省企业工资支付规定》仅系政府规章，而非法律或行政法规，且该规定第二十五条也并非效力性强制规定，原审据此认定涉案劳动合同系双方真实意思表示，合法有效，具有法律依据。根据该劳动合同中关于加班费计算基数的约定及申请人提交的工资单，原审认定被申请人已足额支付加班费，并无不当。

42. 在劳动者与用人单位对工资标准未约定的情况下，劳动者的工资标准应当如何确定？

根据《劳动合同法》第十一条、第十八条规定的精神，用人单位未在用工的同时订立书面劳动合同，与劳动者约定的劳动报酬不明确的，新招用的劳动者的劳动报酬按照集体合同规定的标准执行；没有集体合同或者集体合同未规定的，实行同工同酬。同时，用人单位虽与劳动者签订了书面的劳动合同，但劳动合同对劳动报酬和劳动条件等标准约定不明确引发争议的，用人单位与劳动者可以重新协商；协商不成的，适用集体合同的规定；没有集体合同或者集体合同未规定劳动条件等标准的，适用国家有关规定。

以案释法 52：黄某、佛山市某装饰材料有限公司劳动合同纠纷 广东省高级人民法院（2018）粤民申 11376、11377 号

案情简介：黄某于 2017 年 2 月 12 日入职某公司，担任总经理助理，职责包括人力资源管理及招聘。双方仅约定试用期工资为 8000 元/月，未明确转正后工资标准。2017 年 5 月 20 日后黄某未再提供劳动，公司主张双方劳动关系已解除。黄某主张公司违法解除劳动关系，要求按 8000 元/月支付工资；同时主张未签劳动合同的二倍工资差额。双方均未能提交证据证明黄某该期间的工资待遇情况。

法院观点：《广东省工资支付条例》第二十九条规定，用人单位解除劳动关系的决定被裁决撤销或者判决无效的，应当支付劳动者在被违法解除劳动关系期间的工资，其工资标准为劳动者本人前十二个月的平均正常工作时间工资。以及《广东省工资支付条例》第六十二条规定，工资，是指用人单位基于劳动关系，按照劳动者提供劳动的数量和质量，以货币形式支付给劳动者本人的全部劳动报酬。正常工作时间工资是指劳动者在法定工作时间内提供了正常劳动，用人单位依法应当支付的劳动报酬。根据上述规定可知，工资与正常工作时间工资是两个不同的法律概念。本案中，双方仅约定黄某试用期工资标准为 8000 元/月，而并未对黄某的正常工作时间工资标准做出约定的情况下，二审法院根据公平原则，以同期佛山市最低工资标准核算黄某被违法解除劳动关系期间的工资，并无不当。黄某主张应按8000元/月计付上述期间工资，缺乏依据。黄某在某公司的岗位为总经理助理，其工作职责包括人力资源管理工作和招聘工作，其有义务提醒某公司与其签订劳动合同，故黄某诉请某公司支付未签订劳动合同的二倍工资差额，理据不足。最终裁定驳回黄某的再审申请。

43. 用人单位工资分配自主权具体表现为哪些方面？

国家通过法律形式对用人单位享有工资分配自主权的确认。用人单位作为独立的经济组织，享有充分的经济管理自主权，工资分配自主权是其重要组成部分。这也是市场经济体制对现代用人单位制度的必然要求。用人单位工资分配自主权具体表现为以下内容：

第一，有权根据生产经营状况和劳动力供求关系确定本用人单位的工资水平。

第二，有权根据生产、工作特点，采用适合本用人单位的工资形式和分配办法。

第三，有权根据实际需要，调整本用人单位与职工之间的劳动关系。

第四，有权在国家法律、政策允许的范围内，通过增加生产、扩大经营、降低物耗等合法途径取得资金来源增加职工的工资。

但是，用人单位在行使工资分配自主权时，若其内容或行为违反法律强制性规定，劳动者可依法维权，用人单位须承担相应法律责任。

以案释法53：宋某与北京某供应链管理股份有限公司劳动争议　北京市第三中级人民法院（2020）京03民终13285号

案情简介：宋某于2017年2月入职某公司，双方在劳动合同中约定公司可根据需要调整其工作岗位和工作地点。2018年5月，公司因业务调整，将宋某所在部门裁撤并外包，将其调至充电事业部总监岗位，明确工资待遇和劳动关系不变，并提供交通补贴以弥补工作地点变动带来的通勤成本。然而，宋某拒绝调岗，并自2018年5月25日起未到新岗位报到，公司以旷工为由解除劳动合同。宋某申请仲裁要求公司支付违法解除劳动合同赔偿金，仲裁未支持其请求，后宋某提起诉讼。

法院观点：用人单位调整劳动者的岗位应当具备合法性和合理性。企业作为市场经济主体，根据生产经营需要对其具体业务内容以及人员管理安排进行调整，属于用人单位经营以及用工自主权的范畴。用人单位的调岗一方面不能损害劳动者的物质权利，即调整工作岗位后劳动者的工资水平与原岗位基本相当；另一方面不能损害劳动者非物质权利，即劳动者从中获得尊严以及实现自我价值等权益，具体体现在对劳动者的调岗不能具有惩罚性和侮辱性。在不损害劳动者基本权益的前提下，应允许用人单位自由行使经营和用工自主权，以保障用人单位作为市场经济主体的活力以及用人单位经济发展权益。

本案中，首先双方在劳动合同中已有约定“经理部门有可能根据需要在任何时间将其做出调整，工作地点也可能因公司工作需要在任何时间有所调整”，某公司调整工作岗位具有合同依据。其次，某公司提交外包代理协议、付款回单、会议纪要等证据，可以证明其变更宋某的岗位系基于公司经营需要对相关业务进行了调整以及对相关部门进行了裁撤，即将宋某所在的操作部进行裁撤后外包第三方，宋某虽不予认可并主张其原岗位操作部并未裁撤，但本院调取的仲裁开庭笔录中其亦认可该岗位已经取消的事实，故其举证不足以反驳某公司的主张，某公司调整工作岗位具有合理性。最后，某公司将宋某调岗为充电事业部总监，明确工资待遇、劳动关系不变，即调整工作岗位后宋某的工资水平与原岗位基本相当。且针对工作地点的变动提供了交通补贴，亦不存在侮辱性调岗或恶意调岗的情形，维护和保障了宋某的基本权益。综上，某公司对宋某的岗位调整并未超出用人单位用工自主权的合理范围，宋某拒绝调岗，依据不充分，故本院对其上诉请求，不予采纳。关于解除劳动关系一节，因宋某无正当理由拒绝调岗，并自 2018 年 5 月 25 日起未到新工作岗位报到的行为缺乏合理性依据，已经构成旷工。某公司的《员工手册》经过职工代表大会审议通过，并向全体员工公布，且劳动合同中亦确认“乙方（宋某）了解并审阅员工手册内容，并同意遵守所列各项规章制度”，故宋某上诉主张某公司解除劳动合同程序违法，依据不足，本院不予采纳。一审法院认定某公司解除与宋某的劳动关系合法，某公司不支付宋某违法解除劳动关系赔偿金，并无不当，本院予以支持。

以案释法54：某公司与李某申请撤销仲裁裁决案　北京市第二中级人民法院（2024）京02民特112号

案情简介：李某于2008年10月入职某公司，担任项目经理，月工资标准为16 000元。2022年11月，公司因项目停工安排李某“带薪留职放假”，并自2022年11月起按照北京市最低生活保障标准支付工资。李某多次要求恢复原岗位工作并支付原工资标准的工资，但公司未同意。李某申请仲裁，要求支付工资差额及解除劳动合同经济补偿金。公司不服仲裁裁决，向法院申请撤销仲裁裁决。

法院观点：因用人单位做出减少劳动报酬的决定而发生的劳动争议，由用人单位负举证责任。某公司主张其依据《北京市工资支付规定》第二十七条有权向劳动者发放最低工资，应当就其符合停工停业的相关情况承担举证责任。根据在案证据和双方陈述，李某工作内容并非仅限于某一特定项目，某公司也并非仅有某一特定项目。某公司称在仲裁审理中提交了证据证明2023年2月之后公司大部分业务仍然处于停产、停业状态，但其提交的证据均系证明某个具体项目的停工、竣工等情况，不足以证明其主张。在双方未能就减少劳动报酬事项达成一致且李某及时函告公司要求提供劳动的前提下，某公司按照最低工资标准向李某发放工资，不仅造成李某工资收入的减少，还影响到其离职前十二个月平均工资的计算标准，确在实际上损害了劳动者合法权益。故最终裁定驳回某公司的申请。

44. 哪些工资不应计算在最低工资的范围内?

在劳动者提供正常劳动的情况下，用人单位支付给劳动者的工资在剔除下列各项以后，不得低于当地最低工资标准：

（1）延长工作时间工资；

（2）中班、夜班、高温、低温、井下、有毒有害等特殊工作环境、条件下的津贴；

（3）法律、法规和国家规定的劳动者的福利待遇，如伙食补贴、上下班交通费补贴、住房补贴等。

不同地区对于最低工资是否包含个人缴纳的社会保险费和住房公积金的规定有所不同。例如，北京、上海、深圳规定最低工资标准不包含个人依法缴纳的社会保险费和住房公积金；而江西、湖南、宁夏、四川等地则规定最低工资包括劳动者应当承担的社会保险费和住房公积金；其他地区如江苏规定最低工资不包括劳动者按下限缴存的住房公积金。

实行计件工资或提成工资等工资形式的用人单位，在科学合理的劳动定额的基础上，其支付的劳动者工资不得低于相应的最低工资标准。但是，劳动者由于本人原因造成的法定工作时间内或者依法签订的劳动合同约定的工作时间内未提供正常劳动的，不在此列。如果相当一部分职工在规定的工作日内不能完成定额计件，所得计件工资低于当地地方政府规定的最低工资标准，就说明企业所定的计件单价过低，计件工资的相应折算额低于最低工资标准，在这种情况下企业应予改正，提高计件单价。

45. 实行计件工资制的加班工资如何认定?

根据《工资支付暂行规定》第十三条，实行计件工资的劳动者，在完成计件定额任务后，由用人单位安排延长工作时间的，应分别按照不低于其本人法定工作时间计件单价的150％、200％、300％支付其工资。因此，用人单位实行计件工资制，劳动者主张加班工资的，认定加班事实应主要审查计件工资劳动定额是否合理。劳动合同对计件工资劳动定额有约定的按照约定的定额审查，无约定的按行业规定审查。对劳动定额明显不合理或无行业规定的，按标准工时折算定额后再计算加班工资。

在司法实践中，对于计件工资制的加班工资认定存在不同观点。一种观点认为，只有在完成定额任务后加班才支付加班工资；另一种观点则直接根据劳动者的工作时间和任务量认定加班事实，并支付加班工资。

以案释法55：计某某、长春汇某汽车销售服务有限公司劳动争议　吉林省高级人民法院（2023）吉民再5号

案情简介：计某某2014年7月入职汇某公司，2020年8月31日离职。计某某工种是油漆工，计某某的工资构成为“基本工资+计件工资”，即计件工资制。汇某公司每月支付计某某的工资中绝大部分来源于计件的提成工资。计某某向法院起诉，要求汇某公司支付其工作日、休息日、法定假日的加班费等费用。

法院观点：实行计件工资的劳动者应就其在延长工作时间内完成的计件工作量承担举证责任，即加班时长和加班完成的工作量两方面事实。计某某既未举证证明其延长工作时间的事实，又未举证证明其在延长工作时间内完成的计件工作量，故计某某关于加班工资的主张缺乏事实依据，本院不予支持。

以案释法56：邱某、天津开发区某人力资源服务有限公司等劳动争议　天津市第三中级人民法院（2022）津03民终138号

案情简介：邱某自2008年8月起与某人力公司建立劳动关系，被派遣至某风电公司从事操作工。劳动合同约定工资为基础工资+计件工资，其中计件工资按工作量浮动。某人力公司《劳务派遣员工管理制度》规定：加班费计算基数为天津市最低工资标准；计件工资已包含加班费，不再另行支付。邱某在入职时签署入职培训签到表，确认知悉并遵守上述制度。劳动合同期满之时，就续签劳动合同事宜双方未能协商一致，邱某亦未能继续提供劳动。邱某申请劳动仲裁，要求公司支付休息日加班工资。后不服仲裁裁决，向法院提起诉讼。

法院观点：某人力公司作为用人单位，与邱某签订劳动合同的同时，对邱某进行了入职规章制度的培训。在案证据显示，邱某在入职培训签到表中签字确认。该签到表上明确载明邱某熟知并承诺严格遵守《劳务派遣员工管理制度》。该规章制度中规定，加班费计算基数执行天津市最低工资标准，也规定了劳务派遣员工采用的是不同的工资支付形式，凡实行计件工资的劳务派遣员工，绩效（计件）工资包括加班费，不再另行计发加班工资。该种薪资方式是用人单位与劳动者达成一致的自主经营管理内容，且经过计算，某人力公司向邱某支付的绩效（计件）工资数额已经超出应支付的加班工资。故邱某主张诉争期间的加班费，缺乏事实依据，不予支持。

46. 用人单位能否以实物或购物券代替现金支付工资？

工资的本质是劳动报酬，须具备流通性和普遍接受性，而实物、购物券等无法满足劳动者日常生活需求（如还贷、缴纳费用等）。根据《劳动法》第五十条的规定，工资应当以货币的形式按月支付给劳动者本人。《工资支付暂行规定》第五条也规定，工资应当以法定货币支付。不得以实物及有价证券代替货币支付。所以，工资应当以法定货币方式支付。用人单位在一般情况下，应当用人民币支付劳动者工资，特定用人单位（主要指外资企业）也可以用外币支付。除法律规定或集体劳动合同规定的情况外，不得以实物及有价证券代替货币支付。

若因经营困难需延期支付工资，须与工会或职工代表协商，并明确延期期限（如深圳规定最长可延期 15 日）。但仍须以货币形式支付，不能以实物替代。购物券、积分等可作为额外福利发放，但须与工资分开核算，不能抵扣工资。

以案释法 57：张某某与北京某科技有限公司劳动争议案　北京市第一中级人民法院（2019）京 01 民终 8364 号

案情简介：张某某于 2016 年 9 月 1 日入职北京某公司，担任销售部总监，录用通知中约定张某某的税前固定月薪为 26 000 元，绩效奖金根据公司规定执行。某公司通过银行转账及关爱通积分方式发放工资。在 2018 年 5 月 30 日某公司以张某某泄露公司机密为由口头解除劳动合同。张某某向法院起诉，其认可关爱通积分的发放情况，但认为关爱通积分仅为公司福利，而非工资组成部分。主张某公司未足额支付其工资。

法官观点：《劳动法》第五十条规定："工资应当以货币形式按月支付给劳动者本人。不得克扣或者无故拖欠劳动者的工资。"该规定属于强制性法律规定。中华人民共和国劳动部为配套《劳动法》颁布施行而制定的《工资支付暂行规定》第五条亦强调："工资应当以法定货币支付。不得以实物及有价证券替代货币支付。"而以非货币形式支付工资的行为，显然严重冲击了我国的财政、税收及社会保险等体系制度，应当严格禁止。故以非货币形式支付工资的行为，不发生工资支付的法律效力，一审判决适用法律有误，本院予以纠正。

47. 在何种情形下，用人单位扣除劳动者工资不视为"克扣"，无须承担法律责任？

所谓"克扣"，是指用人单位无正当理由扣减劳动者应得工资。用人单位不得克扣或者无故拖欠劳动者工资，否则要承担相应法律责任。但是，根据《工资支付暂行规定》第十五条的规定，有下列情况之一的，用人单位可以代扣劳动者工资：

（1）用人单位代扣代缴的个人所得税；

（2）用人单位代扣代缴的应由劳动者个人负担的各项社会保险费用；

（3）法院判决、裁定中要求代扣的抚养费、赡养费；

（4）法律、法规规定可以从劳动者工资中扣除的其他费用。

另外，根据劳动部《对〈工资支付暂行规定〉有关问题的补充规定》第三条的规定，以下减发工资的情况也不属于"克扣"：

（1）国家的法律、法规中有明确规定的；

（2）依法签订的劳动合同中有明确规定的；

（3）用人单位依法制定并经职代会批准的厂规、厂纪中有明确规定的；

（4）企业工资总额与经济效益相联系，经济效益下浮时，工资必须下浮的（但支付给提供正常劳动职工的工资不得低于当地的最低工资标准）；

（5）因劳动者请事假等情形相应减发工资。

以案释法 58：王某某与四川某物业管理有限公司劳动争议　四川省高级人民法院（2015）川民申字第 2512 号

案情简介：王某某于 2013 年 3 月入职某公司，双方签订了劳动合同。

在职期间，王某某因未及时填写值班记录、涂改值班记录、不按要求停工反省等行为，违反了公司制定的《秩序维护管理细则》。公司依据内部规章制度对其进行了罚款等处罚，并最终解除劳动合同。王某某主张公司违法解除劳动合同，并要求支付加班工资、未发工资、赔偿金、精神损害赔偿等费用，同时要求恢复名誉、书面道歉等。案件经过一审、二审，最终进入再审程序。

法院观点：某公司作为用人单位，为实现内部管理职能，制定《员工奖惩管理制度》《秩序维护管理细则》等一系列的内部管理规章制度，并不违反法律规定。又因王某某存在前述违反某公司规章制度的行为，某公司依据企业内部规章制度对王某某的行为做出罚款等处罚，属于企业内部管理手段，并不等同于国家行政机关管理社会公共事务做出的行政处罚，亦无须法律法规专门授权。因此，公司依据内部管理规章制度，对违反规定的员工进行罚款的行为并不违法，不属于克扣工资。

48. 因劳动者本人原因给用人单位造成经济损失的，用人单位能否以扣工资的形式处罚劳动者？

如果劳动者存在故意或重大过失，给用人单位造成经济损失的，用人单位可按照劳动合同的约定要求其赔偿经济损失。经济损失的赔偿，可从劳动者本人的工资中扣除，但每月扣除的部分不得超过劳动者当月工资的20%。若扣除剩余工资部分低于当地月最低工资标准，则按最低工资标准支付。如果劳动者的行为属于正常履职范围内的失误，或用人单位未能证明劳动者存在重大过失，则用人单位无权通过扣工资的方式进行处罚。

以案释法59：重庆浩某公司与曾某强劳动合同纠纷　重庆市第一中级人民法院（2024）渝01民终2952号

案情简介：浩某公司是一家从事智能设备研发、生产和销售的企业，曾某强于2020年9月入职，担任自动化设备研究院负责人，负责非标智能设备的设计、制造及管理等工作。任职期间，曾某强参与了多台设备的设计和制造，但这些设备在交付给客户后出现了质量问题。浩某公司认为，上述设备质量问题均因曾某强的设计缺陷导致，其存在重大过失，应赔偿公司损失。然而，曾某强辩称，设备设计需经过公司内部评审，且生产过程由其他部门负责，自己仅履行了正常职责，不存在故意或重大过失。

法院观点：虽然《工资支付暂行规定》第十六条规定，用人单位对因自身原因给用人单位造成经济损失的劳动者，可按照劳动合同的约定要求其赔偿经济损失，但须以劳动者存在故意或者重大过失为前提。对此，用人单位负有举证的义务。本案中，浩某公司虽举示证据证明其交付给玉某公司、点某公司、韭某公司的设备存在问题，但产生问题的原因以及是否系因曾某强在设备的设计或制造过程中存在故意或者重大过失行为所致、实际造成的损失、损失金额等，现有证据并无法证明，应予承担举证不利的法律后果。同时，从曾某强举示的微信聊天记录及证人证言可见，案涉设备并非曾某强单独完成，也非曾某强所在部门单独完成，还需由其他部门评审等。所以，在浩某公司未能举证证明曾某强于履职过程中存在故意或者重大过失以及损失的产生与曾某强存在直接关联和实际产生的损失金额的情况下，一审法院未予支持浩某公司要求曾某强赔偿经济损失的诉讼请求，符合法律规定，并无不当。浩某公司的上诉理由不能成立，其上诉请求，本院不予支持。

以案释法 60：最高人民法院 2024 年 04 月 30 日发布的劳动争议典型案例之五，某公司与李某劳动争议案

案情简介：2020 年 12 月 1 日，某公司与李某订立劳动合同，约定李某担任研发岗位工作，合同期限 3 年；离职应当办理工作交接手续，交还工具、技术资料等，造成损失据实赔偿等内容。2022 年 2 月 15 日，李某向某公司提出辞职，随即离开且拒不办理工作交接手续。某公司通过启动备用方案、招聘人员、委托设计等措施补救研发项目，因研发设计进度延误、迟延交付样机承担了违约责任。某公司向某劳动人事争议仲裁委员会申请仲裁，提出李某赔偿损失等请求。某劳动人事争议仲裁委员会不予受理。某公司诉至人民法院。

法院观点：劳动合同解除或者终止后，劳动者应当按照双方约定，办理工作交接手续。劳动者未履行前述义务给用人单位造成损失的，应当承担赔偿责任。李某作为某公司的研发人员，未提前三十日通知某公司即自行离职，且拒绝办理交接手续，其行为违反了劳动合同法第三十七条规定的劳动者提前三十日以书面形式通知用人单位，可以解除劳动合同的规定，应当按照第九十条有关劳动者赔偿责任的规定对某公司的损失承担赔偿责任。审理法院综合考量李某参与研发的时间、离职的时间、本人工资水平等因素，酌定李某赔偿某公司损失五万元。

49. 劳动者请事假未批后未到岗，用人单位可以按旷工处理吗？

劳动者请休事假，本质上是占用工作时间处理个人事务，导致无法按照劳动合同的约定，向用人单位提供劳动。基于劳动者的岗位职责、离岗时长等因素，请休事假通常会对用人单位的生产经营，造成不同程度的影响。事假并非法定假期，劳动者申请事假，用人单位有审查批准的权利。在当前法律尚无明确规定的情况下，用人单位对劳动者事假的审批管理，本质上属于用人单位通过建立规章制度等途径，行使用工管理权的范畴。但是，用人单位应当审慎行使审批权，秉持“以人为本”理念，遵循友善、宽容、合理原则，避免机械适用规章制度。尤其当劳动者因处理突发家庭事务需紧急请假时，用人单位应当给予劳动者事后补正请假手续和进行合理解释的机会。

以案释法 61：某发展公司北京分公司与李某劳动争议案 北京市东城区人民法院（2022）京 0101 民初 14533 号

案情简介：2022 年 1 月 21 日，李某因父亲癌症晚期，通过微信向其直属领导张某请假，并通过邮件告知领导“因父亲病重需紧急返乡，特提出请假申请”，请假时间为 2022 年 1 月 24 日至 1 月 30 日。当日，李某便回家照顾重病父亲。期间，某发展公司北京分公司要求李某提供有效请假材料，李某亦通过微信提交了其父亲的病历照片。1 月 28 日，李某父亲不幸病逝。当日，某发展公司北京分公司向李某发出了解除劳动合同通知书，以李某请假未批不到岗，构成旷工解除了劳动合同。李某不服前述解除劳动合同决定，申请劳动仲裁，仲裁委认定某发展公司北京分公司解除违法。某发展公司北京分公司不认可裁决结果，诉至法院。

法院观点：劳动者有自觉维护用人单位劳动秩序、遵守用人单位规章制度的义务；用人单位用工管理权的行使方式亦应善意、宽容、合理。本案中，李某因父亲病重需要陪护，向公司申请事假，既是处理突发家庭事务，亦属尽人子孝道。孝道是中华民族的传统美德，父母生病需子女服侍，父母去世需子女料理后事。员工为尽人子孝道，提出请假，符合中华民族传统道德和善良风俗。李某父亲患重病病危，在事发紧急的情况下，李某已经口头向公司请假，在照顾患病父亲期间也将其父患病的相关资料传给了公司。公司在明知其父亲重病的情况下，仍以请假材料不全，未经审批为由，要求李某到岗，未尽到用人单位对劳动者的照顾义务，在执行管理制度时机械管理，未体现出以人为本的发展理念，与社会主义核心价值观不符，亦有悖中华民族的传统孝文化，既不合情也不合理。因此，李某事假成立，不构成旷工，公司属于违法解除劳动合同。

50. 妻子生育期间，男性职工请假陪护的，用人单位是否应支付请假期间的工资？

《中华人民共和国人口与计划生育法》第二十五条规定：“符合法律、法规规定生育子女的夫妻，可以获得延长生育假的奖励或者其他福利待遇。国家支持有条件的地方设立父母育儿假。”陪产护理假是男职工在妻子生育期间享受的一定时间看护、照料妻子与子女的权利。根据人口与计划生育法的授权，地方性法规规定了男职工具体护理假期间的，护理假期间视为出勤，用人单位应当照发工资。如上海规定陪产假 10 天，工资按正常出勤应得工资发放（含奖金、津贴）；深圳规定陪产假 15 天，工资照发且不影响福利和全勤奖。若用人单位已缴纳生育保险，陪产假工资由生育保险基金按单位上年度职工月平均工资支付；若未缴纳，则由用人单位按劳动合同标准支付。职工工资高于社会平均工资或生育津贴标准的，用人单位需补足差额。

以案释法62：李某山诉苏州某服饰有限公司劳动争议案　江苏省常熟市人民法院（2022）苏0581民初4587号

案情简介：2021年5月5日，李某山应聘到苏州某服饰有限公司从事摄影工作。因妻子待产，李某山于同年7月2日回家陪产后未再出勤。李某山之子于2021年7月3日出生。7月20日李某山回到某服饰公司继续工作至11月17日。11月18日，李某山致电某服饰公司结算工资时发生冲突。李某山申请仲裁，提出某服饰公司支付护理假工资等请求。仲裁期间，李某山提出终结案件审理申请，随后李某山诉至法院，请求判令某服饰公司支付陪产假工资等诉求。

法院观点：陪产护理假是男职工在妻子生育期间享受的有一定时间看护、照料妻子，为女性分担生育责任的权利，在护理假期间视为出勤，应当照发工资。本案中，李某山在规定的护理假期间视为出勤，某服饰公司应当发放工资，故李某山要求某服饰公司支付15天护理假工资等诉讼请求应予支持。

51. 用人单位与劳动者约定业务提成在货款收回后才支付的，该约定有效吗？

劳动者与用人单位约定业务提成在货款收回后才支付的，该约定一般情况下应认定为有效。如《深圳市中级人民法院关于审理劳动争议案件的裁判指引》就规定，此类约定原则上有效。员工请求业务提成，须在约定条件成就才能得到支持。劳动者主张公司已回收货款的，举证责任由劳动者负担。

但如果公司存在故意阻碍货款收回等不正当行为的，视为支付条件成就，仍应足额支付劳动者提成。若用人单位违法解除劳动合同，或因用人单位存在未及时足额支付劳动报酬、未依法为劳动者缴纳社会保险费等违法行为，导致劳动者依据《劳动合同法》第三十八条规定解除劳动合同，即使双方约定了提成以货款收回为支付条件，用人单位也应向劳动者支付提成工资。

以案释法63：张某某、安徽某机械科技有限公司劳动争议 安徽省合肥市中级人民法院（2019）皖01民终3667号

案情简介：张某某与安徽某机械科技有限公司之间因提成结算问题发生争议。劳动者张某某主张用人单位某公司应按照合同约定支付其销售提成，但某公司以货款未完全收回为由拒绝支付部分提成。法院在审理过程中查明，某公司于2017年4月10日出具的提成结算文件中明确：提成结算标准为按销售合同价的2%计提销售提成，回款80%时结算销售提成60%。

法院观点：某公司关于阜宁某农机有限公司的经销协议书及项下三份产品销售合同书所涉货款总额为856 000元，实际收款615 000元，回款率为71.84%，并未达到张某某与某公司所约定的“按照销售合同价的2%计提销售提成，回款80%，结算销售提成60%”的支付条件，故张某某主张该部分业务提成的条件尚未成就，本院不予支持。

以案释法64：重庆市涪陵区某广告有限公司与文某某劳动争议 重庆市涪陵区人民法院（2023）渝0102民初2370号

案情简介：文某某于2019年9月入职某公司，从事广告销售工作。2020年6月，某公司通过工作群向文某某发送了《销售部管理办法》，明确规定提成奖金需在合同款项全部收回后支付。文某某离职时，某公司制作了统计表，确认应支付文某某的业务提成、价差及客户奖金合计420 173元，其中客户款项未收回部分的价差、业务提成合计198 235元。文某某在统计表上签字确认。现某公司以客户款项未收回为由拒绝支付未收回款项部分的提成。文某某辩称，公司未能收回款项属于经营风险，不应由员工承担。

法院观点：文某某请求某公司支付客户款项未收部分和已收部分的全部价差、业务提成209 023元，因客户款项未收部分的价差、业务提成198 235元不满足双方约定的支付条件，对该部分请求，本院不予支持。文某某主张《销售部管理办法》中关于“以客户款项收取完毕作为支付时间”的约定违反法律规定，根据《工资支付暂行规定》第八条“对完成某项具体工作的劳动者，用人单位应按有关协议或合同规定在其完成劳动任务后即支付工资”的规定，文某某收取完毕客户合同款项是劳动任务中的内容，双方约定业务提成及价差支付时间为合同款项全部收取完毕后，即文某某完成劳动任务后即支付工资符合法律规定，对文某某的该项主张，本院不予采纳。

以案释法 65：上海天某科技股份有限公司与上海天某科技股份有限公司广州分公司、何某劳动争议案　广东省广州市中级人民法院（2017）粤 01 民终 4280 号

案情简介：何某于 2013 年 9 月 2 日入职天某广州分公司，担任销售人员。双方签订《年度薪酬和奖励考核协议书》，约定提成根据“财务部门实际收到的合同款项”按比例支付，离职后未收回的货款不再支付提成。2015 年 6 月 4 日，天某广州分公司以何某“工作不力，未通过考核”为由单方解除劳动合同。何某 2014 年销售业绩为 6 194 200 元，若全部回款，应得提成 96 549.21 元。公司仅支付已回款部分的提成（7805.17 元），剩余 88 744.04 元以“未收回货款”为由拒付。

法院观点：一审法院认为，考核协议书所注明的离职后不再享有奖励等相关条款，完全排除了劳动者的合法权益，纯属无效；另一方面，是否回款与何某无关，且系天某公司、天某广州分公司违法解除劳动关系在先，过错完全在于公司，即员工系仍想在职协助追款而不能，而据民法原理，不正当地阻止条件成就的视为条件已成就，因此，该院认定天某公司、天某广州分公司应当支付提成差额 88 744.04 元。

二审法院认为，天某公司、天某广州分公司主张根据双方签订的《年度薪酬和奖励考核协议书》约定，何某有“跟踪追款”的义务。何某未尽该义务，导致大量项目款项未追回，故无法获得全部提成。一方面，如前所述，天某广州分公司违法解除劳动关系，客观上导致何某无法追踪回款，故未能回款的原因不能归责于何某。另一方面，天某公司、天某广州分公司提交的向第三方公司追讨货款的裁判文书，拟证明何某负责的相关项目未回款。但从上述裁判文书中显示，诉讼纠纷均发生于天某广州分公司违法解除与何某的劳动关系之后，不足以证实未能回款的原因在于何某。故一审扣除已支付的提成，认定天某公司应一次性向何某支付剩余的提成款 88 744.04 元理据充分，处理得当，本院予以维持。

52. 用人单位规定劳动者在完成一定绩效后可以获得奖金，后用人单位又拒绝履行审批义务的，劳动者可以主张获奖条件成就吗？

用人单位作为奖金的设立者，有权设定相应的考核标准、考核或审批流程。其中，考核标准系员工能否获奖的实质性评价因素，考核流程则属于用人单位为实现其考核权所设置的程序性流程。在无特殊规定的前提下，因流程本身并不涉及奖励评判标准，故而是否经过审批流程不能成为员工能否获得奖金的实质评价要素。对劳动者的奖励申请进行实体审批，不仅是用人单位的权利，也是用人单位的义务。用人单位规定劳动者在完成一定绩效后可以获得奖金，其无正当理由拒绝履行审批义务，符合奖励条件的劳动者主张获奖条件成就的，用人单位应当按照规定发放奖金。

以案释法 66：彭某某诉南京市某建设开发（集团）有限责任公司追索劳动报酬纠纷案　江苏省南京市中级人民法院（2018）苏 01 民终 10066 号

案情简介：2016 年 8 月，南京市某建设开发（集团）有限责任公司（简称“某公司”）制定《奖励办法》，规定员工成功引进商品房项目后，可按 0.1%—0.5%比例以项目预期利润为基数获取奖励。奖励须经投资开发部申请、集团领导审批后发放。2017 年 2 月，彭某某入职担任投资开发部经理，同年 6 月该部门内部确定奖励分配方案为：总经理占 75%、其他人员占 25%。履职期间，彭某某主导部门成功引进无锡红梅新天地等六个项目，并提交六份奖励申请。截至其离职，某公司未发放任何奖励。彭某某经劳动仲裁后诉至法院，要求支付 168.9 万余元奖励。案件审理中，某公司承认六项目初步符合奖励条件，但以无锡等三项目奖励总额虽经审批但分配明细未审批、徐州等三项目申请未审批为由，拒绝支付奖金。针对法院“若彭某某重新申请奖励是否启动审核”的询问，某公司明确拒绝，并表示不再启动六项目审批程序。此外，公司主张彭某某在无锡、如皋两项目中存在失职导致亏损，且已就拿地业绩发放奖励，但均未提交充分证据。

法院观点：从《奖励办法》设置的奖励对象来看，投资开发部以引进项目为主要职责，且在某公司引进各类项目中起主导作用，故其系该文适格的被奖主体；从《奖励办法》设置的奖励条件来看，投资开发部已成功为某公司引进符合某公司战略发展目标的无锡红梅新天地、扬州 GZ051 地块、如皋约克小镇、徐州焦庄、高邮鸿基万和城、徐州彭城机械六项目，符合该文规定的受奖条件。

案涉六项目奖励申请未经审核或审批程序尚未完成，不能成为某公司拒绝支付彭某某项目奖金的理由。本案中，《奖励办法》所设立的奖励系某公司为鼓励员工进行创造性劳动所承诺给员工的超额劳动报酬，其性质上属于《国家统计局关于工资总额组成的规定》第七条规定中的“其他奖金”，此时《奖励办法》不仅应视为某公司基于用工自主权而对员工行使的单方激励行为，还应视为某公司与包括彭某某在内的不特定员工就该项奖励的获取形成的约定。现彭某某通过努力达到《奖励办法》所设奖励的获取条件，其向某公司提出申请要求兑现该超额劳动报酬，无论是基于诚实信用原则，还是基于按劳取酬原则，某公司皆有义务启动审核程序对该奖励申请进行核查，以确定彭某某关于奖金的权利能否实现。如某公司拒绝审核，应说明合理理由。本案中，某公司关于彭某某存在失职行为及案涉项目存在亏损的主张因欠缺事实依据不能成立，该公司也不能对不予审核的行为做出合理解释，其拒绝履行审批义务的行为已损害彭某某的合法权益，对此应承担相应的不利后果。

综上，法院认定案涉六项目奖励的条件成就，某公司应当依据《奖励办法》向彭某某所在的投资开发部发放奖励。

53. 用人单位是否可以随意取消职工福利？

职工福利是用人单位为满足劳动者的共同需要和特殊需要，在工资和社会保险之外向职工及其亲属提供一定的货币、实物、服务等形式的特殊帮助。对于劳动者的福利，应当注意其具有不同于工资和社会保险的形式，工资和社会保险一般以货币的形式支付给劳动者，而福利则可表现为各种形式，既含有货币形式，也可以采取实物、服务的形式。而且福利具有差别性，在不同经济效益的用人单位之间，不同的经济水平之下，社会福利水平可能相差很大，因而劳动法对福利的规定只是一种原则性的规定，由用人单位根据本单位条件自行掌握。福利不同于劳动者的工作报酬，福利一般不需纳税。福利亦不同于奖金。福利适用于所有的员工，而奖金则一般只适用于高绩效员工。

以案说法 67：伍某某、德庆县某房地产开发有限公司劳动争议　广东省德庆县人民法院（2021）粤 1226 民初 21 号

案情简介：某房产公司为员工提供食堂，并按照 12 元/天的标准向员工发放伙食补贴。某房产公司还发布了《关于员工餐费补贴的通知》，明确按每餐 8 元在员工工资中扣除收取伙食费。2016 年初，某房产公司饭堂解散。但伍某某 2016 年 6 月前后均有另外收到某房产公司 12 元/天的伙食补贴。2018 年 7 月至 2019 年 1 月某房产公司未再发放伙食补贴，后伍某某与某房产公司解除合同，并向法院起诉，要求某房产公司支付该伙食补贴。

法院观点：某公司曾发文公示以开设饭堂形式向员工收取伙食费，实际是向用餐员工补贴其实际用餐成本与伙食费之间差额，属于某公司的规章福利。2016 年初饭堂不再运营后，某公司没有发文取消该福利，因此某公司不能仅以饭堂实际不再运营为由否认该福利的存在。同时，根据本案认定的事实，直至 2018 年 6 月，伍某某仍有收到被告汇入标准为 12 元/天的补贴，且某公司在另案中已承认其员工有伙食补贴的存在，故伍某某关于某公司未发 2018 年 7 月—2019 年 1 月的伙食补贴 2580 元的主张，本院予以支持。

以案释法 68：叶某开、广州市某某置业有限责任公司劳动争议　广东省广州市中级人民法院（2024）粤 01 民终 6006 号

案情简介：叶某开于 2020 年 12 月 21 日入职某某公司，双方签订了书面劳动合同。2023 年 4 月 6 日，某某公司以项目停工、经营陷入困境为由，在微信群中向叶某开送达解聘通知书，解除了双方的劳动关系。叶某开申请仲裁，要求某某公司支付 2022 年度 13 薪、午餐补贴、工资、违法解除劳动关系赔偿金、代通知金及福利补贴等。仲裁裁决支持了叶某开的部分请求。叶某开仍不服，遂提起诉讼。

法院观点：下午茶福利属于公司福利，公司拥有是否提供的自主权利，现叶某开没有提供证据证明公司曾承诺如取消福利以其他形式发放或福利以现金补贴形式发放，应承担举证不足的不利后果。且某某公司的《福利管理规定》也载明，某某公司有权视经营情况就该福利做出调整或取消。现叶某开要求某某公司向其支付涉案下午茶福利补贴，无事实与法律依据。

第六章　社会保险与工伤认定

54. 工作时间内，劳动者在工作场所的卫生设施内发生伤亡，是否构成工伤？

根据《劳动法》第三条规定，劳动者享有“获得劳动安全卫生保护”的权利，“上厕所”是人的自然生理现象，任何用工单位或个人都应当为劳动者提供必要的劳动卫生条件，维护劳动者的基本权利。“上厕所”虽然是个人的生理现象，与劳动者的工作内容无关，但这是人的必要的、合理的生理需要，与劳动者的正常工作密不可分，如果片面地认为“上厕所”是个人生理需要的私事，与劳动者的本职工作无关，故认定劳动者不属于工伤，与劳动法保护劳动者合法权利的基本原则相悖，也有悖于社会常理。

以案释法 69：黄某工伤保险资格或者待遇认定案　广东省清远市中级人民法院（2024）粤 18 行终 329 号

案情简介：黄某系连州市某烧烤店的厨师，工作时间为 17 时 30 分至次日凌晨 3 时。2023 年 10 月 20 日 21 时 46 分，黄某在厨房炒完菜后去厕所，其后在厕所中突发疾病并经抢救无效死亡。某烧烤店认为，黄某的死亡地点是厕所，不属于工作岗位，不应认定为工伤。

法院观点：根据《广东省工伤保险条例》第十条第一款第一项的规定，职工在工作时间和工作岗位，突发疾病死亡或者在四十八小时之内经抢救无效死亡的，视同工伤。《中华人民共和国劳动法》第三条规定，劳动者享有获得劳动安全卫生保护的权利。“上厕所”是人的基本生理需求，也是劳动者应当享有的最基本的劳动安全卫生保护的权利，劳动者在上班时间完成本职工作任务中“上厕所”，是与其正常工作密不可分的一种生理需要。从劳动法保护劳动者合法权益的立法目的出发，不应简单地认为“上厕所”与完成本职工作任务没有关系而将两者完全割裂开来，而应当将劳动者在上班时间完成本职工作任务的行为与该期间必要的生理需求行为“上厕所”统一于劳动者完成本职工作任务之中。黄某于事发当天上班期间炒完菜出来上厕所，该“上厕所”的行为属于劳动者在完成本职工作任务中必要的、合理的生理需求，与黄某的正常工作密不可分，应受到法律的保护。综合本案在案证据，现黄某在工作期间因生理需要上厕所，其后在厕所中突发疾病并经抢救无效死亡，该死亡情形符合《广东省工伤保险条例》第十条第一款第一项的规定，应认定视同工伤。

55. 职工在参加单位组织的团建活动中受伤能否认定为工伤？

根据《工伤保险条例》第十四条第五项的规定，“因工外出期间，由于工作原因受到伤害或者发生事故下落不明的”，应当认定为工伤。人力资源社会保障部《关于执行〈工伤保险条例〉若干问题的意见（二）》第四条规定：“职工在参加用人单位组织或者受用人单位指派参加其他单位组织的活动中受到事故伤害的，应当视为工作原因，但参加与工作无关的活动除外。”《最高人民法院关于审理工伤保险行政案件若干问题的规定》第四条第二项规定了“职工参加用人单位组织或者受用人单位指派参加其他单位组织的活动受到伤害的”，被社会保险行政部门认定为工伤的，人民法院应予支持。

因此，职工在参加单位组织的团建活动中受伤是否认定为工伤，应当从活动的目的性、费用的承担、活动安排的内容以及参与人员的组成等多方面进行审慎考量，判断是否与工作相关。对于用人单位组织或指定参与的文体活动以及单位组织的要求“经单位指派、选拔等程序才能参与”的活动可作为工作原因，职工在这些团建活动中受伤可以认定为工伤；而用人单位以工作名义安排或者组织职工参加餐饮、旅游观光、休闲娱乐等活动，或者从事涉及领导、个人私利的活动，一般不认定为“因工作原因”。

综上所述，职工在参加单位组织的团建活动中受伤能否认定为工伤，应当判断该团建活动是否与工作相关，并从活动的目的性、费用的承担、活动安排的内容以及参与人员的组成等方面进行综合认定。

以案释法 70：朱某某与常州市某区人力资源和社会保障局、常州某电子科技有限公司行政确认案　江苏省常州市中级人民法院（2019）苏 04 行终 318 号

案情简介：贡某某与常州某电子科技有限公司签订了劳动合同，并在该公司担任法定代表人。2018 年 10 月 20 日，经贡某某组织，公司部分员工及家属至宜兴竹海公园参加登山活动，并由公司支付相关费用。在登山过程中贡某某突发疾病经宜兴市第二人民医院抢救无效，于当日 15 时 5 分左右死亡。朱某某（贡某某之妻）向某区人社局申请工伤认定，区人社局同日受理后认为贡某某于在宜兴竹海公园登山过程中突发疾病经医疗机构抢救无效死亡的情形不能认定为工伤或视同工伤。朱某某不服，遂起诉至原审法院，要求撤销该工伤决定。

法院观点：江苏省人力资源和社会保障厅《关于实施〈工伤保险条例〉若干问题的处理意见》第八条规定："用人单位以工作名义安排或者组织职工参加餐饮、旅游观光、休闲娱乐等活动，或者从事涉及领导、个人私利的活动，不能作为工作原因。"本案中，公司员工的登山活动虽然是以某公司的名义组织进行并由第三人支付费用，但活动安排在休息时间且职工可以自愿选择是否参加，当天参加活动的为公司部分职工以及家属，某公司对未参加的职工没有施加任何影响力予以强制，该活动属于一般意义上的旅游活动，不构成工作的延伸或组成部分，贡某某即使在旅游过程中发挥了一定的组织、管理作用，其死亡亦不应认定为与工作原因或履行工作职责存在关联，因此区人社局做出的不予认定工伤决定，事实清楚，证据确凿，适用法律法规正确，法院予以确认。

56. 单位不缴社保，劳动者可以辞职并要求公司补偿吗？

用人单位和劳动者必须依法参加社会保险。如果单位不为劳动者缴纳社会保险费，办理应有的社会保险，即侵害了劳动者的利益。而一旦发生这种情况，劳动者是可以主动提出解除劳动合同并要求公司补偿的。

此外，《劳动合同法》还将社会保险规定为劳动合同的必备条款，明确规定参加社会保险、缴纳社会保险费是用人单位与劳动者的法定义务，双方都必须履行。但是若劳动者不愿意缴纳社会保险费，并书面承诺放弃参加社会保险的，该书面承诺无效。若其自愿放弃社保后，又此为由解除劳动合同，同时要求用人单位支付经济补偿金的，法院通常会认为其行为违背诚实信用原则，从而不支持其经济补偿金的请求。

以案释法 71：王某某、滨州某科技工业园有限公司劳动争议　山东省滨州市（地区）中级人民法院（2020）鲁 16 民终 963 号

案情简介：王某某在入职时向公司提交了《不参加城镇企业职工基本养老保险统筹申请》，明确表示因个人原因不参加社会保险，并承诺不会以未缴纳社保为由主张经济补偿金。后王某某以公司未缴纳社保为由解除劳动关系，并要求支付经济补偿金。

法院观点：一方面，从民事义务和社会义务的角度，因社会保险系对公民基本权利的基础保障，缴纳社会保险费也系用人单位的强制性义务，故无论劳动者是否声明放弃社会保险，用人单位该义务均不能得到豁免，劳动者也享有随时要求用人单位为其补缴社会保险费的权利。另一方面，从民事责任的角度，未办理社会保险属于《劳动合同法》第四十六条第一项规定的应当支付经济补偿金的情形，即“劳动者依照本法第三十八条的规定解除劳动合同的”。而该法第三十八条规定的未按照劳动合同约定提供劳动保护或者劳动条件、未及时足额支付劳动报酬、未依法为劳动者缴纳社会保险费、用人单位的规章制度违反法律法规的规定损害劳动者权益、因劳动合同法第二十六条第一款规定的情形致使劳动合同无效等，均以用人单位负有过错为基本特征。因此，《劳动合同法》第四十六条第一项所规定的经济补偿金的请求权基础，实际上是需要用人单位在履行劳动合同中存在过错。而本案中，上诉人三次出具申请公司不为其缴纳社会保险的证明，应当认定上诉人未能办理社会保险的主要原因是因其个人的意志，若仍支持其支付经济补偿金的请求，有违诚实信用原则。上诉人作为完全民事行为能力人，应当对自己签署证明的行为负责，在其未提供证据证实被上诉人存在欺诈、胁迫、乘人之危等行为时，应当对其签字的行为承担相应法律后果。故上诉人要求支付经济补偿金的上诉理由不能成立。

57. 女职工生育津贴高于本人工资的，用人单位是否应当全额发放？

《劳动法》第七十三条规定："劳动者在生育时依法享受社会保险待遇，劳动者享受的社会保险金必须按时足额支付。"《社会保险法》[①] 第五十四条规定："用人单位已经缴纳生育保险费的，其职工享受生育保险待遇。生育保险待遇包括生育医疗费用和生育津贴。"因此，用人单位应当按时足额支付给劳动者生育保险待遇，不得截留。在用人单位为职工缴纳生育保险费后，职工可依法享受生育保险待遇。

《社会保险法》第五十六条规定："职工有下列情形之一的，可以按照国家规定享受生育津贴：（一）女职工生育享受产假……生育津贴按照职工所在用人单位上年度职工月平均工资计发。"《女职工劳动保护特别规定》第五条规定："用人单位不得因女职工怀孕、生育、哺乳降低其工资、予以辞退、与其解除劳动或者聘用合同。"第七条第一款规定："女职工生育享受98天产假，其中产前可以休假15天；难产的，增加产假15天；生育多胞胎的，每多生育1个婴儿，增加产假15天。"第八条第一款规定："女职工产假期间的生育津贴，对已经参加生育保险的，按照用人单位上年度职工月平均工资的标准由生育保险基金支付。"《最低工资规定》[②] 第三条第二款规定："本规定所称正常劳动，是指劳动者按依法签订的劳动合同约定，在法定工作时间或劳动合同约定的工作时间内从事的劳动。劳动者依法享受带薪年休假、探亲假、婚丧假、生育（产）假、节育手术假

---

① 《中华人民共和国社会保险法》本书简称《社会保险法》。

② 《最低工资规定》（劳动和社会保障部令〔2003〕21号），由原劳动和社会保障部（现中华人民共和国人力资源和社会保障部）于2003年12月30日发布，2004年3月1日实施，该文件现行有效。

等国家规定的假期间，以及法定工作时间内依法参加社会活动期间，视为提供了正常劳动。”

因此，用人单位不得在劳动者享受产假期间降低其工资，劳动者在依法享受产假期间视为提供了正常劳动，用人单位应当支付劳动者产假工资，劳动者依法享受的生育津贴即为产假期间工资的替代，生育津贴高于本人工资的用人单位应当全额计发。

以案释法 72：靖某霞诉太原富某房地产开发有限公司生育保险待遇纠纷案　山西省太原市尖草坪区人民法院（2023）晋 0108 民初 1052 号

案情简介：靖某霞入职太原富某房地产开发有限公司，2022 年 3 月顺产生育单胎后休产假 128 天，太原某房地产公司批准其休假天数，并在其产假期间向其支付工资人民币 3991.42 元。靖某霞生育后社保机构已向太原某房地产公司支付靖某霞的生育医疗费 1300 元、生育津贴 23 344.83 元。2021 年靖某霞月平均工资为 6911.52 元。因太原某房地产公司向其支付的产假期间工资低于其依法应享受的生育津贴，靖某霞诉至法院，请求判令：被告太原某房地产公司向原告靖某霞支付产假期间工资差额、生育医疗费。

法院观点：用人单位不得在劳动者享受产假期间降低其工资，劳动者在依法享受产假期间视为提供了正常劳动，用人单位应当支付劳动者产假工资，劳动者依法享受的生育津贴即为产假期间工资的替代，生育津贴高于本人工资的用人单位应当全额计发。用人单位批准女职工超出法定产假天数休假的，超出期间的工资按用人单位上年度职工月平均工资的标准支付。本案中，靖某霞顺产生育单胎依法享受 98 天的生育津贴补助，因其享受的生育津贴标准高于其本人上一年度的月平均工资（23 344.83 元÷98 天×30 天＝7146.37 元），太原某房地产公司应当全额支付靖某霞 98 天的生育津贴 23 344.83 元（即 98 天的产假替代工资）。关于产假工资。在扣除靖某霞 98 天产假替代工资后，太原某房地产公司还应按照靖某霞 2021 年年度月平均工资标准支付靖某霞 30 天的产假工资 6911.52 元。太原某房地产公司在靖某霞休产假之后共向其支付工资 3991.42 元，还应支付产假期间的工资差额 23 344.83 元＋6911.52 元－3991.42 元＝26 264.93 元。因靖某霞仅主张产假工资差额 23 556.76 元，对其诉讼请求依法予以支持。

58. 劳动者在试用期内是否享有社会保险待遇？

《社会保险法》第五十八条第一款规定："用人单位应当自用工之日起三十日内为其职工向社会保险经办机构申请办理社会保险登记。未办理社会保险登记的，由社会保险经办机构核定其应当缴纳的社会保险费。"第六十条第一款规定："用人单位应当自行申报、按时足额缴纳社会保险费，非因不可抗力等法定事由不得缓缴、减免。职工应当缴纳的社会保险费由用人单位代扣代缴，用人单位应当按月将缴纳社会保险费的明细情况告知本人。"第六十三条第一款规定："用人单位未按时足额缴纳社会保险费的，由社会保险费征收机构责令其限期缴纳或者补足。"

劳动者在试用期内也应该有权享受社会保险，因为试用期是合同期的一个组成部分，它不是隔离在合同期之外的。所以在试用期内用人单位也应当为劳动者建立社会保险，缴纳社会保险费用。

以案释法 73：郭某某诉社会保障行政处理及行政复议决定案　广东省深圳市中级人民法院（2019）粤 03 行终 207 号

案情简介：郭某某于 2018 年 1 月 5 日入职某公司，约定试用期从 2018 年 1 月 5 日起至 2018 年 7 月 4 日止。2018 年 1 月 18 日郭某某办理离职手续，与某公司解除劳动关系，在某公司共工作 14 天，期间某公司为其办理社会保险登记但未缴纳社保费用。郭某某向市人社局投诉，要求补缴社保。市社保局做出不予追缴的答复。郭某某不服，向市人民政府申请行政复议。市政府做出《行政复议决定书》，维持市人社局的答复意见。郭某某不服，提起行政诉讼。

法院观点：《社会保险法》第五十八条第一款规定不能理解为用人单位不必为劳动关系未满三十日或代扣代缴社会保险费日期前终结劳动关系的职工缴纳社会保险费，虽然目前社会保险费用是实行按月申报缴费，但职工依法享有的社会保险待遇不应因其工作未满一个月而丧失，用人单位亦不能以职工未工作满一个月而拒绝履行为其缴纳在职期间社会保险的义务。某公司拒绝为郭某某缴纳其在职期间的社会保险费的行为，违反了《社会保险法》第六十一条第一款的规定，市人社局应当依法做出处理，市人社局做出不予受理的答复意见适用法律错误，依法应予撤销。市政府复议维持了错误的不予受理的答复意见，依法亦应予撤销。

59. 如何认定承担工伤保险责任的单位？

根据《最高人民法院关于审理工伤保险行政案件若干问题的规定》，社会保险行政部门认定下列单位为承担工伤保险责任单位的，人民法院应予支持：

（1）职工与两个或两个以上单位建立劳动关系，工伤事故发生时，职工为之工作的单位为承担工伤保险责任的单位；

（2）劳务派遣单位派遣的职工在用工单位工作期间因工伤亡的，派遣单位为承担工伤保险责任的单位；

（3）单位指派到其他单位工作的职工因工伤亡的，指派单位为承担工伤保险责任的单位；

（4）用工单位违反法律、法规规定将承包业务转包给不具备用工主体资格的组织或者自然人，该组织或者自然人聘用的职工从事承包业务时因工伤亡的，用工单位为承担工伤保险责任的单位；

（5）个人挂靠其他单位对外经营，其聘用的人员因工伤亡的，被挂靠单位为承担工伤保险责任的单位。

上述第（4）（5）项明确的承担工伤保险责任的单位承担赔偿责任或者社会保险经办机构从工伤保险基金支付工伤保险待遇后，有权向相关组织、单位和个人追偿。

以案释法 74：刘某某诉广东省英德市人民政府行政复议案　最高人民法院（2021）最高法行再 1 号

案情简介：实际施工人梁某某借用某建安集团有限公司的名义，承接了朱某商住楼工程。2017年6月9日，梁某某在工地附近的出租屋内等待住建部门检查时猝死。梁某某的妻子刘某某向英德市人力资源和社会保障局（以下简称英德市人社局）申请工伤认定。英德市人社局认定梁某某视同因工死亡。建安公司不服，向英德市政府申请行政复议，复议决定撤销了工伤认定。刘某某随后提起行政诉讼，请求撤销复议决定，恢复工伤认定的效力。

法院观点：作为具备用工主体资格的承包单位，既然享有承包单位的权利，也应当履行承包单位的义务。在工伤保险责任承担方面，建安公司与梁某某之间虽未直接签订转包合同，但其允许梁某某利用其资质并挂靠施工，参照原劳动和社会保障部《关于确立劳动关系有关事项的通知》（劳社部发〔2005〕12号）第四条、《人力资源和社会保障部关于执行〈工伤保险条例〉若干问题的意见》（人社部发〔2013〕34号，以下简称《人社部工伤保险条例意见》）第七点规定以及《最高人民法院关于审理工伤保险行政案件若干问题的规定》（以下简称《工伤保险行政案件规定》）第三条第一款第四项、第五项规定精神，可由建安公司作为承担工伤保险责任的单位。

英德市政府和建安公司认为，根据法律的相关规定，梁某某是不具备用工主体资格的“包工头”，并非其招用的劳动者或聘用的职工，梁某某因工伤亡不应由建安公司承担工伤保险责任。对此，最高人民法院认为，将因工伤亡的“包工头”纳入工伤保险范围，赋予其享受工伤保险待遇的权利，由具备用工主体资格的承包单位承担用人单位依法应承担的工伤保险责任，符合工伤保险制度的建立初衷，也符合《工伤保险条例》及相关规范性文件的立法目的。不能因为“包工头”违法承揽工程违反建筑领域法律规范，而否定其享受社会保险的权利。承包单位以自己的名义和资质承包建设项目，又由不具备资质条件的主体实际施工，从违法转包、分包或者挂靠中获取利益，由其承担相应的工伤保险责任，符合公平正义理念。当然，承包单位依法承担工伤保险责任后，在符合法律规定的情况下，可以依法另行要求相应责任主体承担相应的责任。

60. 工伤职工在停工留薪期内“原工资福利待遇不变”的计算标准是什么?

根据《工伤保险条例》第三十三条规定，工伤职工在停工留薪期内，原工资福利待遇不变，其中“原工资”按照工伤职工因工作遭受事故伤害或者患职业病前 12 个月的平均月工资计算，对于是否包括奖金、津贴、补贴、加班费等，各地标准并不完全一致。

例如，北京市司法实务倾向认为，停工留薪期工资应当按照员工工伤前的固定工资计算，加班工资及不确定的工资报酬（奖金、津贴等）不应计算在内，但若员工的工作较为特殊，如提成等作为主要工资收入的，则将可能按照工伤前平均工资作为停工留薪期工资的计算标准；上海市司法实务倾向认为，停工留薪期工资待遇性质上属于劳动者提供正常劳动所获得的报酬，而加班费是劳动者提供额外劳动获得的收入，不属于正常工作时间工资的范畴，且在停工留薪期内也不可能发生加班的事实，故不应将加班费、奖金、津贴等非正常收入计入其中；广东省司法实务倾向认为，包括奖金、津贴、加班费。江苏省司法实务倾向认为，包括计时工资、计件工资、奖金、津贴和补贴、加班加点工资以及特殊情况下支付的工资等，不包括用人单位承担的社会保险费、住房公积金、劳动保护、职工福利和职工教育费用。浙江省司法实务倾向认为，停工留薪期工资应当按照工伤员工受伤前 12 个月平均应发工资计算，包括奖金、津贴和补贴等，但不包括加班工资。

以案释法 75：某电子（东莞）有限公司与刘某某劳动合同纠纷案　广东省东莞市中级人民法院（2021）粤 19 民终 2165 号

案情简介：刘某某系某电子（东莞）有限公司员工，因长期接触粉尘被诊断为职业性硅肺病，经劳动能力鉴定为七级伤残。刘主张某公司未足额支付工伤待遇及职业病危害岗位津贴，遂提起劳动仲裁及诉讼。

法院观点：在工伤停工留薪期内，劳动者的原工资福利待遇不变，由所在单位按月支付。工伤停工留薪期工资应按劳动者工伤前十二个月的平均工资（包括加班工资）支付。

以案释法76：唐某、内蒙古某汽修汽配有限公司劳动争议内蒙古自治区鄂尔多斯市中级人民法院（2019）内06民终1389号

案情简介：唐某于2017年3月22日入职内蒙古某汽修汽配有限公司，2017年7月15日，唐某因工受伤，诊断为十级伤残，经劳动仲裁后双方对赔偿金额产生争议，诉至法院。

法院观点：《工伤保险条例》第三十三条规定："职工因工作遭受事故伤害或者患职业病需要暂停工作接受工伤医疗的，在停工留薪期内，原工资福利待遇不变，由所在单位按月支付。"该条中"原工资福利待遇"应理解为劳动者受伤前正常工作时间内的工资待遇，故不包含加班费。

61. 超过法定退休年龄的进城务工农民在工作时间内因公伤亡的，能否认定工伤？

根据《最高人民法院关于超过法定退休年龄的进城务工农民在工作时间内因公伤亡的，能否认定工伤的答复》（2012年11月25日〔2012〕行他字第13号），用人单位聘用的超过法定退休年龄的务工农民，在工作时间内因工作原因伤亡的，应当适用《工伤保险条例》的有关规定进行工伤认定。

以案释法77：某保洁服务有限公司等与北京市房山区人力资源和社会保障局工伤认定案　北京市高级人民法院（2024）京行申515号

案情简介：王某（女，1966年出生，农村户口），入职腾发宏众公司时已超过法定退休年龄（55周岁），双方签订劳务协议。2022年3月4日，王某在上班途中发生交通事故，交警认定其负同等责任。王某未享受任何社会保险或退休待遇。人社局认定王某所受伤害为工伤，但用人单位以"不存在劳动关系"为由提起诉讼。

法院观点：王某的身份具有一定的特殊性，系超过法定退休年龄的进城务工农民。《中华人民共和国劳动合同法实施条例》第二十一条规定，劳动者达到法定退休年龄的，劳动合同终止。故超过法定退休年龄的进城务工农民，即便主张其与用人单位存在劳动关系，亦缺乏相应的法律依据。而《最高人民法院关于超过法定退休年龄的进城务工农民在工作时间内因公伤亡的，能否认定工伤的答复》（〔2012〕行他字第13号）及《最高人民法院行政审判庭关于超过法定退休年龄的进城务工农民因工伤亡的，应否适用〈工伤保险条例〉请示的答复》（〔2010〕行他字第10号）均规定，用人单位聘用的超过法定退休年龄的务工农民，在工作时间内、因工作原因伤亡的，应当适用《工伤保险条例》的有关规定进行工伤认定。根据上述规定，王某作为超过法定退休年龄的进城务工农民是否与腾发宏众公司存在劳动关系，不应成为工伤保险机关受理工伤认定申请的前提，亦不影响王某的工伤认定结果，故房山人保局受理王某的工伤认定申请并予以调查认定，予以支持。

62. 劳动者在何种情况下可以领取失业保险金，何种情况下应当停止领取失业保险金？

根据国务院颁布的《失业保险条例》第十四条的规定，具备下列条件的劳动者，可以领取失业保险金：

（1）按照规定参加失业保险，用人单位和本人已按照规定履行缴费义务满1年的；

（2）非因本人意愿中断就业的；

（3）已办理失业登记，并有求职要求的。失业人员在领取失业保险金期间，按照规定同时享受其他失业保险待遇。其中，非因本人意愿中断就业的是指下列人员：

（1）终止劳动合同的；

（2）被用人单位解除劳动合同的；

（3）被用人单位开除、除名和辞退的；

（4）根据《劳动法》第三十二条第二、三项与用人单位解除劳动合同的；

（5）法律、行政法规另有规定的。

根据国务院颁布的《失业保险条例》第十五条的规定，对于劳动者有下列情形之一的，应停止领取失业保险金并同时停止其享受其他失业保险待遇：

（1）重新就业的；

（2）应征服兵役的；

（3）移居境外的；

（4）开始享受基本养老保险待遇的；

（5）被判刑收监执行或被劳动教养的；

（6）无正当理由，拒不接受当地人民政府指定的部门或者机构介绍工作的；

（7）法律、行政法规规定的其他情形。

63. 用人单位低于实际工资缴纳社保，导致员工退休后退休金减少，员工能否向法院起诉要求赔偿？

员工不能向法院起诉要求赔偿，因为社保缴纳基数的问题属于行政管理范畴，不属于人民法院审判范围，员工可以向劳动行政部门举报投诉以及向社保管理部门反映要求处理。

《关于规范社会保险缴费基数有关问题的通知》① （劳社险中心函〔2006〕60号）规定："单位职工本人缴纳基本养老保险费的基数原则上以上一年度本人月平均工资为基础，在当地职工平均工资的60%—300%的范围内进行核定。"如果员工上一年度实际月均工资在前述范围内，但用人单位以低于该员工实际月均工资的社保缴费基数缴纳社保，则该行为是违反规定的。

《社会保险法》第八十六条规定："用人单位未按时足额缴纳社会保险费的，由社会保险费征收机构责令限期缴纳或者补足，并自欠缴之日起，按日加收万分之五的滞纳金；逾期仍不缴纳的，由有关行政部门处欠缴数

---

① 《关于规范社会保险缴费基数有关问题的通知》（劳社险中心函〔2006〕60号），由劳动和社会保障部（现中华人民共和国人力资源和社会保障部）于2006年11月15日发布，2006年11月15日实施，该文件现行有效。

额一倍以上三倍以下的罚款。”《劳动保障监察条例》(国务院令第423号)第二十七条规定：“用人单位向社会保险经办机构申报应缴纳的社会保险费数额时，瞒报工资总额或者职工人数的，由劳动保障行政部门责令改正，并处瞒报工资数额1倍以上3倍以下的罚款。”可见，用人单位不依法为职工足额缴纳社保费，或将面临限期补缴、加收滞纳金、罚款等行政处罚。因此，对于用人单位低于实际工资缴纳社保的行为，员工可以向劳动行政部门或社保管理中心举报投诉用人单位的违法行为。

《最高人民法院关于审理劳动争议案件适用法律问题的解释（一）》第一条规定：“劳动者与用人单位之间发生的下列纠纷，属于劳动争议，当事人不服劳动争议仲裁机构作出的裁决，依法提起诉讼的，人民法院应予受理：……（五）劳动者以用人单位未为其办理社会保险手续，且社会保险经办机构不能补办导致其无法享受社会保险待遇为由，要求用人单位赔偿损失发生的纠纷；（六）劳动者退休后，与尚未参加社会保险统筹的原用人单位因追索养老金、医疗费、工伤保险待遇和其他社会保险待遇而发生的纠纷；……”所以，对于已为劳动者办理了社会保险手续的，劳动者退休后所能享受的养老金待遇标准需经社保管理部门审核确定，因缴纳基数、缴费年限等所引发的退休待遇标准纠纷涉及社保行政部门的征收、征缴问题，属于行政管理范畴，不是单一的劳动者与用人单位之间的社保争议，应当由社保管理部门依据相关政策予以审核处理。

以案释法78：刘某某与山东省某成建设有限公司劳动争议　山东省济南市中级人民法院（2021）鲁01民终5523号

案情简介：刘某某原系济南市电石厂职工，1998年9月因电石厂破产开始领取失业金。2000年9月26日，济南市槐荫区经济计划委员会与山东省某成建设有限公司（以下简称某成公司）签订协议书，约定由某成公司负责安置电石厂职工，包括刘某某。2006年11月，刘某某与某成公司签订无固定期限劳动合同，约定某成公司为其缴纳社会保险，但不安排工作岗位。后刘某某认为某成公司未足额缴纳社会保险，导致其退休金减少，向法院提起诉讼。

法院观点：《最高人民法院关于审理劳动争议案件适用法律问题的解释（一）》（法释〔2020〕26号）第一条规定："劳动者与用人单位之间发生的下列纠纷，属于劳动争议，当事人不服劳动争议仲裁机构作出的裁决，依法提起诉讼的，人民法院应予受理：……（五）劳动者以用人单位未为其办理社会保险手续，且社会保险经办机构不能补办导致其无法享受社会保险待遇为由，要求用人单位赔偿损失发生的纠纷。"根据上述司法解释，符合人民法院受理范围应同时满足因用人单位未办理社会保险手续、社会保险经办机构不能补办、劳动者无法享受社会保险待遇三个条件。本案中，刘某某实际已经享受了社会保险待遇，只是其认为少享受了社会保险待遇，该情形与上述司法解释规定的人民法院应予受理的法定情形不符，故刘某某主张因某成公司欠缴社保导致其少发的退休金150 000元，不属于人民法院审理劳动争议案件的受案范围，法院不予处理。

64. 用人单位未按规定足额缴纳社会保险致使劳动者工伤保险待遇降低的，用人单位是否应该承担赔偿责任？

根据《社会保险法》第八十六条，用人单位未按时足额缴纳社会保险费的，须补缴并支付滞纳金；若因此导致劳动者待遇损失，用人单位须承担差额赔偿责任。《工伤保险条例》第六十二条进一步明确，未参保或未足额缴费的用人单位须按法定标准支付工伤保险待遇。若用人单位按低于实际工资的基数缴费，差额部分＝实际工资×法定待遇比例－社保基金已支付金额。

以案释法79：冯某诉大连某公司北京研发中心劳动争议案　北京市高级人民法院（2020）京民再84号

案情简介：冯某于2012年7月26日入职大连某公司北京研发中心，双方签订劳动合同，约定按照国家和北京市规定参加社会保险。2015年3月17日，冯某在工作中受伤，经鉴定为八级伤残。冯某受伤前12个月平均工资为12 500元，但公司按3878元的基数缴纳社保。社保管理中心核准的一次性伤残补助金为3878元×11个月＝42 658元。2019年，公司补缴了社保费用，但社保管理中心明确回复，补缴后不包含一次性伤残补助金差额。

法院观点：用人单位未按照相关规定为劳动者足额缴纳社会保险，其向有关部门补缴应当缴纳的工伤保险费、滞纳金后，工伤保险基金按照规定向劳动者支付相应费用，其有证据证明工伤保险待遇仍然降低，劳动者要求用人单位承担差额损失赔偿责任的，人民法院应予支持。最终判决由大连某公司北京研发中心承担其一次性伤残补助金差额 94 842 元。

第七章　保密和竞业限制

65. 什么是竞业限制?

竞业限制又称竞业禁止或竞业限止，一般分为法定竞业限制与约定竞业限制。

法定竞业限制，是指竞业限制义务来源于法律的直接规定，主要见于《公司法》《合伙企业法》《个人独资企业法》对董事、高级管理人员及企业合伙人、管理人等人员的规定。

约定竞业限制，主要见于劳动合同领域，一般是指用人单位在劳动合同或保密协议中，与本单位高级管理人员、高级技术人员和其他负有保密义务的劳动者约定，在劳动合同解除或者终止后的一定期限内，或者劳动关系存续期间，不得到与本单位生产或经营同类产品、从事同类业务有竞争关系的其他用人单位任职，也不得自己开业生产或经营同类产品、从事同类业务。竞业限制期限，不得超过二年。

66. 竞业限制适用于用人单位的哪些人员?

竞业限制的人员限于用人单位高级管理人员、高级技术人员和其他负有保密义务的人员。对于其他负有保密义务的人员，不以职位高低一概而论，而以其实际从事岗位的性质、是否能接触到商业秘密为审查基础，如职务属于技术研发、销售、财务等敏感岗位，具有接触用人单位技术秘密或经营秘密的便利，可以成为竞业限制协议的签订主体。竞业限制的范围、地域、期限由用人单位与劳动者约定，竞业限制的约定不得违反法律、法规的规定。竞业限制期限，不得超过二年。

在解除或者终止劳动合同后，前述人员到与本单位生产或者经营同类产品、从事同类业务的有竞争关系的其他用人单位，或者自已开业生产或者经营同类产品、从事同类业务的，应认为其违反了竞业协议。

以案释法 80：何某某诉上海亿某信息技术有限公司竞业限制纠纷案

上海市第一中级人民法院（2023）沪 01 民终 5670 号

案情简介：何某某于 2020 年 9 月入职上海亿某信息技术有限公司，从事联某公司家庭宽带装运维工作，并担任组长职务。2021 年 12 月 6 日，何某某签署《雇员保密协议》及附件《竞业限制协议》，约定离职后须履行竞业限制义务。2022 年 1 月 13 日，何某某提出离职申请，双方于 2 月 8 日办理离职交接手续。离职后，何某某与联某公司新的合作方明某公司签订劳动合同，继续从事宽带装运维工作。亿某公司认为何某某违反竞业限制义务，于 2022 年 2 月 23 日申请劳动仲裁，要求何某某支付违约金 155 400 元并继续履行竞业限制义务。仲裁裁决支持了亿某公司的请求。何某某不服仲裁结果，诉至法院，主张其作为一线操作工，工作技术含量不高，且未接触亿某公司的商业秘密，不属于竞业限制适格主体，不应受竞业限制约束。一审法院判决确认双方竞业限制协议于 2023 年 1 月 27 日终止，何某某需支付亿某公司竞业限制违约金 20 000 元。何某某与亿某公司均不服一审判决，上诉至上海市第一中级人民法院。

法院观点：竞业限制制度本身系立法者对用人单位的商业秘密和劳动者的择业自由两种法益进行利益衡量后做出的制度安排，客观上对劳动者的择业自由构成一定限制，故竞业限制义务主体应当严格限缩在法律规定的主体范围内。本案中，亿某公司未能充分举证证明何某某属于竞业限制义务适格主体，实际是将竞业限制协议扩大适用于普通劳动者，违反了法律的强制性规定。因此，双方于 2021 年 12 月 6 日签订的竞业限制协议应属无效，何某某自亿某公司离职后不负有竞业限制义务，也无须支付亿某公司竞业限制违约金。

以案释法81：南京某餐饮管理有限公司诉刘某亮竞业限制纠纷案 江苏省南京市中级人民法院（2024）苏01民终1476号

案情简介：南京某餐饮公司与刘某亮自2014年2月22日建立劳动关系，刘某亮担任冷菜厨师，制作凉拌黄瓜、水煮毛豆等菜品。双方签订多份劳动合同，末期为2022年3月至2023年3月。2019年及2020年，双方签订《保密及竞业禁止协议》，约定：1. 刘某亮需对烹调方法、配方等商业秘密终身保密，保密补偿已包含在工资中；2. 离职后2年内不得从事竞争业务；3. 违约须赔偿5000—10 000元违约金及实际损失。2022年5月13日刘某亮离职，后于2022年7月至2023年2月在玄武区某酒店从事配菜工作，2023年2月起在雨花台区某酒店任冷菜厨师。南京某餐饮公司未支付竞业限制补偿金。2023年4月，公司申请劳动仲裁，主张支付竞业限制违约金、赔偿损失等诉求。仲裁委逾期未结案后终结审理，公司诉至法院。

法院观点：竞业限制导致劳动者在约定时间内不能从事擅长或者熟悉的工作，对劳动者的生存、就业造成显著影响，其适用范围应严格按照法律规定予以确定。实践中，认定劳动者是否属于竞业限制人员范围，应当重点考量劳动者是否掌握商业秘密和与知识产权相关的保密事项。不掌握商业秘密和与知识产权相关的保密事项的劳动者不属于法律规定的竞业限制人员范围，用人单位以与上述劳动者签订竞业限制协议且其未履行竞业限制义务为由，主张劳动者承担竞业限制违约责任的，人民法院依法不予支持。本案中，虽然刘某亮与南京某餐饮公司签订竞业限制协议，但刘某亮仅是一名从事凉拌黄瓜、水煮毛豆等普通冷菜制作的厨师，不足以证明其接触用人单位的保密信息，南京某餐饮公司也未提供证据证明刘某亮在工作期间获取了菜品制作技术秘密。南京某餐饮公司将刘某亮纳入负有保密义务的人员，不当限制了刘某亮的权利，协议应属无效。故对南京某餐饮公司主张刘某亮支付违约金并赔偿损失的诉讼请求，不予支持。

67. 如何判定离职员工违反了竞业协议？

判定离职员工是否违反竞业协议，须综合考虑员工行为的性质、证据的充分性及主观故意等因素。如，离职员工是否加入竞争企业，通过查询社保缴纳记录、工商信息等，确认员工是否入职与原单位存在竞争关系的企业；是否从事竞争业务，须判断员工的新工作是否与其在原单位的职责或掌握的商业秘密存在实质性相似或竞争关系；是否利用原单位的商业秘密，若员工在新单位的工作内容涉及原单位的商业秘密或技术信息，可能构成违反竞业限制。若员工明知故犯，或采取隐蔽手段（如以亲属名义注册公司、股权代持等）规避竞业限制，法院可能更倾向于认定其违反竞业协议。用人单位须按时支付竞业限制补偿金，否则员工有权解除竞业义务。若用人单位超过 3 个月未支付补偿金，员工可主张解除竞业限制。

以案释法 82：王某诉万某信息技术股份有限公司竞业限制纠纷案　上海市第一中级人民法院（2021）沪 01 民终 12282 号

案情简介：王某于 2018 年 7 月入职万某公司担任智能数据分析岗位，月薪 2 万元，双方于 2019 年 7 月签订竞业限制协议，约定离职后 2 年内不得入职竞争企业，否则需返还补偿金并支付违约金 200 万元。2020 年 7 月王某辞职后，于同年 8 月加入哔哩哔哩公司，万某公司认为其违反竞业限制，申请仲裁要求其返还已支付的补偿金 6796 元并支付违约金 200 万元。仲裁及一审法院均支持万某公司部分诉求，判决王某返还补偿金并支付违约金 24 万元。王某不服向法院上诉。

法院观点：所谓竞业限制是指对原用人单位负有保密义务的劳动者，于离职后在约定的期限内，不得生产、自营或为他人生产、经营与原用人单位有竞争关系的同类产品及业务，不得在与原用人单位具有竞争关系的用人单位任职。竞业限制制度的设置系为了防止劳动者利用其所掌握的原用人单位的商业秘密为自己或为他人谋利，从而抢占了原用人单位的市场份额，给原用人单位造成损失。所以考量劳动者是否违反竞业限制协议，最为核心的是应评判原用人单位与劳动者自营或者入职的单位之间是否形成竞争关系。一方面考虑到实践中往往存在企业登记经营事项和实际经营事项不相一致的情形，另一方面考虑到经营范围登记类别是工商部门划分的大类，所以这种竞争关系的审查，不应拘泥于营业执照登记的营业范围，否则对劳动者抑或对用人单位都可能造成不公平。故在具体案件中，还可以从两家企业实际经营的内容是否重合、服务对象或者所生产产品的受众是否重合、所对应的市场是否重合等多角度进行审查，以还原事实之真相，从而能兼顾用人单位和劳动者的利益，以达到最终的平衡。

本案中，万某公司的经营范围为计算机软硬件的开发、销售，计算机专业技术领域及产品的技术开发、技术转让、技术咨询、技术服务。而哔哩哔哩公司的经营范围包括从事信息科技、计算机软硬件、网络科技领域内的技术开发、技术转让、技术咨询、技术服务等。对比两家公司的经营范围，确实存在一定的重合。但互联网企业往往在注册登记时，经营范围都包含了软硬件开发、技术咨询、技术转让、技术服务。若仅以此为据，显然会对互联网就业人员尤其是软件工程师再就业造成极大障碍，对社会人力资源造成极大的浪费，也有悖于竞业限制制度的立法本意。故在判断是否构成竞争关系时，还应当结合公司实际经营内容及受众等因素加以综合评判。万某公司与哔哩哔哩公司经营范围虽有重合，但互联网企业经营范围登记常较宽泛，仅以此认定竞争关系不合理。万某公司经营模式主要是提供金融信息服务，受众为金融机构等；哔哩哔哩公司主营文化社区和视频平台，受众广泛，尤其受年轻人喜爱，二者在经营模式、市场和受众方面差异显著。且无证据显示哔哩哔哩公司与万某公司在金融信息服务方面有重合。万某公司未完成举证义务，其竞业限制协议附录重点限制企业也为金融信息行业。故一审法院仅凭经营范围重合认定王某违反竞业限制协议不妥当。

68. 竞业限制条款未约定经济补偿费，或用人单位拒绝给付劳动者经济补偿费的，该条款对劳动者是否有效？

根据《最高人民法院关于审理劳动争议案件适用法律问题的解释（一）》的相关内容，当事人在劳动合同或者保密协议中约定了竞业限制，但未约定解除或者终止劳动合同后给予劳动者经济补偿，劳动者履行了竞业限制义务，要求用人单位按照劳动者在劳动合同解除或者终止前十二个月平均工资的30%按月支付经济补偿的，人民法院应予支持。月平均工资的30%低于劳动合同履行地最低工资标准的，按照劳动合同履行地最低工资标准支付。当事人在劳动合同或者保密协议中约定了竞业限制和经济补偿，当事人解除劳动合同时，除另有约定外，用人单位要求劳动者履行竞业限制义务，或者劳动者履行了竞业限制义务后要求用人单位支付经济补偿的，人民法院应予支持。劳动合同解除或者终止后，因用人单位的原因导致三个月未支付经济补偿，劳动者请求解除竞业限制约定的，人民法院应予支持。根据上述法律规定，即便竞业限制条款未约定经济补偿费，或用人单位拒绝给付劳动者经济补偿费，如果劳动者未请求解除竞业限制约定的，则竞业限制的约定仍然是有效的。

以案释法83：广州某某体育发展有限公司、王某劳动争议 广东省广州市中级人民法院（2024）粤01民终24886号

案情简介：王某原为某乙公司健身教练，双方签订劳动合同及《优力员工保密协议》，约定王某在离职后半年内不得从事与某乙公司相近业务。王某于2023年3月10日离职，但其与其他离职员工于2023年3月8日共同成立派特尔（广州）健身有限公司，经营范围与某乙公司相同，且新公司地址距某乙公司仅100米。某乙公司认为王某违反竞业限制及保密义务，主张其支付违约金7万元及律师费。一审法院认为，双方签订的《解除（终止）劳动合同证明》已终止劳动关系，且某乙公司未支付竞业限制补偿金，故驳回某乙公司诉讼请求。某乙公司不服，提起上诉。

法院观点：《最高人民法院关于审理劳动争议案件适用法律问题的解释（一）》第三十六条规定："当事人在劳动合同或者保密协议中约定了竞业限制，但未约定解除或者终止劳动合同后给予劳动者经济补偿，劳动者履行了竞业限制义务，要求用人单位按照劳动者在劳动合同解除或者终止前十二个月平均工资的30%按月支付经济补偿的，人民法院应予支持。"可见，竞业限制相关条款中未约定经济补偿及具体数额属于约定不明，但并不导致双方签订的竞业限制协议无效，综上，现某乙公司与王某签订《优力员工保密协议》，该协议是双方的真实意思表示，内容没有违反法律法规强制性规定，应属合法有效，双方均应依约履行。王某在竞业限制期间即开设与某乙公司存在竞争关系的同类型公司，该行为显然违反了双方之间的竞业限制约定。考虑到某乙公司与王某于《优力员工保密协议》中没有约定竞业限制经济补偿，且实际上亦未支付补偿金，故本院认为双方于保密协议中约定的违反竞业限制违约金5万元过高。结合王某的在职时间、工资标准及违约情形等因素，本院对王某应承担的违约金酌定调整为2万元。

69. 用人单位与劳动者在竞业限制条款中约定，因履行竞业限制条款发生争议申请仲裁和提起诉讼的期间不计入竞业限制期限，该约定是否有效？

法律虽然允许用人单位可以与劳动者约定竞业限制义务，但同时对双方约定竞业限制义务的内容做出了强制性规定。《劳动合同法》第二十四条规定，竞业限制的人员限于用人单位的高级管理人员、高级技术人员和其他负有保密义务的人员。竞业限制的范围、地域、期限由用人单位与劳动者约定，竞业限制的约定不得违反法律、法规的规定。第二十六条第一款第二项规定的“用人单位免除自己的法定责任、排除劳动者权利”的情形，应当认定为无效。在解除或者终止劳动合同后，前款规定的人员到与本单位生产或者经营同类产品、从事同类业务的有竞争关系的其他用人单位，或者自己开业生产或者经营同类产品、从事同类业务的竞业限制期限，不得超过二年。即以效力性规范的方式对竞业限制义务所适用的人员范围、竞业领域、限制期限均做出明确限制，且要求竞业限制约定不得违反法律、法规的规定，以期在保护用人单位商业秘密、维护公平竞争市场秩序的同时，亦防止用人单位不当运用竞业限制制度对劳动者的择业自由权造成过度损害。用人单位与劳动者在竞业限制条款中约定，因履行竞业限制条款发生争议申请仲裁和提起诉讼的期间不计入竞业限制期限的，属于劳动合同法第二十六条第一款第二项规定的“用人单位免除自己的法定责任、排除劳动者权利”的情形，应当认定为无效。

以案释法 84：马某某诉北京某狐新动力信息技术有限公司竞业限制纠纷案 北京市第一中级人民法院（2018）京 01 民终 5826 号

案情简介：马某某于 2005 年入职某狐公司，2014 年签订《不竞争协议》，约定离职后最长 12 个月的竞业限制期限，具体月数以补偿金支付月数为准；若因履行协议发生争议，仲裁或诉讼期间不计入竞业限制期限。2017 年 2 月 28 日劳动合同终止后，马某某与某酷公司合作，某狐公司认为其违反协议，要求其双倍返还补偿金、继续履行义务并赔偿损失。

法院观点：《不竞争协议》第 3.3 款中关于竞业限制期限应将仲裁和诉讼的审理期限扣除的约定，即“但如因履行本协议发生争议而提起仲裁或诉讼时……乙方应履行竞业限制义务的期限，在扣除仲裁和诉讼审理的期限后，不应短于上述约定的竞业限制月数”的部分，属于劳动合同法第二十六条第一款第二项规定的“用人单位免除自己的法定责任、排除劳动者权利”的情形，应属无效。而根据该法第二十七条规定，劳动合同部分无效，不影响其他部分效力的，其他部分仍然有效。据此，依据《不竞争协议》第 3.3 款仍有效部分的约定，马某某的竞业限制期限应依据某狐新动力公司向其支付竞业限制补偿金的月数确定且最长不超过 12 个月。

70. 用人单位能否在离职协议中与劳动者约定，以离职后不能违反竞业协议为支付劳动补偿金的条件？

解除或终止劳动合同经济补偿是用人单位在非因劳动者主观过错的情况下解除劳动合同时，为保障劳动者在离职后一段时间内的生活，依法需一次性支付给劳动者的补偿。在用人单位、劳动者签订《解除劳动合同协议书》已经解除劳动关系且协议目的已经达成的情况下，经济补偿金的给付具有必要性和确定性，用人单位应当根据协议约定向劳动者支付解除劳动关系经济补偿金。

用人单位与劳动者可以在离职协议中约定经济补偿金的支付附条件，

但该条件应以达成双方解除劳动关系为目的，限于对劳动者解除劳动合同之前已发生的工作或者行为成就与否的约定，同时不违反法律、行政法规的强制性规定，且不存在欺诈、胁迫或者乘人之危的情形。

在用人单位与劳动者解除劳动合同后，竞业限制主要约束劳动者离职后的行为，在经济补偿金支付时间到来时劳动者能否履行竞业限制义务具有不确定性。劳动者竞业限制义务的承担通常由保密及竞业禁止协议规制，法律亦对劳动者违反竞业限制义务应承担的赔偿责任做出规定。用人单位主张以劳动者离职后履行保密、竞业限制等义务作为支付解除劳动合同经济补偿金条件的，不应支持。

以案释法 85：北京某贸易有限公司诉王某劳动合同纠纷案　北京市第二中级人民法院（2021）京 02 民终 12085 号

案情简介：王某于 2013 年 8 月入职某贸易公司，担任招商岗位。2017 年 9 月，某贸易公司与王某签订保密及竞业禁止协议。2019 年 9 月，王某与某贸易公司协商一致解除劳动合同，签订《解除劳动合同协议书》，其中载明：在乙方履行本协议各项义务的基础上，甲方同意，2019 年 10 月 31 日前一次性给付乙方经济补偿金 70 500 元；乙方妥善办理工作交接、离职手续，移送并归还办公用品、各类资料、财务借款等。解除日后，乙方同意继续依据双方已签订的《保密协议》及《竞业限制协议》之约定，就“保密信息”的范围继续履行保密义务。后某贸易公司未支付 70 500 元给王某。王某申请仲裁，要求某贸易公司支付王某解除劳动合同经济补偿金 70 500 元。后公司以王某违反保密及竞业限制义务为由上诉主张不予支付解除劳动关系经济补偿金。

法院观点：本案争议焦点系王某履行保密及竞业限制义务是否系某商贸公司向王某支付解除劳动关系经济补偿金的前提条件。其一，《解除劳动合同协议书》系双方当事人就解除劳动关系事宜达成的一致意见，其目的和结果是解除双方之间的劳动关系；况且，解除劳动关系经济补偿金具有补偿性和救济性特征，在案涉劳动关系已解除且《解除劳动合同协议书》的目的已经达成的情况下，经济补偿金的给付具有必要性和确定性。

其二，根据双方《解除劳动合同协议书》的约定，双方劳动关系于2019年9月17日解除且某商贸公司于2019年10月31日之前向王某支付经济补偿金，该支付时间节点系经双方协商一致，明确而具体，并不能就此成为约束除达到解除劳动关系之目的以外其他事项的时间标准。其三，《解除劳动合同协议书》第五条明确约定，解除日后王某同意继续依据《保密协议》《竞业限制协议》之约定以及原劳动合同中保密条款之约定，履行保密及竞业限制义务；而其中有关保密期以及竞业限制期终止日的约定，均晚于经济补偿金的支付时间。即在经济补偿金的支付时间到来之时，王某是否能够完全履行保密义务及竞业限制义务尚存在不确定性。故某商贸公司主张以王某履行保密义务及竞业限制义务制约经济补偿金的支付，缺乏逻辑。其四，从《解除劳动合同协议书》的订立目的来看，该协议第二条约定的支付经济补偿金的前提应理解为，王某应履行“办理工作交接、离职手续，移送并归还办公用品、各类材料、财务借款等”为达成双方解除劳动关系以及支付经济补偿金之目的的义务。综上，本案的审理不以王某是否违反保密及竞业限制义务的相关认定为前提，某商贸公司以王某违反保密及竞业限制义务为由上诉主张不予支付解除劳动关系经济补偿金，依据不足。

第八章　劳动合同的解除与终止

71. 劳动合同的终止与解除有何区别？

劳动合同的终止，是指劳动合同所确立的劳动关系因合同解除以外的法律事实而消灭。根据《劳动法》与《劳动合同法》的相关规定，劳动合同的终止与解除主要有以下几方面的区别：

（1）阶段不同。劳动合同终止是劳动合同关系的自然结束，而解除是劳动合同关系的提前结束。

（2）结束劳动合同关系的条件不同。劳动合同终止的条件中，用人单位与劳动者不得在《劳动合同法》第四十四条规定的法定终止条件之外约定其他的终止条件；而劳动合同解除的条件中，除法定条件外，双方可协商一致约定合同解除的条件或解除合同。此外，二者法定条件的内容也完全不同。

（3）预见性不同。劳动合同终止一般是可以预见的，而劳动合同解除一般不可预见。

（4）适用原则不同。劳动合同终止受法律约束的程度较高，更多地体现社会法的性质和国家公权力的介入，体现对劳动者的倾斜保护；而劳动合同解除受当事人意思自治的程度多一点，一般遵循民法的原则和精神。

72. 在何种情况下劳动者与用人单位解除劳动合同，可要求用人单位支付经济补偿金？

经济补偿金，是指在劳动合同解除或终止后，用人单位依法一次性支付给劳动者的经济上的补助。一般情况下，劳动者主动提出辞职的，用人单位无须向劳动者支付经济补偿金。但在满足一定的条件下，劳动者仍可要求用人单位给付经济补偿金：

（1）用人单位未按照劳动合同约定提供劳动保护或者劳动条件的；

（2）用人单位未及时足额支付劳动报酬的；

（3）用人单位未依法为劳动者缴纳社会保险费的；

（4）用人单位的规章制度违反法律、法规的规定，损害劳动者权益的；

（5）用人单位以欺诈、胁迫的手段或者乘人之危，使对方在违背真实意思的情况下订立或者变更劳动合同；用人单位免除自己的法定责任、排除劳动者权利；违反法律、行政法规强制性规定。因上述情形致使劳动合同无效的；

（6）用人单位以暴力、威胁或者非法限制人身自由的手段强迫劳动者劳动的，或者用人单位违章指挥、强令冒险作业危及劳动者人身安全的。

满足上述情况之一，即便是劳动者主动提出辞职的，用人单位也要支付经济补偿金。

若是用人单体主动与劳动者解除劳动合同，满足下述条件之一的，劳动者可要求用人单位支付经济补偿金：

（1）用人单位与劳动者协商一致后，向劳动者提出解除劳动合同的；

（2）劳动者患病或者非因工负伤，在规定的医疗期满后不能从事原工作，也不能从事由用人单位另行安排的工作的；

（3）劳动者不能胜任工作，经过培训或者调整工作岗位，仍不能胜任工作的；

（4）劳动合同订立时所依据的客观情况发生重大变化，致使劳动合同无法履行，经用人单位与劳动者协商，未能就变更劳动合同内容达成协议的；

（5）用人单位进行经济性裁员的；

（6）劳动合同期满，用人单位降低劳动合同约定条件，劳动者不同意续订，用人单位终止固定期限劳动合同的；

（7）用人单位被依法宣告破产的；

（8）用人单位被吊销营业执照、责令关闭、撤销或者用人单位决定提前解散的；

（9）法律、行政法规规定的其他情形。

以上情形，用人单位应当向劳动者支付经济补偿金。

73. 用人单位和劳动者是否可以约定劳动合同的终止条件？

《劳动合同法》第四十四条规定，有下列情形之一的，劳动合同终止：

（1）劳动合同期满的；

（2）劳动者开始依法享受基本养老保险待遇的；

（3）劳动者死亡，或者被人民法院宣告死亡或者宣告失踪的；

（4）用人单位被依法宣告破产的；

（5）用人单位被吊销营业执照、责令关闭、撤销或者用人单位决定提前解散的；

（6）法律、行政法规规定的其他情形。

《劳动合同法实施条例》第十三条明确规定，用人单位与劳动者不得在《劳动合同法》第四十四条规定的劳动合同终止情形之外，约定其他的劳动合同终止条件。这也是劳动合同终止条件与解除条件最大的区别。

以案释法 86：曹某诉苏州某通信科技股份有限公司劳动合同纠纷案

上海市第一中级人民法院（2020）沪 01 民终 11389 号

案情简介：曹某于 2015 年 11 月 12 日入职苏州某通信科技股份有限公司，双方最近一份劳动合同的期限为 2018 年 11 月 13 日至 2021 年 11 月 13 日。2019 年 1 月 19 日，曹某签订了销售人员“军令状”，承诺 2019 年业绩目标为 2700 万元，若完成率低于 30%则自动离职。然而，曹某 2019 年度实际完成业绩为 264 万元，未达到目标的 30%。2020 年 3 月 17 日，某通信公司以曹某未完成“军令状”业绩为由，通知其劳动合同终止，并要求其办理离职手续。曹某申请仲裁，要求公司支付经济补偿及未提前三十日通知解除劳动合同的一个月工资。仲裁委员会未支持曹某的请求，曹某随后提起诉讼。一审法院判决某通信公司支付曹某违法解除劳动合同赔偿金，以及提成和工资差额。某通信公司不服，随后提起上诉。

法院观点：《中华人民共和国劳动合同法》对劳动合同的解除及终止的情形已做出明确规定。某通信公司主张曹某未达到销售人员“军令状”的销售业绩自动离职，但曹某从未向某通信公司做出过解除劳动合同的意思表示。某通信公司表示双方系协商一致解除劳动合同，但提供的证据并不能证明其主张。此外，曹某虽在销售人员“军令状”上签字，但在曹某的销售业绩达不到预期目标时，某通信公司应对其进行培训或者调整工作岗位，仍不能胜任工作的，某通信公司方可依法解除劳动合同。现某通信公司直接以曹某销售业绩未达到目标30%为由解除双方的劳动合同确属违法，应当依法向曹某支付违法解除劳动合同赔偿金。

劳动者与用人单位就工作内容、工作目标订立“军令状”，未违反法律强制性规定的，应当认定有效。以解除劳动关系作为惩戒措施的“军令状”中，若约定的解除条件违反法律强制性规定的，应当认定约定无效。用人单位以“军令状”约定目标未完成为由主张依据约定解除劳动合同的，人民法院不予支持。

74. 用人单位如何证明劳动者在试用期间不符合录用条件?

用人单位以不符合录用条件为由解除劳动合同必须在试用期内，而不能在试用期外。在实践中，用人单位关键要把握“证明”二字。即有充分的事实来说明劳动者不符合录用条件，而且必须是劳动者自身的原因不符合录用条件。录用条件必须由用人单位在招工简章或招工启事中加以明确。具体而言：用人单位需证明：（1）工作岗位的录用条件是什么，需要有具体描述；（2）劳动者在试用期内的表现如何，需要有客观的记录和评价。劳动者在试用期内如果确有《劳动合同法》第三十九条和第四十条规定的情形时，用人单位可以单方面决定解除劳动合同。

以案释法87：赵某与上海某精密陶瓷有限公司劳动合同纠纷 上海市浦东新区人民法院（2021）沪0115民初66694号

案件简介：原告赵某，被告上海某精密陶瓷有限公司。2021年2月18

日，原告进入被告公司工作，原、被告双方签订了劳动合同，约定：劳动合同履行期限为2021年2月18日至2024年2月29日，其中试用期6个月，从2021年2月18日至2021年8月17日；原告工作岗位为技术经理；试用期不符合录用条件包括但不限于以下情况：伪造学历、证书或工作经历的；个人简历、求职登记表中所含内容与实际情况不符的；不能按照岗位职责（职务描述）完成相应的工作要求的；不能通过试用期评估的。原告在职期间，被告公司组织多名员工对原告进行试用期360度考核，考核结论是明显不能满足岗位要求，终止试用。

2021年3月10日，被告以原告不符合录用条件为由，解除了与原告的劳动合同。

2021年3月11日，原告向上海市浦东新区劳动人事争议仲裁委员会申请仲裁，要求被告支付原告违法解除劳动合同赔偿金20 000元。2021年6月1日，上海市浦东新区劳动人事争议仲裁委员会做出裁决：对原告的请求事项不予支持。原告不服该裁决，诉至法院。

法院观点：试用期是指包括在劳动合同期限内，劳动关系还处于非正式状态，用人单位对劳动者是否合格进行考核，劳动者对用人单位是否符合自己要求进行了解的期限。也是劳动者和用人单位一个双向了解、双向选择的过程。劳动者可以通过试用期了解用人单位是否达到自己的预期，用人单位则通过试用期对招录的劳动者进行考核，甄别其是否符合该岗位的招录条件。本案中，原告作为被告公司的技术经理，需要在精密加工方面对被告公司提供技术支持，但原告在职期间，工作业务水平不能得到上级和同事的认可，导致试用期考核结果为不合格，不符合被告对该岗位的合理工作要求。基于原告在试用期内的工作表现，被告以原告试用期表现不合格为由解除劳动合同并无不当，并非违法解除劳动合同，故原告要求被告支付违法解除劳动合同赔偿金的诉讼请求，本院不予支持。

75. 劳动合同期满后，用人单位能否终止合同的履行？

一般而言，劳动合同期满，除双方续订劳动合同之外，用人单位与劳动者之间的劳动合同终止履行，双方应按约定的方式即行办理终止合同手续。用人单位应在终止之日发给劳动者终止合同证明书、支付经济补偿金等，并在十五日内为劳动者办理档案和社会保险转移手续。

但是，根据《劳动合同法》第四十二、四十五条规定，劳动者有下列情形之一的，用人单位不得解除劳动合同：（一）从事接触职业病危害作业的劳动者未进行离岗前职业健康检查，或者疑似职业病病人在诊断或者医学观察期间的；（二）在本单位患职业病或者因工负伤并被确认丧失或者部分丧失劳动能力的；（三）患病或者非因工负伤，在规定的医疗期内的；（四）女职工在孕期、产期、哺乳期的；（五）在本单位连续工作满十五年，且距法定退休年龄不足五年的；（六）法律、行政法规规定的其他情形。劳动合同应当续延至相应的情形消失时，劳动合同才终止。其中，劳动者在本单位患职业病或者因工负伤并被确认丧失或者部分丧失劳动能力的劳动合同终止，按照国家有关工伤保险的规定执行。

此外，若是劳动者已经与用人单位连续签过两次固定期限劳动合同，在第二次劳动合同到期后，用人单位不能以合同到期为由，单方终止劳动关系。

以案释法88：张某诉福州市某公交有限公司劳动合同纠纷案　福建省福州市中级人民法院（2022）闽01民终1168号

案情简介：张某与福州市某公交有限公司先后签订了两次固定期限劳动合同，第二次合同的期限至2020年7月31日止。2020年6月10日，某公交公司通知张某续订劳动合同。然而，2020年6月12日，张某因在某平台实名投诉公司不按规定配发口罩，同日即被某公交公司通知劳动合同到期终止，并要求其办理离职手续及交接工作。张某多次要求公司与其订立无固定期限劳动合同，但未获同意。2020年7月，某公交公司再次通知张某，双方劳动合同于2020年7月31日终止，并支付了终止劳动合同的经济补偿。张某在公司工作至2020年7月31日。随后，张某向劳动人事争议仲裁委员会申请仲裁，要求公司自2020年8月1日起与其订立无固定期限劳动合同。仲裁委员会驳回了张某的仲裁请求。张某不服仲裁结果，提起诉讼，请求法院判令某公交公司与其签订自2020年8月1日起的无固定期限劳动合同。一审法院认为某公交公司应与张某签订无固定期限劳动合同。某公交公司不服提起上诉。

法院观点：张某与某公交公司已连续订立两次固定期限劳动合同，张某不存在劳动合同法第三十九条规定的过失性辞退情形，亦不存在第四十条第一项规定的“劳动者患病或者非因工负伤，在规定的医疗期满后不能从事原工作，也不能从事由用人单位另行安排的工作”及第二项规定的“劳动者不能胜任工作，经过培训或者调整工作岗位，仍不能胜任工作”的情形，张某提出与某公交公司订立无固定期限劳动合同符合法定条件，某公交公司应依法与张某订立无固定期限劳动合同。某公交公司单方做出终止劳动合同通知不符合法律规定，故判令某公交公司与张某订立无固定期限劳动合同。劳动者投诉用人单位，不属于劳动合同法规定的过失性辞退情形，亦不符合因劳动者自身原因用人单位可以不续订无固定期限劳动合同的无过失性辞退情形。劳动者符合劳动合同法规定的续订无固定期限劳动合同的条件，依法享有单方选择权，用人单位无权拒绝续订劳动合同。

76. 协商一致解除劳动合同的情形下，用人单位是否需要支付给劳动者经济补偿金？

对于协商一致解除劳动合同的情形，用人单位是否需要支付经济补偿金，其核心在于解除协议的提出方和用人单位是否存在过错。《劳动合同法》第四十六条规定，如果解除劳动合同是用人单位提出来的，则用人单位需要支付补偿金。如果解除劳动合同是劳动者提出来的，用人单位一般不需要支付补偿金。但若劳动者是因用人单位存在违法行为（如未足额支付工资、未缴社保等）而被迫提出解除，则用人单位仍需支付补偿金。若协商解除程序不合法（如胁迫劳动者签字），可能被认定为违法解除，此时需向劳动者支付赔偿金。

以案释法 89：宜宾某某化工有限公司与唐某某经济补偿金纠纷案　四川省高级人民法院（2024）川民申 7152 号

案情简介：唐某某系某某公司员工，工作 16 年，下肢三级残疾。公司将其从烧窑车间班长调整为操作工，唐某某认为新岗位需频繁攀爬窑炉（存在中毒风险）且行动不便，在调岗会议上称“不干了”，但未正式提交辞职申请，此后未到岗上班。某某公司向唐某某发出通知函，要求其办理离职手续。公司主张：唐某某主动辞职，公司同意解除，属于劳动者单方解除，无须支付经济补偿金。唐某某主张：其言论系对调岗的抗议，公司后续通知解除劳动关系，应视为协商一致解除，公司应支付补偿金。

法院观点：唐某某确实在调岗会议上说“不干了”，应当认为系其当场表达对调岗有异议的方式，唐某某最终未到岗上班，致某某公司向其发出通知函，双方以实际行动表明对解除劳动关系达成一致。从现有证据材料看，唐某某与公司管理人员的通话录音表明在唐某某未到岗上班后双方仍然处于协商阶段，从书面材料看，某某公司最终系通知唐某某前往公司办理离职手续。二审法院结合当时实际情况、证人证言和事后双方当事人的行为表现进行综合判断，适用《中华人民共和国劳动合同法》第三十六条、第四十六条的规定，判决由某某公司向唐某某支付经济补偿金并无不当。某某公司关于唐某某系主动辞职的再审申请理由无充分依据，本院不予支持。

77. 劳动者以用人单位未与其签订书面劳动合同为由解除劳动关系，用人单位需要支付经济补偿吗?

《劳动合同法》第三十八条规定，用人单位有下列情形之一的，劳动者可以解除劳动合同：未按照劳动合同约定提供劳动保护或者劳动条件的；未及时足额支付劳动报酬的；未依法为劳动者缴纳社会保险费的；用人单位的规章制度违反法律、法规的规定，损害劳动者权益的；因本法第二十六条第一款规定的情形致使劳动合同无效的；法律、行政法规规定劳动者可以解除劳动合同的其他情形。

用人单位未与劳动者签订书面劳动合同不属于上述规定的情形。劳动者以用人单位未与其签订书面劳动合同为由，提出解除劳动关系并要求用人单位支付经济补偿的请求，不符合《劳动合同法》第四十六条的规定。故不能以此为由提出解除劳动关系并要求用人单位支付经济补偿。但是，可以要求用人单位支付未签订劳动合同的二倍工资。

以案释法 90：湖北省襄阳市某劳动人事争议仲裁案（案号未公开）

案情简介：王某于 2017 年 6 月 1 日到某公司工作，双方约定王某每月工资为 3000 元。王某入职后，该公司一直未与王某订立书面劳动合同。2018 年 3 月 1 日，王某以该公司不订立书面劳动合同为由提出解除劳动关系，并要求该公司支付未订立书面劳动合同的二倍工资和解除劳动关系的经济补偿。遭到公司拒绝后，王某申请仲裁。

仲裁观点：《劳动合同法》第三十八条规定，用人单位有下列情形之一的，劳动者可以解除劳动合同：未按照劳动合同约定提供劳动保护或劳动条件的；未及时足额支付劳动报酬的；未依法为劳动者缴纳社会保险费的；用人单位的规章制度违反法律、法规的规定，损害劳动者权益的；因本法第二十六条第一款规定的情形致使劳动合同无效的；法律、行政法规规定劳动者可以解除劳动合同的其他情形。用人单位以暴力、威胁或者非法限制人身自由的手段强迫劳动者劳动的，或者用人单位违章指挥、强令冒险作业危及劳动者人身安全的，劳动者可以立即解除劳动合同，不需事先通知用人单位。根据《劳动合同法》第四十六条规定，劳动者依照《劳动合同法》第三十八条的规定解除劳动合同，用人单位应当向劳动者支付经济补偿。

虽然《劳动合同法实施条例》第十八条规定了用人单位违反法律、行政法规强制性规定的，劳动者可以与用人单位解除劳动合同，但并没有规定劳动者以该条规定的情形解除劳动合同，应当享受经济补偿。且《劳动合同法》第三十八条规定的“其他情形”，应该是其他法律、行政法规明确可以享受经济补偿。所以，劳动者以用人单位不订立书面劳动合同为由提出解除劳动关系，不属于《劳动合同法》第三十八条规定的情形，不应享受经济补偿。仲裁委驳回了劳动者要求支付经济补偿的仲裁请求。但仲裁委按《劳动合同法》第八十二条规定支持了未订立书面劳动合同的二倍工资。

78. 用人单位可否以劳动者兼职为由解除劳动合同？

我国有关劳动方面的法律、法规虽然没有对“兼职”做禁止性的规定，但作为劳动者，完成本职工作是其应尽的义务。从事兼职工作，在时间上、精神力上可能会影响到本职工作。作为用人单位，如果员工因为兼职而严重影响到正常工作任务的，有权与其解除劳动合同。

《劳动合同法》第三十九条的规定，符合下列情形之一的，用人单位可以单方面解除劳动合同：（1）劳动者同时与其他用人单位建立劳动关系，对完成本单位的工作任务造成严重影响的；（2）劳动者同时与其他用人单位建立劳动关系，经用人单位提出，拒不改正的。需要注意的是，必须是给用人单位造成“严重”影响的，如果影响轻微，用人单位不能以此为由与劳动者解除合同。

此外，如果用人单位在规章制度中明确规定禁止员工兼职，且依法履行民主和公示程序，员工在明知这一规定的情形下仍从事兼职工作，属于严重违反用人单位规章制度；或者用人单位与劳动者签订的劳动合同中约定不得兼职，劳动者违反合同约定在外兼职的，用人单位据此解除劳动合同是合法解除。

以案释法 91：包头某发稀有新能源科技有限公司与颜某某劳动争议

内蒙古包头市九原区人民法院（2020）内 0207 民初 1339 号

案情简介：包头某发稀有新能源科技有限公司与颜某某于 2016 年 12 月 16 日签订为期 3 年的劳动合同，约定工作地点、工时、工资及解除合同条件等。2018 年 8 月 20 日，某发公司因业务停止发布通知，安排颜某某等 4 人放假，自 2018 年 9 月 1 日起工资按当地最低生活标准发放。2019 年 1 月起，颜某某开始在外兼职，某发公司于 2019 年 9 月发现后，未通知颜某某回公司工作，也未提供证据证明兼职对其造成严重影响。2019 年

11月后，双方未续签劳动合同。颜某某向包头市九原区劳动人事争议仲裁员提起劳动仲裁，仲裁裁决某发公司支付颜某某2019年10月、11月工资及经济补偿金。某发公司不服仲裁结果，向法院提起诉讼。

法院观点：首先，根据《劳动合同法》第三十九条第（四）项的规定，劳动者与其他用人单位建立劳动关系，对完成本单位的工作任务造成严重影响，或经用人单位提出，拒不改正的，用人单位可以解除劳动合同。可知，我国的法律并未禁止劳动者兼职，而是对劳动者兼职进行了一定的限制。原告某发公司与被告颜某某签订的《劳动合同书》中第八条5（4）约定，乙方同时与其他用人单位建立劳动关系，对完成甲方工作任务造成严重影响，或经甲方提出，拒不改正的，甲方可以解除合同。此内容与《劳动合同法》的规定一致，即并未完全禁止劳动者兼职，而是对兼职做出了一定限制，即不能对其工作任务造成严重影响，或用人单位提出，劳动者不予改正，则用人单位可以解除劳动合同。原告某发公司发现颜某某存在兼职行为时，并没有向被告颜某某提出禁止兼职予以改正，也没有提出证据证实被告颜某某的兼职行为对原告某发公司的工作任务造成严重影响。

其次，原告某发公司提出，公司制定的《员工离职管理制度（试行）》中明确规定，如未经公司允许，在其他机构从事工作的，公司应予辞退。2018年8月20日，公司发布的《通知》中明确，如果在其他单位重新就业，请及时办理离职手续，未办理离职手续入职其他单位的，一经发现按自动离职处理。但《员工离职管理制度（试行）》制定时间为2017年的5月12日，2018年9月，公司停止所有办公活动后，该制度的适用已经发生重大变化，应当予以适时修改再行适用。同时2018年8月20日公司发布的《通知》系对公司当时在职人员的安排，是不特定人群，应当通知到本人，庭审中原告某发公司并未提交将《通知》告知被告颜某某的相关证据，故本院对其意见，不予采纳。

再次，2018年9月起，原告某发公司对包括颜某某在内的4人实行放假，放假期间的工资按照当地最低标准予以发放。自2018年9月起，被告颜某某在原告某发公司处无具体的工作内容，工资自 12 000 元每月降至 1760 元每月，工资大幅度降低，被告颜某某自 2019 年 1 月开始兼职，兼职工作内容与在原告某发公司处的工作无冲突，也未造成损失，也符合被告颜某某需要维持正常生活水平的实际情况，故原告某发公司以被告颜某某兼职不符合公司规定为由对被告颜某某按自动离职处理的决定不符合法律规定，本院不予采纳，应当认定双方属于劳动合同期满终止的情形。故原告某发公司要求被告颜某某退回 2019 年 1 月至 9 月期间的劳动所得的请求，本院不予支持。

原告某发公司与被告颜某某自 2019 年 11 月，劳动合同期满，原告某发公司应当足额发放工资，双方均认可工资按月工资 1760 元发放至 2019 年 9 月，故原告某发公司应当支付被告颜某某 2019 年 10 月、11 月的工资共 3520 元。根据《中华人民共和国劳动合同法》第四十六条第（五）项的规定，除用人单位维持或者提高劳动合同约定条件续订劳动合同，劳动者不同意续订的情形外，依照本法第四十四条第一项规定终止固定期限劳动合同的，用人单位应当向劳动者支付经济补偿。经济补偿按劳动者在本单位的工作年限，每满一年支付一个月工资的标准向劳动者支付，月工资是指劳动者在劳动合同解除或终止前十二个月的平均工资。被告颜某某至劳动合同期满在原告某发公司处工作满 3 年，2018 年 11 月 14 日至 2019 年 11 月 13 日期间，被告颜某某的月平均工资为 1760 元，故原告某发公司应当向被告颜某某支付经济补偿的数额为 5280 元（1760×3）。

79. 劳动者在临近下班时间之际离开工位属于严重违反劳动规章制度吗？用人单位以此为由单方解除劳动合同合法吗？

《劳动合同法》第三十九条规定：“劳动者有下列情形之一的，用人单位可以解除劳动合同：……（二）严重违反用人单位的规章制度的……”据此，如果劳动者严重违反劳动纪律和规章制度，用人单位有权依法解除劳动合同。鉴于解除劳动关系是较为严厉的处罚，认定员工是否严重违反用人单位的规章制度，除应审查用人单位规章制度的合法性外，还应考量制度规则及具体执行的合理性，同时遵循公序良俗、公平等基本原则，妥善处理用人单位和劳动者之间的关系。实践中，用人单位的劳动规章制度一般将早退的标准进行了细化，认定是否构成早退须结合考勤记录、审查、通报、处罚等因素进行综合分析。退一步讲，即便劳动者违反了公司规定，但如果情节轻微，且未对公司造成实际影响，公司以此为由解除劳动合同，显然过于严苛，可能会被认定为违法，须承担赔偿责任。

以案释法 92：深圳市某脉技术股份有限公司诉华某劳动合同纠纷案

湖北省武汉市中级人民法院（2024）鄂 01 民终 12126 号

案情简介：2022 年 2 月 21 日，华某与深圳某脉公司签订为期 3 年的劳动合同，并签署《员工手册 V10.3》阅读声明书，确认已阅读并同意公司规章制度。该手册规定，早退 3 次或年度累计 6 次属于严重违反劳动纪律，公司可解除劳动合同。2022 年 12 月 6 日，公司以华某在 2022 年 9 月至 12 月期间早退 6 次（其中 5 次为 1 分钟）为由，解除劳动合同。华某随后申请仲裁，要求确认劳动关系并支付违法解除劳动合同赔偿金、加班工资及绩效奖金等。仲裁委员会裁决确认华某与公司存在劳动关系，并要求公司支付违法解除劳动合同赔偿金、加班工资及绩效奖金。深圳某脉公司不服仲裁结果，向法院提起诉讼。

法院观点：深圳某脉公司虽然在《员工手册 V10.3》及奖惩制度中规定了具体的上下班时间，并规定年度累计迟到、早退达 6 次及以上者将给予开除处理，而华某确实存在 5 次中午下班前 1 分钟左右离开工位的情形，但深圳某脉公司并未通过劳动规章制度明确早退的具体标准，劳动者对该标准可能存在离开工位、离开公司等不同理解，故以提前 1 分钟离开工位认定为早退缺乏依据。其次，深圳某脉公司每月发放工资时均须审查员工的出勤情况，华某提前 1 分钟离开工位分别发生在 2022 年 10 月、11 月和 12 月，但深圳某脉公司从未向华某提及早退事宜，亦未提出整改或者进行处罚，仅在最后发出解除劳动合同通知时一次性提出，并据此认定华某严重违反劳动规章制度，明显缺乏合理性。因此，深圳某脉公司单方解除劳动合同的行为，缺乏依据且不合常理，属于违法解除劳动合同，应依法向华某支付违法解除劳动合同赔偿金及其他法定加班工资、绩效奖金。

80. 劳动者解除劳动合同前十二个月平均工资，包含哪些内容？

根据《劳动合同法》第四十七条及《劳动合同法实施条例》第二十七条，劳动者解除或终止劳动合同前十二个月的平均工资包括计时工资或者计件工资以及奖金、津贴和补贴等货币性收入，但不同地区存在差异。如，浙江高院认为，计算经济补偿的月工资应为劳动者在劳动合同解除或终止前正常工作状态下十二个月的平均工资，不包括医疗期、放假等非正常工作期间的工资。上海高院认为，经济补偿按劳动者在本单位工作的年限和月工资基数计算，月工资是指劳动者在劳动合同解除前十二个月的平均工资，按照劳动者应得的工资计算，包括计时工资或计件工资以及奖金、津贴和补贴等货币性收入。北京高院认为，计算劳动者解除劳动合同前十二个月平均工资时，工资包括计时工资、计件工资、奖金、津贴和补贴等货币性收入，加班工资也应计入。但最高院目前倾向认为，不管是否存在医疗期，离职前十二个月平均工资直接按照解除前实际获得的十二个月平均工资计算即可，若劳动者在劳动合同解除或者终止前十二个月的平均工资低于当地最低工资标准的，则按照当地最低工资标准计算。

除此之外，用人单位因未在用工之日起一个月内签订劳动合同须按月向劳动者支付二倍工资，其中加付的一倍工资不纳入经济补偿金或赔偿金的计算基数。

以案释法93：吴某、张家港某材料有限公司职工破产债权确认纠纷最高人民法院（2023）最高法民申2918号

案情简介：吴某入职时间为2014年2月17日，在2019年4月26日某公司向吴某发出放假通知后，吴某未再上班，某公司依照《江苏省工资支付条例》支付放假工资每月1616元。吴某在2020年7月1日与公司解除劳动合同。后其向法院起诉，要求应当按照其正常工作状态下月工资20 000元的标准作为经济补偿金计算基数。

法院观点：《劳动合同法》第四十七条第三款规定："本条所称月工资是指劳动者在劳动合同解除或者终止前十二个月的平均工资。"该款将劳动者月平均工资作为经济补偿的计算基数，其意义在于使经济补偿与劳动者贡献挂钩。本案中，吴某关于"十二个月的平均工资"应为劳动合同解除或者终止前劳动者正常工作状态下十二个月的平均工资，不包括公司放假、医疗期等非正常工作期间的工资，缺乏法律依据，故其主张享有经济补偿122 728元职工债权的再审请求，本院不予支持。

以案释法94：谢某某、浙江某教育科技有限公司劳动争议　浙江省杭州市萧山区人民法院（2022）浙0109民初18695号

案情简介：原告谢某某于2020年3月27日入职浙江某教育科技有限公司，双方签订劳动合同，实际工资按照入职通知书的薪资结构执行，包括月基本工资、补贴、绩效考核及年终绩效奖。2021年7月19日至12月31日期间，谢某某因生育休产假，2022年1月复工。复工后，某公司要求谢某某调岗，但双方未就调岗达成一致。谢某某于2022年2月24日以未足额支付劳动报酬为由解除劳动合同，并要求支付经济补偿金及其他费用。

法院观点：《劳动合同法》第四十七条规定：经济补偿按劳动者在本单位工作的年限，每满一年支付一个月工资的标准向劳动者支付。六个月以上不满一年的，按一年计算；不满六个月的，向劳动者支付半个月工资的经济补偿。劳动者月工资高于用人单位所在直辖市、设区的市级人民政府公布的本地区上年度职工月平均工资三倍的，向其支付经济补偿的标准按职工月平均工资三倍的数额支付，向其支付经济补偿的年限最高不超过十二年。本条所称月工资是指劳动者在劳动合同解除或者终止前十二个月的平均工资。以上前十二个月平均工资计算不包括医疗期等非正常工作时间。

81. 劳动者提供虚假资料，用人单位以此为由解除劳动合同，需要给劳动者补偿金吗？

根据《劳动合同法》规定，以欺诈、胁迫的手段或者乘人之危，使对方在违背真实意思的情况下订立或者变更劳动合同，致使劳动合同无效的，用人单位可以解除劳动合同。

劳动者如通过提供虚假资料（例如假文凭、假证件、假就业经历等）骗取用人单位信任，与用人单位签订劳动合同，一经用人单位发现，单位则完全可以依据上述规定与之解除劳动合同而不视为违约。当然，需要注意的是，当用人单位欲以上述理由解除与职工的劳动合同时，需要提供相应的证据。

以案释法 95：江某科技园（新会）有限公司、陈某某劳动合同纠纷

广东省江门市中级人民法院（2022）粤 07 民终 3054 号

案情简介：2017 年 3 月 1 日，陈某某与江某公司签订劳动合同，担任审计总监，月薪 13 000 元。入职时填写的职位申请表中包含其学历和专业资格等信息。2019 年 3 月 15 日，双方签订解除劳动合同协议，约定支付经济补偿金 52 000 元。江某公司后来发现陈某某的中级会计师资格证及本科毕业证在相关网站无法查询，怀疑其提供虚假资料。江某公司因此申请仲裁，请求确认劳动合同及解除劳动合同协议无效，并要求陈某某返还经济补偿金及工资差额。一审法院审理认为，陈某某在应聘过程中对其专业水平和学历水平提供虚假信息的可能性较大，属于《劳动合同法》第二十六条及《劳动法》第十八条规定的无效情形，因此确认江某公司与陈某某签订的劳动合同及解除劳动合同协议无效，并判决陈某某向江某公司返还经济补偿金 52 000 元。对于江某公司请求陈某某返还工资差额的诉求，一审法院认为证据不足，不予支持。双方均不服一审法院判决，上诉至二审法院。

法院观点：一审期间，一审法院依职权发函至发证单位进行调查，但未能收到发证单位的回复。一审庭审过程中，一审法院组织双方当事人通过登录中国财政部会计资格评价中心网站及中国高等教育学生信息网对陈某某的会计师资格证及本科学历的情况进行现场查询，并按照双方当事人提供的查询条件进行多次查询，但均显示没有相关信息，陈某某虽然对此不予认可，并提交户籍证明、鉴定证书等予以反驳，但上述证据不足以证明该主张，陈某某对信息查询问题亦未能做出合理解释，根据《最高人民法院关于适用〈中华人民共和国民事诉讼法〉的解释》第九十条“当事人对自己提出的诉讼请求所依据的事实或者反驳对方诉讼请求所依据的事实，应当提供证据加以证明，但法律另有规定的除外。在作出判决前，当事人未能提供证据或者证据不足以证明其事实主张的，由负有举证证明责任的当事人承担不利的后果”的规定，陈某某应承担举证不能的法律责任。因此，一审法院认定陈某某的本科学历及专业资格存在造假行为的可能性较大，对江某公司的上述主张予以采纳并无不当，本院予以维持。其次，本案陈某某向江某公司应聘审计总监岗位，其学历及会计师资格等信息是江某公司招聘陈某某的核心依据，现陈某某在应聘过程中对其专业水平和学历水平提供虚假信息，属于《劳动合同法》第二十六条及《劳动法》第十八条规定的无效情形，因此，一审法院确认江某公司与陈某某签订的劳动合同及《解除劳动合同协议》无效并判决陈某某向江某公司返还经济补偿金 52 000 元并无不当，本院予以维持。

以案释法 96：祝某与山东某生态农业有限公司劳动争议案　山东省济南市中级人民法院（2021）鲁 01 民终 3423 号

案情简介：祝某于 2019 年 6 月 20 日收到山东某生态农业有限公司（以下简称某公司）的录用通知函，应聘销售经理一职，该通知函约定了工资构成及入职所需资料，并明确表示若履历或材料有虚假，公司有权解除劳动合同且不补偿。祝某于 2019 年 7 月 3 日报到入职，双方签订了固定期限劳动合同。在劳动合同履行期间，某公司发现祝某自述的山东大学本科学历不实，其未能提供真实有效的毕业证书。2020 年 3 月 26 日，某公司以祝某严重违反公司规章制度及诚信原则为由，依据《劳动合同法》相关规定及录用通知函中的约定，解除了与祝某的劳动合同。

法院观点：《劳动合同法》第八条明确规定了用人单位的告知义务和

劳动者的如实说明义务，即法律既要求用人单位如实告知有关工作内容、工作条件、工作地点、职业危害、安全生产状况、劳动报酬等，亦要求劳动者履行如实告知与劳动合同直接相关的基本情况（如工作经历、学历、健康状况等）。本案中，祝某自述其毕业于山东大学财务管理专业，具有该校本科学历，但事实上却未取得山东大学颁发的学历证书，违反了诚实信用原则，入职时亦未按照某公司的要求提供“毕业证、学位证、职称、技术等级证书”原件，存在故意隐瞒的行为，对于其提供的“学业证书”，某公司在审查入职材料时固然存在疏忽大意，但并不因此证明某公司已经知晓了祝某不具有山东大学本科学历的事实，更无法认定某公司同意录用不具有本科学历的祝某任其公司的销售经理，即因祝某的虚假陈述及隐瞒行为导致某公司做出了违背自己真实意思的表示，符合《劳动合同法》第三十九条规定的用人单位可以解除劳动合同的情形；且在某公司向祝某送达的录用通知函第六条中明确告知“如果履历情况或提供的材料有虚假情况，公司有权作废录用通知函或解除劳动合同，且不进行任何补偿”，祝某在其填写的入职登记表中亦向某公司承诺“保证所填写的每一项内容真实，如有虚假，即使被贵公司录用，贵公司也可随时无条件解聘我”。综上，无论是根据法律规定还是依据双方在订立劳动合同过程的约定、承诺，某公司解除与祝某的劳动关系，并无不当，无须支付赔偿金，祝某要求某公司支付违法解除劳动关系赔偿金没有法律依据，一审法院不予支持。二审法院维持了一审判决，驳回了祝某的上诉请求。

82. 劳动者不能胜任工作被辞退，用人单位还需要给补偿吗？

根据《劳动合同法》规定，劳动者不能胜任工作，经过培训或者调整工作岗位，仍不能胜任工作的；用人单位提前三十日以书面形式通知劳动者本人或者额外支付劳动者一个月工资后，可以解除劳动合同。

因此，单位以不能胜任为由解除劳动合同需要满足三个条件：

（1）劳动者被证明不能胜任工作；（2）在劳动者不能胜任工作后，单位要为其进行培训或者调整工作岗位；（3）之后仍然不能胜任工作。

以案释法97：某公司与马某劳动争议案　北京市第三中级人民法院（2025）京03民终653号

案情简介：马某于2013年4月13日入职某公司，从事物业服务工作。2021年9月1日，双方签订无固定期限劳动合同。2024年3月26日，某公司以马某2022年、2023年连续两年绩效考核结果为C不合格，经培训后仍不能胜任工作为由，解除劳动合同。马某主张系违法解除要求赔偿。一审法院判决某公司支付违法解除赔偿金152 075元，公司不服上诉。

法院观点：一审法院认为：首先，某公司主张解除劳动合同的依据为《万物云20某年度个人绩效考核方案》，但并未提交充分证据证明马某知晓该方案；其次，马某入职某公司已经十余年，在马某之前年度考核均为合格的情形下，某公司并未提交证据证明2022年及2023年不合格的考核结果是如何客观、公正得出的；最后，解除劳动合同通知载明解除理由为"经培训及调动后仍不能胜任该岗位工作"，但某公司并未提交充分证据证明其公司在考核结果做出后已对马某进行了培训及调岗。综上，因某公司与马某解除劳动合同构成违法解除，故应支付马某违法解除劳动合同赔偿金。

二审法院认为：某公司解除劳动合同的依据为《万物云20某年度个人绩效考核方案》，但其未对已向马某有效送达或告知上述考核方案、马某2022年及2023年的不合格考核结果的具体考评依据等提交充分、有效的证据，亦未对2023年绩效考核培训签到表日期存在涂改痕迹情况做出有效说明与合理解释。此外，根据《劳动合同法》第四十条的规定，劳动者不能胜任工作，经过培训或者调整工作岗位，仍不能胜任工作的，用人单位提前三十日以书面形式通知劳动者本人或者额外支付劳动者一个月工资后，可以解除劳动合同。某公司未对考核结果做出后已对马某进行培训或调岗予以充分举证，现有证据无法证明符合解除劳动合同通知中载明的"马某经培训及调动后仍不能胜任该岗位工作"情况，某公司应承担举证不能的不利后果。一审法院认定某公司构成违法解除，应向马某支付违法解除劳动合同赔偿金并无不当，数额亦无不妥，本院予以维持。

83. 用人单位是否能以“末位淘汰”为由解除合同?

《劳动合同法》第三十九条、第四十条明确规定了用人单位单方解除劳动合同的法定情形，包括“严重违反规章制度”“不能胜任工作经培训或调岗后仍不胜任”等，但均未将“末位淘汰”列为合法理由。末位是客观状态，非主观过错行为。考核排名末位是相对结果，劳动者在用人单位等级考核中居于末位等次，可能因团队整体表现优异导致，不等同于不能胜任工作。“末位淘汰制”本身不违法，但直接解除劳动合同缺乏法律依据。用人单位需通过合法程序将考核结果与法定解除条件衔接，并优先采取调岗、培训等替代措施。

以案释法 98：某某通讯（杭州）有限责任公司诉王某劳动合同纠纷案 浙江省杭州市滨江区人民法院（2011）杭滨民初字第 885 号

案情简介：2005 年 7 月，王某进入某某通讯（杭州）有限责任公司工作，劳动合同约定王某从事销售工作，基本工资每月 3840 元。该公司的《员工绩效管理办法》规定：员工半年、年度绩效考核分别为 S、A、C1、C2 四个等级，分别代表优秀、良好、价值观不符、业绩待改进；S、A、C（C1、C2）等级的比例分别为 20%、70%、10%；不胜任工作原则上考核为 C2。王某原在该公司分销科从事销售工作，2009 年 1 月后因分销科解散等原因，转岗至华东区从事销售工作。2008 年下半年、2009 年上半年及 2010 年下半年，王某的考核结果均为 C2。某某通讯认为，王某不能胜任工作，经转岗后，仍不能胜任工作，故在支付了部分经济补偿金的情况下解除了劳动合同。

2011 年 7 月 27 日，王某提起劳动仲裁。同年 10 月 8 日，仲裁委做出裁决：某某通讯支付王某违法解除劳动合同的赔偿金余额 36 596.28 元。某某通讯认为其不存在违法解除劳动合同的行为，故于同年 11 月 1 日诉至法院，请求判令不予支付解除劳动合同赔偿金余额。

法院观点：某某通讯以被告王某不胜任工作，经转岗后仍不胜任工作为由，解除劳动合同，对此应负举证责任。根据《员工绩效管理办法》的规定，“C（C1、C2）考核等级的比例为 10%”，虽然王某曾经考核结果为

C2，但是C2等级并不完全等同于“不能胜任工作”，某某通讯仅凭该限定考核等级比例的考核结果，不能证明劳动者不能胜任工作，不符合据此单方解除劳动合同的法定条件。虽然2009年1月王某从分销科转岗，但是转岗前后均从事销售工作，并存在分销科解散导致王某转岗这一根本原因，故不能证明王某系因不能胜任工作而转岗。因此，某某通讯主张王某不胜任工作，经转岗后仍然不胜任工作的依据不足，存在违法解除劳动合同的情形，应当依法向王某支付经济补偿标准二倍的赔偿金。

84. 客观情况发生重大变化且用人单位与劳动者协商变更未达成一致，单位解除合同需要给劳动者补偿吗?

劳动合同订立时所依据的客观情况发生重大变化，致使劳动合同无法履行，经用人单位与劳动者协商，未能就变更劳动合同内容达成协议的，用人单位提前三十日以书面形式通知劳动者本人或者额外支付劳动者一个月工资后，可以解除劳动合同。在这种情况下，单位解除劳动合同的，应向劳动者支付经济补偿金。

当然，如果客观情况发生重大变化，导致劳动合同无法履行，劳动者也可以提出解除劳动合同。但相关法律并没有规定，就此情况下劳动者解除劳动合同，用人单位必须支付经济补偿金。因此，如果发生这种情况，劳动者应慎重主动提出解除劳动合同。司法实践中通常认为，此时需判断用人单位是否履行了协商义务。若用人单位未与劳动者充分协商或未证明“客观情况变化”的合法性，劳动者提出解除合同可能被认定为被迫离职，用人单位需支付补偿金。

以案释法99：北京某编织包装有限责任公司与肖某劳动争议案　北京市第三中级人民法院（2016）京03民终9839号

案情简介：肖某与某编织公司签订了固定期限劳动合同，合同终止日期为2016年3月12日。肖某与某编织公司签订的劳动合同虽未约定工作地点，但肖某自入职之日起的工作地点一直在怀柔区。2016年3月5日，该公司由于当地政策原因需由怀柔搬迁至平谷，该公司向全体员工发出通知公司搬迁，公司性质不变，工厂搬迁后公司仍接纳全体员工，待遇不变。如果不愿意签合同，写明具体原因，递交书面材料，否则视为自动放弃或自动解除终止劳动关系。公司员工肖某未续签劳动合同。该公司向肖某邮寄了续签劳动合同及继续上班的通知，肖某拒收。肖某起诉要支付解除劳动合同经济补偿金，该公司则认为双方之间仍处于劳动关系履行状态，不同意支付解除劳动合同经济补偿金。

法院观点：肖某与该公司签订的劳动合同虽未约定工作地点，但肖某自入职以来的工作地点一直在怀柔区，现该公司发出通知，决定将公司搬迁至平谷区，并称如不同意续签劳动合同，视为自动放弃或自动解除终止劳动关系，即该公司将工作地点变更事故续订劳动合同的权利交由劳动者，并且表达出如劳动内容协商不成将导致解除劳动关系的意思表示，现肖某起诉要求公司支付解除劳动合同的经济补偿金，表明其亦有不再继续履行劳动合同的意思表示，故视为双方协商一致解除劳动关系。根据《劳动合同法》第四十六条之规定用人单位与劳动者协商一致解除劳动合同的，用人单位应当向劳动者支付经济补偿。故判决公司应该支付肖某解除劳动关系经济补偿金。

以案释法 100：吴某某诉南京某电动工具有限公司劳动合同纠纷案

南京市江宁经济技术开发区人民法院（2019）苏 0191 民初 1054 号

案情简介：吴某某于 2013 年 9 月入职南京某电动工具有限公司，双方签订的最后一份劳动合同约定工作地点为南京市江宁区将军大道 159 号，并明确涉及劳动者切身利益的重大变更需协商一致。2019 年 3 月，某公司因经营需要决定将厂区整体搬迁至相距约 4.5 公里的将军大道 529 号。新厂区生产条件改善（如中央空调、食宿便利），公司承诺发放 500 元搬迁奖励，并将原每月 100 元交通补贴增加至 150 元，同时安排班车接送。但吴某某等员工以距离过远为由拒绝到新址工作，并于 3 月 9 日集体停工，每日仅到原厂区打卡，不提供实际劳动。某公司于 3 月 11 日、13 日两次发布通知，要求员工返岗并重申福利待遇不变，但员工仍拒绝。3 月 15 日，公司向吴某某发出“督促回岗通知”，指出其行为已严重违反规章制度，要求3月18日返岗，否则解除合同。吴某某未按要求报到，公司经工会程序后，依据《员工手册》规定（连续旷工3日可解除合同），以其严重违纪为由解除劳动合同。吴某某认为公司单方搬迁属违法解除，提起劳动仲裁，仲裁驳回其请求后诉至法院。

法院观点：因用人单位整体搬迁导致劳动者工作地点变更、通勤时间延长的，是否属于《劳动合同法》第四十条第三项规定的“劳动合同订立时所依据的客观情况发生重大变化，致使劳动合同无法履行”的情形，需要考量搬迁距离远近、通勤便利程度，结合用人单位是否提供交通工具、是否调整出勤时间、是否增加交通补贴等因素，综合评判工作地点的变更是否给劳动者的工作和生活带来严重不便并足以影响劳动合同的履行。如果用人单位已经采取适当措施降低了搬迁对劳动者的不利影响，搬迁行为不足以导致劳动合同无法履行的，劳动者不得以此为由拒绝提供劳动。

被告某公司拟将厂区整体迁移，是基于生产运作情况做出的经营决策，不改变劳动者的岗位和待遇，并非滥用用工权利刻意为难劳动者的行为。厂区迁移后，确实可能对劳动者产生一定的通勤压力，但搬迁距离并不遥远，也在公共交通、共享单车可达之处，将军大道本身具备较好的通行条件，某公司也承诺增发交通补助，总体而言，迁移对劳动者的影响是有限的，不构成双方继续履行劳动合同的根本障碍。同时，争议发生后，双方均应当采取正当手段维护自身权利。原告吴某某不愿意调整工作地点，可以提出相关诉求，但其自身仍然负有继续遵守规章制度、继续履行劳动合同的义务。吴某某在某公司的再三催告下，仍然拒绝返回原岗位工作，已经构成旷工，违反基本的劳动纪律，并且达到《员工手册》中规定的可被解除劳动合同的严重程度，故某公司在通知工会后做出的解除劳动合同决定，并无违法之处，故对吴某某要求某公司支付违法解除劳动合同赔偿金的请求不予支持。

85. 劳动者在孕期严重违反单位的规章制度或严重失职给单位利益造成重大损害，用人单位能否解除劳动合同？

用人单位按照《劳动法》第二十五条的规定，即："（一）在试用期间被证明不符合录用条件的；（二）严重违反劳动纪律或者用人单位规章制度的；（三）严重失职，营私舞弊，对用人单位利益造成重大损害的；（四）被依法追究刑事责任的。"解除劳动合同是不受其他附加条件限制的，即使劳动者有《劳动法》第二十九条所列情形时，即："（一）患职业病或者因公负伤并被确认丧失或者部分丧失劳动能力的；（二）患病或者负伤，在规定的医疗期内的；（三）女职工在孕期、产期、哺乳期内的；（四）法律、行政法规规定的其他情形。"也不能对抗第二十五条的规定。因此，劳动者在孕期严重违纪或严重失职给单位利益造成重大损害，用人单位可以解除劳动合同。

以案释法101：陶某某与某电器（重庆）有限公司劳动争议案　重庆市九龙坡区人民法院（2013）九法民初字第14018号

案情简介：陶某某于2007年2月入职被告某电器（重庆）有限公司，从事质控检验工作。2013年2月，陶某某怀孕。4月10日至13日，在未向其聘用单位重庆某电器公司请假的情况下，陶某某连续4天未到岗。4月15日，电器公司出具解除劳动合同通知书，载明依据《员工离职管理办法》，连续旷工2天及以上按严重违反规章制度解聘，陶某某在通知书上签字。当年12月2日，陶某某申请劳动仲裁，要求电器公司支付违法解除劳动合同赔偿金，被驳回后其向法院起诉。

法院观点：用人单位是劳动者的管理者，因用人单位做出的解除劳动合同等发生的争议，应当由用人单位承担举证责任。用人单位在制定有关劳动者劳动纪律等直接涉及劳动者切身利益的规章制度时，应当经职代会或全体职工讨论，协商确定，并应将该规章制度进行公示或者告知劳动者。被告举示的职工代表大会通知、签到表、会议纪要证明了被告单位的《员工离职管理办法》经过民主程序制定，而原告在管理制度培训记录上签字，该培训记录中关于旷工2天以上，按严重违反规章制度解除劳动合同的处理意见与《员工离职管理办法》中的内容一致，因此，被告举示的证据能够证明原告应当知晓被告单位的相关规章制度。

我国《女职工劳动保护特别规定》中规定了用人单位不得因女职工怀孕与其解除劳动关系。但在本案中，被告是以原告旷工为由解除劳动关系。我国劳动合同法规定女职工在孕期内，用人单位不能通过提前三十日书面形式告知或额外支付一个月工资解除劳动关系，也不能经济性裁员解除劳动合同。但我国劳动合同法同时也规定了劳动者严重违反用人单位的规章制度，用人单位可以解除劳动关系。原告作为被告单位员工，应接受被告的管理。如果因为怀孕身体不适暂时不能上班，也应当按照被告单位的规章制度履行相关手续。原告未举示证据证明已向被告履行了请假手续，也未证明未上班的事由。而被告举示的《违反规章制度调查报告》中有原告的签名，虽然原告对签名不予认可，但经法庭释明，原告也未申请进行笔迹鉴定，应当承担举证不能的法律后果。本院对被告举示的《违反规章制度调查报告》依法予以确认。因此，被告以原告旷工为由解除劳动关系并无不妥。用人单位单方解除劳动合同，应当事先将理由通知工会。被告举示的《违反规章制度调查报告》显示有被告单位工会的同意意见。原告也签收了被告解除劳动关系的相关通知，被告解除劳动关系的程序合法。

综上，被告以原告旷工为由单方解除劳动关系依据充分，事实清楚，程序合法，原告请求被告支付违法解除劳动关系的赔偿金理由不成立，本院依法不予支持。

86. 对女同事进行性骚扰的，用人单位能否以严重违反单位规章制度为由解除劳动合同？

根据《劳动合同法》第四条、第三十九条、第四十三条，《最高人民法院关于审理劳动争议案件适用法律问题的解释（一）》第五十条第一款的规定，用人单位只有在符合法定实体条件的情形下，经过法定程序解除与劳动者签订的劳动合同才构成合法解除。用人单位做出的开除、除名、辞退、解除劳动合同，对是否符合法定的实体条件和法定的程序要件负有举证的责任。同时，用人单位依照其制定的规章制度，已向劳动者公示的，才能作为人民法院确定双方权利义务的依据。因此，企业的规章制度必须同时符合“民主程序制定、合法、公示或告知劳动者”三个条件，方可作为确定双方权利义务的依据。另外，用人单位单方面解除劳动合同，应当事先将理由通知工会。否则，用人单位以此做出的决定无效，并构成违法解除劳动合同。

依照《民法典》第一千零一十条第二款，《妇女权益保障法》[①] 第二十三条第一款，《女职工劳动保护特别规定》第十一条的规定，禁止违背妇女意愿，以言语、文字、图像、肢体行为等方式对其实施性骚扰。企业应防止和制止利用职权、从属关系等实施对女职工的性骚扰。对于劳动者利用与女职工的上下从属关系，采用摸手、挨擦、撩衣服、揪脸和言语等方式进行骚扰，严重违反公司规章制度的，用人单位有权解除劳动合同，不支付违法解除劳动合同赔偿金。

以案释法 102：黄某诉重庆某公司劳动争议案　重庆市万州区人民法院（2023）渝 0101 民初 12337 号

案情简介：2020 年 3 月，黄某入职重庆某公司担任副总经理一职。2020 年 12 月 11 日，重庆某公司制定《员工行为准则及奖惩制度》。2023 年 2 月 9 日，重庆某公司组织职工和工会代表协商制定《员工手册》，黄某作为公司代表参与协商，各方均同意将《员工基本职规》《奖惩条例》《同事关系法则》《员工轮岗管理制度》相关内容，纳入《员工手册》，黄某在会议纪要上签字。同时，重庆某公司公开张贴上述规定。《员工行为准则及奖惩制度》规定：尊重他人名誉、人格和隐私，严禁危害职工人身安全或骚扰女职工；骚扰女职工的，予以辞退、解除劳动合同，并保留追究经济赔偿责任的权利。《奖惩条例》规定：滋扰或骚扰女职工的予以开除。在工作期间，黄某利用职务便利，经常以不雅言语和不良肢体行为对部门的女职工进行骚扰，导致多名女职工离职。经公司工会进行相关调查

① 《中华人民共和国妇女权益保障法》本书简称《妇女权益保障法》。

后，根据黄某的行为、公司的制度及劳动合同的约定，于2023年4月26日以黄某严重违反劳动合同及违章制度为由解除其劳动关系。双方发生纠纷后，已经劳动争议仲裁。黄某对仲裁裁决不服，向法院起诉。请求判令：由重庆某公司支付黄某违法解除劳动合同的赔偿金。

法院观点：首先，重庆某公司已组织职工代表、资方代表和该公司工会对《员工行为准则及奖惩制度》《员工基本职规》《奖惩条例》和《同事关系法则》等规章制度进行讨论，并已向员工公示。故，上述规定应当作为确定黄某与重庆某公司之间权利义务的依据。其次，重庆某公司提供的证据，能够证明黄某利用与女职工的从属关系、工作便利，采用摸手、挨擦、撩衣服、揪脸和言语等方式实施职场骚扰。黄某对女职工进行骚扰具有隐蔽性，女职工因难以启齿而未向重庆某公司反映或者报警亦属常情。因此，黄某抗辩被骚扰女职工未报警，认为重庆某公司认定其骚扰女职工事实不成立的意见，不予采纳。黄某的行为已严重违反重庆某公司的相关规章制度，该公司据此解除其劳动合同合法。因此，对黄某要求重庆某公司支付违法解除劳动合同赔偿金的请求不予支持。

87. 企业破产或倒闭，单位需支付经济补偿吗？

用人单位被依法宣告破产的；用人单位被吊销营业执照、责令关闭、撤销或者用人单位决定提前解散的，用人单位应当向劳动者支付经济补偿。

在上述情况下，劳动合同无法履行而不得不终止，是基于用人单位方面的原因而非劳动者过错造成的，因此用人单位向劳动者支付经济补偿是天经地义的事情。对于破产财产的清偿顺序，优先清偿职工工资、社保费用，其次支付经济补偿金，剩余财产再清偿其他债权。

以案释法103：北京市天某商贸有限责任公司等劳动争议　北京市高级人民法院（2022）京民终667号

案情简介：焦某于2005年2月1日入职天某公司，双方签订了多份劳动合同，最后一份劳动合同期限至2019年12月31日。天某公司自2019

年 4 月起经营困难，未正常发放焦某工资。2020 年天某公司被债权人申请进入破产程序。焦某主张其劳动关系持续至 2021 年 3 月 30 日，期间仍为公司提供部分劳动，而天某公司主张双方劳动关系于 2019 年 12 月 31 日终止。双方对是否应支付劳动补偿金产生争议。天某公司主张劳动关系自然终止，无须支付劳动补偿金，而焦某认为应当支付劳动补偿金。

法院观点：焦某解除与天某公司的劳动关系的情形符合《劳动合同法》第三十八条第一款第二项和第三项的规定，天某公司应当向劳动者支付经济补偿。对于经济补偿的标准，《劳动合同法》第四十七条第三款规定，本条所称月工资是指劳动者在劳动合同解除或者终止前十二个月的平均工资，本案中，焦某在劳动合同解除时的前十二个月，天某公司处于非正常经营状态，焦某该期间的月工资以北京市最低工资标准确定。考虑到经济补偿是用人单位对劳动者以往为单位做出贡献的补偿，是对劳动者过去劳动内容和劳动成果的肯定，如果以北京市最低工资标准作为焦某的经济补偿计算基数，将有违经济补偿的上述性质。因此，以焦某能够正常提供劳动且距离合同解除时最近年份的月工资标准确定经济补偿金额更为妥当。

88. 公司强行给员工“放假”或“待岗”，劳动者可以辞职并要求公司补偿吗？

根据《劳动合同法》第三十八条规定，单位未按照劳动合同约定提供劳动保护或者劳动条件的，劳动者可以解除劳动合同。如果单位安排劳动者工作的环境和工作条件恶劣，存在安全隐患或漏洞，有可能给劳动者的安全带来威胁；或者劳动者的工作环境与劳动合同约定的内容不符，劳动者都可以以此理由提出解除劳动合同。

用人单位随意强行给员工“放假”或“待岗”，无疑剥夺了劳动者的工作权利，让劳动者失去赖以工作的基本条件，因此可视为未提供劳动条件。故用人单位应当向劳动者支付经济补偿。

以案释法 104：郝某与南京天某化学工程有限公司、天某化工机械及自动化研究设计院有限公司追索劳动报酬纠纷经济补偿金案 江苏省南京市中级人民法院（2018）苏 01 民终 1422 号

案情简介：郝某系南京天某化学工程有限公司员工，于 2001 年 8 月 1 日入职，从事产品研发设计工作，职称为高级工程师。2016 年 12 月 29 日，公司向郝某送达待岗通知书，声明因部门机构精简和岗位调整，经研究决定郝某自 2017 年 1 月 1 日起待岗，待岗期间工资待遇参照单位《员工工资管理办法》等规定发放。之后，公司不再安排郝某工作，郝某每天前往人事部指定的空白桌椅处出勤。郝某认为待岗期间工资待遇降低，且其人格尊严未受到尊重。故向公司发出解除劳动关系通知书，声明公司无理由停止其工作，未提供正常劳动条件，要求解除劳动关系。2017 年 3 月 29 日，郝革申请仲裁要求公司支付解除劳动合同经济补偿。仲裁委员会决定终结审理后，郝某向法院起诉。

法院观点：用人单位根据生产经营状况做出人员调整决策，是其享有经营自主权的应有之义，但企业行使相应的用工管理权时，也应受到权利不得滥用原则的限制。天某公司将郝某由原设计师岗位调整至人事部门空白桌椅处待岗，不安排任何工作，同时降低工资待遇，且不告知待岗的期限，上述行为使得郝某的专业技能受损，收入水平明显降低，人格尊严也未受到尊重，已经达到一般劳动者无法容忍的程度，进而妨碍劳动合同目的的实现，故天某公司的待岗决定不具有合理性。即便郝某在待岗期间实际出勤超过一个月，也不能弥补变更劳动合同应当协商一致并以书面形式确定的要件缺失，认定天某公司单方变更劳动合同的行为无效，郝某因此被迫解除劳动合同，有权要求天某公司赔偿收入损失并支付经济补偿金。

以案释法 105：邓某、某物流（深圳）有限公司江阴分公司经济补偿金纠纷案 江苏省无锡市中级人民法院（2022）苏 02 民终 4992 号

案情简介：邓某于 2014 年 2 月 11 日入职某江阴分公司，签订了固定期限的劳动合同自 2019 年 2 月起至 2022 年 2 月 9 日止，岗位为叉车工。2021 年 2 月 18 日，某江阴分公司向邓发出停工停产通知，称因疫情影响订单减少，决定自2021年2月18日起对邓某停工停产，期限暂定至2021年8月31日，期间按法律规定发放工资，并要求其完成工作交接。若公司业务恢复将通知复工，逾期未报到视为自动离职。邓某收到通知后，于2021年2月21日发函要求公司3日内提供劳动岗位，否则以“未按合同提供劳动条件”为由解除劳动关系并索要经济补偿金。公司未予回应。2021年6月8日，邓某申请劳动仲裁，要求支付经济补偿金。江阴市劳动仲裁委裁决驳回请求后，邓某诉至江阴市法院。

法院观点：一审法院认为，某江阴分公司于2021年2月18日向邓某发出停工停产通知，载明了停工停产原因及停工期限，并依法支付了相应的工资，某江阴分公司并非故意不提供劳动岗位。用人单位未按照劳动合同约定提供劳动保护或者劳动条件的，劳动者可以提出解除劳动合同，用人单位应当向劳动者支付经济补偿。但劳动者以上述理由解除劳动合同，应当通知用人单位解除劳动合同并说明理由。劳动者未履行告知程序，事后又要求用人单位支付经济补偿的，不予支持。本案中，邓某收到某江阴分公司发出的停工停产通知后，于2021年2月21日发出“解除劳动关系通知”，但该通知载明的内容是要求某江阴分公司限期提供劳动岗位，否则本人有权提出解除劳动关系并要求经济补偿金，在该通知中，邓某并未行使解除权，只是说明有权解除劳动合同。在某江阴分公司收到通知后，仍未提供劳动岗位的情形下，邓某也未在仲裁前向某江阴分公司提出解除劳动合同并告知理由。因此，邓某要求某江阴分公司支付经济补偿金的诉讼请求于法无据，不予支持。

二审法院认为，根据《劳动合同法》第四十六条规定，劳动者依照本法第三十八条规定解除劳动合同的，用人单位应当向劳动者支付经济补偿。第三十八条规定的情形包括：未按照劳动合同约定提供劳动保护或者劳动条件的；未及时足额支付劳动报酬等。本案中，某江阴分公司于2021年2月18日向邓某发出停工停产通知，载明了停工停产原因及停工期限，并依法支付了相应的工资，某江阴分公司并非故意不向邓某提供劳动岗位，故邓某诉请某江阴分公司支付经济补偿金于法无据。一审判决认定事实清楚，适用法律正确，应予维持。

89. 劳动者主动解除劳动合同，要提前多久向用人单位提出？未提前向用人单位提出，需要承担什么后果？

一般情况下，劳动者要求解除劳动合同，应通过与用人单位协商一致或提前三十日以书面形式通知用人单位，可以解除劳动合同。对于试用期员工，《劳动法》第三十二条规定，在试用期内的劳动者可以随时通知用人单位解除劳动合同。《劳动合同法》第三十七条规定，劳动者在试用期内提前三日通知用人单位，可以解除劳动合同。两者在规定上略有不同，目前司法实践中一般认为，试用期内应提前三日通知用人单位即可解除劳动合同。此外，符合《劳动法》第三十二条、《劳动合同法》第三十八条规定的，劳动者可以随时向用人单位提出解除劳动合同。除上述情况之外，劳动者以其他形式提出解除劳动合同，均属违法，应承担相应的法律责任。

以案释法 106：王某某与北京某出租汽车有限责任公司劳动争议　北京市第三中级人民法院（2020）京 03 民终 13407 号

案情简介：王某某入职某公司，从事网约车司机工作，某公司（甲方）与王某某（乙方）签订劳动协议书和车辆租赁协议。租用期为 2019 年 3 月 6 日至 2023 年 3 月 5 日；甲、乙双方约定，乙方每月不迟于 10 日向甲方交纳当月租金 8100 元。2019 年 10 月 21 日，王某某将车单方交还给某公司。某公司向法院提出诉讼，请求法院判决王某某支付公司车辆停运经济损失。

法院观点：根据《中华人民共和国劳动合同法》第三十七条规定：“劳动者提前三十日以书面形式通知用人单位，可以解除劳动合同……”王某某违反上述规定应赔偿某公司的合理经济损失，具体到本案，给用人单位造成的损失为某公司重新安置人员接手该车辆期间造成的车辆停运损失，法院按照一个月车辆租金进行酌定。

90. 劳动合同解除后，用人单位和劳动者的附随义务有哪些？

所谓附随义务，是指合同解除或终止后，当事人依诚实信用原则应负有的某种作为或不作为义务，如通知、协助、保密义务。在劳动合同解除或终止后，尽管双方当事人不再有履行劳动合同的权利义务，但并不意味着当事人不再承担其他义务。相反，当事人还应承担依诚信所产生的各种附随义务，即后合同义务。具体来说包括：

第一，当事人具有通知的义务，即一方当事人依照法律的规定或合同约定主张解除或终止劳动合同的，应当通知对方，劳动合同自通知到达对方时解除或终止。

第二，用人单位应当自解除或者终止劳动合同之日起十五日内，为劳动者办理档案和社会保险转移手续，并为需要办理失业登记的劳动者出具解除或者终止劳动合同的证明，返还劳动者寄存的财产；用人单位须支付经济补偿金的，应当在办理工作交接时向劳动者支付。

第三，劳动者应当按照双方约定，按照忠实的要求，结束其正在进行的事务，对紧急事务作应急处理；同时，应当按照双方的约定，办理工作交接，对原归其保管的物品，在交接前负责继续保管。

第四，用人单位对已经解除或者终止的劳动合同的文本，至少保存二年备查。

第五，劳动者对其在劳动关系存续期间得知的商业秘密，在劳动合同终止后一定期限内应当继续保密，并遵守竞业禁止的相关规定。

以案释法 107：重庆某科技有限公司诉李某兵劳动争议案 重庆市第五中级人民法院（2023）渝 05 民终 8769 号

案情简介：2020 年 12 月 1 日，重庆某科技有限公司与李某兵订立劳动合同，约定李某兵承担研发工作，合同期限 3 年；离职应当办理工作交接手续，交还工具、技术资料等，造成损失应当据实赔偿等内容。2022 年 2 月 15 日，李某兵向某科技公司提出辞职后随即离开，且拒不办理工作交接手续。某科技公司通过启动备用方案、招聘人员、委托设计等措施补救研发项目，但因研发设计进度延误、迟延交付样机，向第三方承担了违约责任。某科技公司申请仲裁，要求李某兵赔偿损失等。仲裁委员会不予受理。某科技公司遂起诉，请求法院判令李某兵赔偿公司相应损失，并返还其在公司工作期间完成的全套研发设计资料。

法院观点：劳动者单方解除劳动合同时，应当遵循诚信原则，根据《劳动合同法》的规定提前通知用人单位，并办理交接手续，便于用人单位继续开展研发工作。研发人员拒不履行工作交接义务，给用人单位造成损失的，应当依法承担相应赔偿责任。李某兵作为某科技公司的研发人员，未提前三十日通知某科技公司即自行离职，且拒绝办理交接手续，其行为违反了《劳动合同法》第三十七条“劳动者提前三十日以书面形式通知用人单位，可以解除劳动合同”的规定，应当按照第九十条有关劳动者赔偿责任的规定对某公司的损失承担赔偿责任。审理法院综合考量李某兵参与研发的时间、离职的时间、本人工资水平等因素，酌定李某兵赔偿某科技公司损失 50 000 元。

第九章　劳动争议仲裁与诉讼程序

91. 什么是劳动争议？

劳动争议，是指劳动关系当事人之间因劳动权利和劳动义务发生分歧而引起的争议，包括因执行劳动法或履行劳动合同、集体合同的规定而引起的争议和因制定或变更劳动条件而产生的争议。劳动争议不同于一般的民事纠纷和经济纠纷，其法律特征是：（1）劳动争议必须是劳动法律关系主体之间的争议，它只能发生在企业、事业单位、社会团体等用人单位和与之形成劳动关系的劳动者之间。（2）劳动争议必须是因执行劳动法律法规或履行劳动合同、集体合同而引起的争议。从劳动争议的内容上分，劳动争议可分为因执行国家有关工资、保险、福利、职业培训、劳动保护的规定发生的争议；因履行劳动合同发生的争议；因用人单位开除、除名、辞退职工和职工辞职、自动离职发生的争议等。从劳动争议主体上分，劳动争议分为个人劳动争议、集体劳动争议。

《最高人民法院关于审理劳动争议案件适用法律问题的解释（一）》第二条规定，下列纠纷不属于劳动争议：

（1）劳动者请求社会保险经办机构发放社会保险金的纠纷；

（2）劳动者与用人单位因住房制度改革产生的公有住房转让纠纷；

（3）劳动者对劳动能力鉴定委员会的伤残等级鉴定结论或者对职业病诊断鉴定委员会的职业病诊断鉴定结论的异议纠纷；

（4）家庭或者个人与家政服务人员之间的纠纷；

（5）个体工匠与帮工、学徒之间的纠纷；

（6）农村承包经营户与受雇人之间的纠纷。

92. 如何区别劳动争议与人事争议？

人事争议在适用范围和处理程序上均有不同于劳动争议之处。人事争议主要包括：

（1）实施公务员法的机关与聘任制公务员之间、参照《中华人民共和国公务员法》[①] 管理的机关（单位）与聘任工作人员之间因履行聘任合同发生的争议；

（2）事业单位与工作人员之间因解除人事关系、履行聘用合同发生的争议；

（3）社团组织与工作人员之间因解除人事关系、履行聘用合同发生的争议；

（4）军队聘用单位与文职人员之间因履行聘用合同发生的争议；

（5）依照法律、法规规定可以仲裁的其他人事争议。

人事争议发生后，当事人可以协商解决；不愿协商或者协商不成的，可以向主管部门申请调解，其中军队聘用单位与文职人员的人事争议，可以向聘用单位的上一级单位申请调解；不愿调解或调解不成的，可以向人事争议仲裁委员会申请仲裁。当事人也可以直接向人事争议仲裁委员会申请仲裁。当事人对仲裁裁决不服的，可以向人民法院提起诉讼。

93. 发生劳动争议，劳动者维权的程序一般是怎么样？

发生劳动争议，劳动者可以与用人单位协商，也可以请工会或者第三方共同与用人单位协商，达成和解协议。当事人不愿协商、协商不成或者达成和解协议后不履行的，可以向调解组织申请调解；不愿调解、调解不成或者达成调解协议后不履行的，可以向劳动争议仲裁委员会申请仲裁；对仲裁裁决不服的，除《劳动法》另有规定的外，可以向人民法院提起诉讼。因此，劳动争议的解决，概括起来就是：协商和调解、仲裁前置、先裁后审。

---

① 《中华人民共和国公务员法》本书简称《公务员法》。

94. 劳动调解一般内容和程序是什么?

发生劳动争议，当事人可以到调解组织申请调解。

1. 调解组织

《劳动法》规定的调解组织，只有用人单位内部设立的调解委员会，而《劳动争议调解仲裁法》规定的可以对劳动争议进行调解的调解组织有以下三类：

（1）企业劳动争议调解委员会；

（2）依法设立的基层人民调解组织；

（3）在乡镇、街道设立的具有劳动争议调解职能的组织。其中，对于企业内部的劳动争议调解委员会，《劳动争议调解仲裁法》的规定与《劳动法》的规定基本相同，即企业劳动争议调解委员会由职工代表和企业代表组成。职工代表由工会成员担任或者由全体职工推举产生，企业代表由企业负责人指定。企业劳动争议调解委员会主任由工会成员或者双方推举的人员担任。

2. 调解人员

对于调解人员，《劳动争议调解仲裁法》进行了要求，即劳动争议调解组织的调解员应当由公道正派、联系群众、热心调解工作，并具有一定法律知识、政策水平和文化水平的成年公民担任。

3. 调解的启动

调解需经当事人申请。当事人申请劳动争议调解可以书面申请，也可以口头申请。口头申请的，调解组织应当当场记录申请人基本情况、申请调解的争议事项、理由和时间。

4. 调解期限

对于调解的期限，《劳动争议调解仲裁法》规定为 15 天，自劳动争议调解组织收到调解申请之日起 15 日内未达成调解协议的，当事人可以依法申请仲裁。达成调解协议后，一方当事人在协议约定期限内不履行调解协议的，另一方当事人可以依法申请仲裁。需要说明的是，劳动调解并非劳动仲裁的前置条件。当事人也可不经过调解，直接选择仲裁。

5. 调解协议书的效力

对于调解协议书的效力，应当从以下两个方面来认识：首先，《劳动争议调解仲裁法》规定，经调解达成协议的，应当制作调解协议书，调解协议书由双方当事人签名或者盖章，经调解员签名并加盖调解组织印章后生效，对双方当事人具有约束力，当事人应当履行。但是，调解协议书并不具有强制执行的效力，也就是说，在当事人一方不履行调解协议时，另一方当事人不能申请强制执行，只能在仲裁期限内申请仲裁；其次，根据《劳动争议调解仲裁法》第十六条规定，对于因支付拖欠劳动报酬、工伤医疗费、经济补偿或者赔偿金事项达成的调解协议，用人单位在协议约定的期限内不履行的，劳动者可以持调解协议书依法向人民法院申请支付令，人民法院应当依法发出支付令。

95. 劳动仲裁一般规定和程序是什么？

1. 劳动争议仲裁委员会的设立

劳动争议仲裁委员会按照统筹规划、合理布局和适应实际需要的原则设立。省、自治区人民政府可以决定在市、县设立；直辖市人民政府可以决定在区、县设立。直辖市、设区的市也可以设立一个或者若干个劳动争议仲裁委员会。劳动争议仲裁委员会不按行政区划层层设立。

2. 劳动争议仲裁委员会的组成和职责

劳动争议仲裁委员会由劳动行政部门代表、工会代表和企业方面代表组成。劳动争议仲裁委员会组成人员应当是单数。劳动争议仲裁委员会依法履行下列职责：

（1）聘任、解聘专职或者兼职仲裁员；

（2）受理劳动争议案件；

（3）讨论重大或者疑难的劳动争议案件；

（4）对仲裁活动进行监督。

3. 对仲裁员的规定

担任劳动争议仲裁委员会的仲裁员应当公道正派并符合下列条件

之一：

（1）曾任审判员的；

（2）从事法律研究、教学工作并具有中级以上职称的；

（3）具有法律知识、从事人力资源管理或者工会等专业工作满五年的；

（4）律师执业满三年的。

4. 劳动争议仲裁委员会的管辖

劳动争议仲裁委员会负责管辖本区域内发生的劳动争议。劳动争议由劳动合同履行地或者用人单位所在地的劳动争议仲裁委员会管辖。双方当事人分别向劳动合同履行地和用人单位所在地的劳动争议仲裁委员会申请仲裁的，由劳动合同履行地的劳动争议仲裁委员会管辖。

5. 劳动仲裁的时效

《劳动争议调解仲裁法》规定劳动争议申请仲裁的时效期间为一年。仲裁时效期间从当事人知道或者应当知道其权利被侵害之日起计算。上述仲裁时效，因当事人一方向对方当事人主张权利，或者向有关部门请求权利救济，或者对方当事人同意履行义务而中断。从中断时起，仲裁时效期间重新计算。因不可抗力或者有其他正当理由，当事人不能在本条一年的仲裁时效期间申请仲裁的，仲裁时效中止。从中止时效的原因消除之日起，仲裁时效期间继续计算。劳动关系存续期间因拖欠劳动报酬发生争议的，劳动者申请仲裁不受本条一年仲裁时效期间的限制；但是，劳动关系终止的，应当自劳动关系终止之日起一年内提出。

6. 审理裁决时限

仲裁庭裁决劳动争议案件，应当自劳动争议仲裁委员会受理仲裁申请之日起四十五日内结束。案情复杂需要延期的，经劳动争议仲裁委员会主任批准，可以延期并书面通知当事人，但是延长期限不得超过十五日。

7. 其他规定

《劳动争议调解仲裁法》对劳动争议仲裁的主体（包括当事人、第三人、委托代理人、法定代理人）、仲裁前程序、开庭及裁决程序等都进行了详细的规定，具体可以参考《劳动争议调解仲裁法》第二十二至四十六条的相关规定，这里不再赘述。

96. 二倍工资的仲裁时效应该如何理解？

二倍工资制度是《劳动合同法》为督促用人单位与劳动者签订书面劳动合同而设立的一项重要制度，但其仲裁时效问题在实践中存在诸多争议。《劳动合同法》中所称的“二倍工资”中，加付的一倍工资并不属于劳动报酬，因此不适用《劳动争议调解仲裁法》第二十七条第四款关于劳动报酬的特殊时效规定（劳动关系存续期间不受时效限制），而应适用该条第一款一年普通仲裁时效的规定。但是，对于仲裁时效起算点，目前司法实践中并未完全统一，主要有两种观点：

1. 逐月计算：从每月应得二倍工资届满之日起分别计算；
2. 整体计算：从违法行为结束之日起统一计算。

目前逐月计算为主流观点，尤其在经济发达地区（如北京、广东、上海）更为普遍；整体计算在部分省份（如山东、江苏）仍有适用空间。

以案释法 108：山东某电梯股份有限公司与邹某某劳动争议案　山东省高级人民法院（2015）鲁民提字第 521 号

案情简介：邹某某 2011 年 11 月 16 日入职山东某电梯公司，双方未签订书面劳动合同。2013 年 6 月 27 日劳动关系解除后，邹某某申请仲裁，主张 2011 年 12 月 16 日至 2012 年 11 月 15 日期间的二倍工资差额。仲裁支持部分请求，公司不服诉至法院。

法院观点：用人单位支付劳动者未签订劳动合同双倍工资的责任可视为同一合同项下约定的具有整体性和关联性的定期给付之债，仲裁时效期间从最后履行期限届满之日起算。本案某电梯公司支付双倍工资的最后履行期限届满之日为 2012 年 11 月 15 日，从该日开始计算邹某某申请仲裁的时效期间，邹某某于 2013 年 6 月 27 日申请仲裁未超过 1 年的仲裁时效期间。原审分段计算仲裁时效不当，应予纠正。

以案释法109：刘某与上海某实业有限公司劳动合同纠纷　上海市高级人民法院（2022）沪民再10号

案情简介：刘某于2015年8月8日与上海某实业有限公司签订劳动合同，合同期限自2015年8月8日至2016年8月8日，合同约定综合底薪1万元/月，底薪加提成保底年薪25万元。2016年8月8日，劳动合同到期，某公司未与刘某续签劳动合同，但刘某继续在某公司工作至2017年8月2日。期间，刘某的工资实际按照每月1万元的标准发放，某公司未按合同约定的保底年薪25万元标准支付工资。2017年11月9日，刘某因某公司未及时足额支付劳动报酬、未依法缴纳社会保险费用，向某公司发出解除劳动关系通知书，并于2017年11月22日申请仲裁，要求某公司支付工资差额、未签订书面劳动合同二倍工资差额及解除劳动合同经济补偿金等。

法院观点："二倍工资"惩罚性赔偿责任的起算时间为用工之日起满一个月的次日，截止时间为满一年的前一日；满一年的当日起，视为双方已订立了无固定期限劳动合同，期间的二倍工资请求，则不予支持。本案当事人刘某与张某于2015年8月8日签订书面劳动合同，期限自2015年8月8日至2016年8月8日。根据《劳动合同法实施条例》第七条的规定，刘某有权向某公司主张自用工之日起满一个月的次日，即2016年9月9日，至满一年的前一日，即2017年8月7日，每月两倍的工资。满一年的当日2017年8月8日起，双方视为订立了无固定期限劳动合同，该时间节点后的二倍工资，刘某则无权主张。又，根据《劳动争议调解仲裁法》第二十七条规定："劳动争议申请仲裁的时效期间为一年。仲裁时效期间从当事人知道或者应当知道其权利被侵害之日起计算。"刘某主张二倍工资的时效期间截止日为2017年9月8日，本案刘某于2017年11月22日方提出仲裁申请，故2016年9月9日起至2016年11月21日期间的二倍工资主张已超过时效期间，依法不应予以支持，但2016年11月22日至2017年8月2日期间的二倍工资，应予保护。

97. 劳动者向人民法院提起劳动争议诉讼时应当提交哪些证据材料?

（1）原告、被告方基本情况的证据材料，自然人的应证明姓名、出生年月日、民族、工作单位、户籍所在地、现居住地、身份证号码，企业、个体经济组织、国家机关、事业单位、社会团体的应证明其工商登记情况或法人登记情况及其组织机构代码；

（2）劳动仲裁申诉人向劳动仲裁委员会提交的“申诉书”；

（3）劳动仲裁委员会做出的仲裁裁决书或不予受理的书面裁定、决定、通知；

（4）原告收到仲裁裁决、决定或通知的时间的相关证据材料；

（5）当事人以劳动仲裁委员会逾期未做出受理决定而直接向人民法院提起诉讼的，劳动者应提交劳动仲裁委员会出具的已接受其申请材料的凭证及尚未受理的证明。

98. 当事人因工资支付发生争议的，举证责任如何分配?

（1）用人单位应就劳动者已领取工资的情况进行举证。

（2）用人单位延期支付工资，劳动者主张用人单位系无故拖欠工资的，用人单位应就延期支付工资的原因进行举证。

（3）劳动者主张工资标准高于劳动合同约定或已实际领取的工资数额的，劳动者应就其主张的工资标准举证。

（4）因用人单位减少劳动报酬发生争议，由用人单位负举证责任。

（5）劳动者与用人单位约定业务提成在货款收回后才支付的，对货款收回的举证责任由劳动者负担。

（6）劳动者主张加班工资，用人单位否认有加班的，劳动者应就其存在加班事实或用人单位掌握加班事实存在证据承担举证责任；劳动者已举证证明其存在加班事实或用人单位掌握加班事实存在证据的，用人单位应就劳动者申请劳动仲裁之日前两年内的工作时间承担举证责任。

（7）用人单位考勤记录虽无劳动者签名，但有其他证据（如经劳动者确认的工资支付凭证等）相佐证的，可作为认定劳动者工作时间的证据。

99. 当事人劳动合同的订立与解除发生争议的，举证责任如何分配？

（1）当事人主张订立无固定期限劳动合同的，应就订立无固定期限劳动合同条件成立举证；

（2）当事人主张存在解除劳动合同或存在解除事实劳动关系事实的，应就此主张举证；

（3）用人单位解除劳动关系的，应就其解除原因举证；

（4）用人单位主张劳动者严重违反劳动纪律或企业规章制度的，应就劳动者存在严重违反劳动纪律或企业规章制度的事实以及企业规章制度经过民主程序制定并已向劳动者公示的事实举证。

（5）劳动者称系被用人单位提出解除劳动合同或劳动关系，用人单位辩称系劳动者提出解除劳动合同或劳动关系，但双方均未提交证据证明其主张，则应根据谁主张谁举证的原则处理。

100. 劳动争议仲裁过程中，用人单位可能出现逃匿、转移财产等情形时该如何处理？

劳动争议仲裁过程中，用人单位可能出现逃匿、转移财产等情形的，劳动者可以向劳动争议仲裁委员会提出财产保全申请，由仲裁委员会将保全申请书等提交法院。劳动者的申请符合《民事诉讼法》① 第九十三条规定的，人民法院依法做出财产保全裁定。对于申请财产保全的劳动者，如确因经济困难无法提供财产担保的，人民法院可减轻或免除劳动者的担保义务，确有必要的可由劳动者提供保证人担保。劳动者在仲裁裁决生效或者人民法院裁判生效后三个月内未申请人民法院强制执行的，用人单位要求解除保全的，人民法院应当解除保全措施。

---

① 《中华人民共和国民事诉讼法》本书简称《民事诉讼法》。

以案释法110：钟某某、广东某科技股份有限公司劳动争议　广东省广州市越秀区人民法院（2019）粤0104财保232号

案情简介：钟某某于2019年7月2日向广州市劳动人事争议仲裁委员会申请财产保全，请求查封、扣押或冻结被申请人广东某科技股份有限公司名下价值45 352元的财产。2019年7月2日，广州市劳动人事争议仲裁委员会将保全申请书等提交法院。

法院观点：广州市劳动人事争议仲裁委员会已受理申请人钟某某与被申请人广东某科技股份有限公司之间的劳动争议案，申请人提出的财产保全申请符合法律的规定。依照《仲裁法》第二十八条、《民事诉讼法》第一百零二条、第一百零三条第一款、第一百五十四条第一款第（四）项的规定，裁定如下：查封、扣押或冻结被申请人广东某科技股份有限公司名下价值45 352元的财产。案件申请费474元，由申请人钟某某负担。本裁定书送达后立即执行。如不服本裁定，可以向本院申请复议一次。复议期间不停止裁定的执行。

第十章　维权工具箱

1. 仲裁案件法律文书模板

当事人提交材料清单（立案）

	序号	材料名称	份数	每份页数	原件或复印件	提交（√）
申请人	1	申请书				
	2	身份证明材料（自然人）				
	3	营业执照或工商登记资料等主体信息资料（法人、其他组织）				
	4	法定代表人或负责人身份证明书（法人、其他组织）				
委托代理人	5	授权委托书				
	6	律师执业证/实习证（律师、实习律师）或身份证（公民）				
	7	律师事务所函				
被申请人	8	身份证明材料（自然人）				
	9	营业执照或工商登记资料等主体信息资料（法人、其他组织）				
证据材料	10	详见《证据目录》				
其他材料						

申请人：

提交人：　　　　　　　　　　联系电话：

签收人：　　　　　　　　　　签收时间：

仲裁申请书

申请人：____

（自然人格式）身份证号码：____________________________

（法人或其他组织格式）统一社会信用代码：__________________

住所：______________________ 电话：______________

（法人或其他组织格式）法定代表人/负责人：________ 职务：___

被申请人：______________________________________

（自然人格式）身份证号码：____________________________

（法人或其他组织格式）统一社会信用代码：__________________

住所：______________________ 电话：______________

（法人或其他组织格式）法定代表人/负责人：________ 职务：___

（提示：如有两个以上的申请人或被申请人，请按照上述格式分列第一申请人、第二申请人，第一被申请人、第二被申请人，依此类推。）

仲裁依据：

1.《××合同》（××年×月×日）：第×条……

2. ……

（应写明仲裁协议名称或仲裁条款所属合同名称、签订时间、仲裁条款的具体内容，多个仲裁条款请依次列明。涉外案件未就仲裁地、仲裁语言达成协议的，申请人可以提出有关建议。）

仲裁请求：（多个仲裁请求请依次列明）

一、……

二、……

事实与理由：

……

（此部分应写明争议合同的签订情况、与仲裁请求有关的条款内容、双方履行合同的事实及依据、提出仲裁请求的合同依据及法律依据等。）

此致

××××仲裁院

申请人：

（签字或盖章）

年　　月　　日

授权委托书

委托单位：____

法定代表人：____________________ 职务：______________

受委托人：1. 姓名：_________ 证件号码：________________

工作单位及职务：________________ 电话：______________

2. 姓名：___________________ 证件号码：______________

工作单位及职务：________________ 电话：______________

现委托上列受委托人在我方与_______________之间_________________________纠纷一案中，作为我方的仲裁代理人。

_______________的代理权限为（在选定方式的“□”内打“√”）：

一般授权□

特别授权□**包含一般授权权限及以下所有权限**

□代为签署仲裁申请书

□代为提出、承认、变更、撤回、放弃仲裁请求（反请求）

□代为约定仲裁庭组成方式、选定仲裁员

□代为和解、调解

□其他：____________________________________

委托单位（盖章）：

法定代表人（签名或签章）：

年　　月　　日

（提示：每一方当事人委托的仲裁代理人可以有两名以上，所有参加庭审的人员均应有有效的授权委托书。）

证据目录

受案号：

序号	证据名称	证明内容	份数	页码	备注
1					
2					
3					

注：以上证据均为复印件。（原件、打印件或光盘等请特别注明，未填写完时可用续页）

除上述格式外，也可根据法律关系的构成要件分组列明。

提交方（□申请人　□被申请人）：

提交人：　　　　　　　　　　　　　　联系电话：

签收人：　　　　　　　　　　　　　　签收时间：

和解协议

甲方：×××

乙方：×××

甲、乙双方因______________________（要写明交易的范围和内容）发生争议，在×××××调解中心调解下，自愿达成如下和解协议：

一、……

二、……

三、本案仲裁费用由甲/乙方承担/甲方承担____%、乙方承担____%

四、双方同意，任何一方均有权将本和解协议提交××仲裁院，根据和解协议的内容做出仲裁调解书/裁决书。

五、双方声明，本协议为双方当事人经协商一致自愿签订，反映了双方的真实意思表示；本协议的内容不存在任何损害国家、集体或第三人合法权益的情形；否则，双方愿承担一切由此导致的有关责任。

六、本协议自双方签章之日起生效，对双方当事人均有约束力。

七、本协议一式____份，甲、乙方各执两份，并向×××仲裁院提交____份。

甲方：　　　　　　　　　　　　　　　　乙方：

年　月　日　　　　　　　　　　　　　　年　月　日

2. 诉讼案件法律文书模板

民事起诉状

原告：姓名，性别，××年××月××日出生，民族，住××市××路××号，身份证号码：××××××××××××××××××，联系电话：13×××××××××

委托代理人：姓名，×××律师事务所律师，联系电话：13×××××××××，律师执业证：××××××××××××××××××

原告：××市×××有限公司

地址：××市××区××路×号

统一社会信用代码：××××××××××××××××××

法定代表人：姓名，代表人联系电话：137××××××××

委托代理人：姓名，×××律师事务所律师，律师执业证：××××××××××××××××××××，联系电话：138××××××××

被告：××市××有限公司

地址：××市××区××路×号

组织机构代码：×××××××××

法定代表人：姓名　代表人联系电话：137××××××××

被告：姓名，性别，××年××月××日出生，民族，住××市××路××号，身份证号码：××××××××××××××××××，联系电话：137××××××××

诉讼请求：

1. ××××××××××××。

2. ×××××××××××。

……

事实与理由：

××××××××××××××××××××××××××××

××。

此致

××××××人民法院

起诉人：××（签名）

（起诉人是法人或其他组织的，需要法定代表人签名及加盖单位公章）

××××年××月××日

民事上诉状

上诉人：××有限公司，统一社会信用代码×××，住所地×××，法定代表人：×××。

被上诉人：×××，男，×年×月×日出生，汉族，住址×××，公民身份号码×××。

上诉人与被上诉人×××纠纷一案，不服×××区人民法院做出的×××号民事判决书，现特向贵院提起上诉。

上诉请求：

一、依法撤销××××；

二、本案一审、二审诉讼费由被上诉人承担；

三、……。

事实和理由：

××××××

此致

×××中级人民法院

上诉人：

年　　月　　日

授权委托书

<table>
<tr><td>委托人</td><td></td><td>住所地</td><td></td></tr>
<tr><td>受委托人</td><td></td><td>手机号</td><td></td></tr>
<tr><td>受委托人</td><td></td><td>手机号</td><td></td></tr>
<tr><td>工作单位</td><td colspan="3"></td></tr>
<tr><td>单位地址</td><td colspan="3"></td></tr>
<tr><td>委托事项</td><td colspan="3">现委托上列受委托人在与____________________纠纷一案中，作为诉讼代理人。本委托书有效期自即日起至______________止。</td></tr>
<tr><td>代理人权限</td><td colspan="3">代理人权限：
□一般授权：
特别授权：
□1. 代为提起诉讼，代为提起财产保全；
□2. 提起反诉或者上诉；
□3. 代为收集和提供证据材料；
□4. 代为申请延长举证期限，代为申请调取证据等；
□5. 代为出庭参加庭审，申请回避，进行质证并发表辩论意见；
□6. 代为承认、变更、放弃诉讼请求；
□7. 代为协商谈判，进行和解或调解；
□8. 代收代签本案的有关法律文书；
□9. 代为申请执行、和解、领取执行款；
□10. 代为申请退费；
□11. 代为提起再审；
□12. 代办本案其他相关法律事务。</td></tr>
<tr><td colspan="4">委托人：
时间：　年　月　日</td></tr>
</table>

缓交诉讼费用申请书

申请人：×××

申请事项：

请求贵院依法准许申请人缓交　（案号）　的案件受理费×××元。

事实和理由：

×年×月×日，申请人收到贵法院发送的交纳诉讼费用通知书，要求收到该通知后七天内预交案件受理费××元。

（……主要填写经济困难的事实……）。

根据《中华人民共和国民事诉讼法》第一百二十一条第二款及《诉讼费用交纳办法》第四十四条，当事人交纳诉讼费用确有困难的，可申请缓交、减交或免交。申请人当前的经济状况符合“确有困难”的情形，特此申请缓交诉讼费用，以保障诉讼程序的正常进行。

鉴于上述事实与理由，申请人恳请贵院充分考虑申请人的实际困难，批准缓交本案诉讼费用，并给予申请人合理的缓交期限。申请人承诺在经济状况改善后，及时补交诉讼费用，确保诉讼程序的顺利推进。

此致

×××人民法院

申请人：

×年×月×日

财产保全申请书

申请人：×××

被申请人：×××

请求事项：

冻结被申请人银行存款×××元或查封扣押其相等于该价值的财产。

事实和理由：

申请人与被申请人×××纠纷一案，申请人已向贵院提起诉讼。为防止被申请人在诉讼期间转移财产，防止申请人的合法权益受到难以弥补的损害，使得案件审结后能够顺利执行，申请人依据《最高人民法院关于适用〈中华人民共和国民事诉讼法〉的解释》第一百五十九条规定："债务人的财产不能满足保全请求，但对他人有到期债权的，人民法院可以依债权人的申请裁定该他人不得对本案债务人清偿。该他人要求偿付的，由人民法院提存财物或者价款。"向贵院提出财产保全申请，请予以准许。

此致

×××人民法院

申请人：×××

×年×月×日

财产线索：

1. 开户行：××银行　开户名：××　账号：××
2. ×××小区×栋×单元××号房产
3. 微信号：×××
4. 支付宝账号：×××
5. ……
6. ……

执行申请书

一、执行主体

申请执行人：×××。

被执行人一：××有限公司，住所地：××，统一社会信用代码：××。法定代表人：××。

被执行人二：××，男，×年×月×日出生，户籍地址：×××，公民身份号码：×××。

二、执行依据

作出执行依据单位：×××区人民法院、×××中级人民法院

申请执行根据：××区人民法院××号民事判决书、××中级人民法院××号民事判决书。

执行依据生效日期：×年×月×日

申请执行标的金额：××元

执行依据裁判主文：

一审判决：

×××。

二审判决：

×××。

三、申请执行事项

×××。

四、申请执行依据的诉讼案件保全情况

（ ）无。

（ ）有。请填写诉讼案件案号或保全实施案号，已查封扣押冻结财

产清单及期限。

五、财产线索

（　）无。

（　）有。请填写财产线索具体情况。

此致

××区人民法院

申请执行人：

×年×月×日

解除限制高消费措施申请书

申请人：×××，男/女，汉族，×××年××月××日出生，住所地：××××，公民身份号码：××××，联系手机：××××

被执行人：×××，男/女，汉族，×××年×月×日出生，住所地：××××，公民身份号码：××××，联系手机：××××

申请事项

请求贵院依法解除对被执行人×××的限制高消费措施。

事实与理由

申请人×××与被执行人×××合同纠纷（可根据具体纠纷情况填写）一案，经审理，××人民法院做出××××××（案号）民事判决，该判决已经发生法律效力。因被执行人×××未在指定期间履行生效法律文书确定的给付义务，申请人×××向贵院申请强制执行，贵院做出（×××）×0×0×执××××号限制消费令。

现被执行人×××已经履行全部义务，具体如下：（详细说明被执行人的履行情况，还款或提供担保等，如被执行人×××于××年××月××日通过银行转账方式向申请人支付了全部债务款项，共计人民币××元。）鉴于上述情况，限制被执行人高消费的目的已经达到，继续限制其高消费可能会对其生活和工作造成不必要的影响。因此，特向法院申请解除对被执行人×××的限制高消费措施。

请贵院予以批准！

此致

××人民法院

申请人：

年 月 日

第十一章　相关法律法规

中华人民共和国劳动法

（1994 年 7 月 5 日第八届全国人民代表大会常务委员会第八次会议通过　根据 2009 年 8 月 27 日第十一届全国人民代表大会常务委员会第十次会议《关于修改部分法律的决定》第一次修正　根据 2018 年 12 月 29 日第十三届全国人民代表大会常务委员会第七次会议《关于修改〈中华人民共和国劳动法〉等七部法律的决定》第二次修正）

第一章　总则

第一条　为了保护劳动者的合法权益，调整劳动关系，建立和维护适应社会主义市场经济的劳动制度，促进经济发展和社会进步，根据宪法，制定本法。

第二条　在中华人民共和国境内的企业、个体经济组织（以下统称用人单位）和与之形成劳动关系的劳动者，适用本法。

国家机关、事业组织、社会团体和与之建立劳动合同关系的劳动者，依照本法执行。

第三条　劳动者享有平等就业和选择职业的权利、取得劳动报酬的权利、休息休假的权利、获得劳动安全卫生保护的权利、接受职业技能培训的权利、享受社会保险和福利的权利、提请劳动争议处理的权利以及法律规定的其他劳动权利。

劳动者应当完成劳动任务，提高职业技能，执行劳动安全卫生规程，遵守劳动纪律和职业道德。

第四条　用人单位应当依法建立和完善规章制度，保障劳动者享有劳动权利和履行劳动义务。

第五条　国家采取各种措施，促进劳动就业，发展职业教育，制定劳动标准，调节社会收入，完善社会保险，协调劳动关系，逐步提高劳动者的生活水平。

第六条　国家提倡劳动者参加社会义务劳动，开展劳动竞赛和合理化建议活动，鼓励和保护劳动者进行科学研究、技术革新和发明创造，表彰和奖励劳动模范和先进工作者。

第七条　劳动者有权依法参加和组织工会。

工会代表和维护劳动者的合法权益，依法独立自主地开展活动。

第八条　劳动者依照法律规定，通过职工大会、职工代表大会或者其他形式，参与民主管理或者就保护劳动者合法权益与用人单位进行平等协商。

第九条　国务院劳动行政部门主管全国劳动工作。

县级以上地方人民政府劳动行政部门主管本行政区域内的劳动工作。

第二章　促进就业

第十条　国家通过促进经济和社会发展，创造就业条件，扩大就业机会。

国家鼓励企业、事业组织、社会团体在法律、行政法规规定的范围内兴办产业或者拓展经营，增加就业。

国家支持劳动者自愿组织起来就业和从事个体经营实现就业。

第十一条　地方各级人民政府应当采取措施，发展多种类型的职业介绍机构，提供就业服务。

第十二条　劳动者就业，不因民族、种族、性别、宗教信仰不同而受歧视。

第十三条　妇女享有与男子平等的就业权利。在录用职工时，除国家规定的不适合妇女的工种或者岗位外，不得以性别为由拒绝录用妇女或者提高对妇女的录用标准。

第十四条　残疾人、少数民族人员、退出现役的军人的就业，法律、法规有特别规定的，从其规定。

第十五条　禁止用人单位招用未满十六周岁的未成年人。

文艺、体育和特种工艺单位招用未满十六周岁的未成年人，必须遵守国家有关规定，并保障其接受义务教育的权利。

第三章　劳动合同和集体合同

第十六条　劳动合同是劳动者与用人单位确立劳动关系、明确双方权利和义务的协议。

建立劳动关系应当订立劳动合同。

第十七条　订立和变更劳动合同，应当遵循平等自愿、协商一致的原则，不得违反法律、行政法规的规定。

劳动合同依法订立即具有法律约束力，当事人必须履行劳动合同规定的义务。

第十八条　下列劳动合同无效：

（一）违反法律、行政法规的劳动合同；

（二）采取欺诈、威胁等手段订立的劳动合同。

无效的劳动合同，从订立的时候起，就没有法律约束力。确认劳动合同部分无效的，如果不影响其余部分的效力，其余部分仍然有效。

劳动合同的无效，由劳动争议仲裁委员会或者人民法院确认。

第十九条　劳动合同应当以书面形式订立，并具备以下条款：

（一）劳动合同期限；

（二）工作内容；

（三）劳动保护和劳动条件；

（四）劳动报酬；

（五）劳动纪律；

（六）劳动合同终止的条件；

（七）违反劳动合同的责任。

劳动合同除前款规定的必备条款外，当事人可以协商约定其他内容。

第二十条　劳动合同的期限分为有固定期限、无固定期限和以完成一定的工作为期限。

劳动者在同一用人单位连续工作满十年以上，当事人双方同意续延劳动合同的，如果劳动者提出订立无固定期限的劳动合同，应当订立无固定期限的劳动合同。

第二十一条　劳动合同可以约定试用期。试用期最长不得超过六个月。

第二十二条　劳动合同当事人可以在劳动合同中约定保守用人单位商业秘密的有关事项。

第二十三条　劳动合同期满或者当事人约定的劳动合同终止条件出现，劳动合同即行终止。

第二十四条　经劳动合同当事人协商一致，劳动合同可以解除。

第二十五条　劳动者有下列情形之一的，用人单位可以解除劳动合同：

（一）在试用期间被证明不符合录用条件的；

（二）严重违反劳动纪律或者用人单位规章制度的；

（三）严重失职，营私舞弊，对用人单位利益造成重大损害的；

（四）被依法追究刑事责任的。

第二十六条　有下列情形之一的，用人单位可以解除劳动合同，但是应当提前三十日以书面形式通知劳动者本人：

（一）劳动者患病或者非因工负伤，医疗期满后，不能从事原工作也不能从事由用人单位另行安排的工作的；

（二）劳动者不能胜任工作，经过培训或者调整工作岗位，仍不能胜任工作的；

（三）劳动合同订立时所依据的客观情况发生重大变化，致使原劳动合同无法履行，经当事人协商不能就变更劳动合同达成协议的。

第二十七条　用人单位濒临破产进行法定整顿期间或者生产经营状况

发生严重困难，确需裁减人员的，应当提前三十日向工会或者全体职工说明情况，听取工会或者职工的意见，经向劳动行政部门报告后，可以裁减人员。

用人单位依据本条规定裁减人员，在六个月内录用人员的，应当优先录用被裁减的人员。

第二十八条　用人单位依据本法第二十四条、第二十六条、第二十七条的规定解除劳动合同的，应当依照国家有关规定给予经济补偿。

第二十九条　劳动者有下列情形之一的，用人单位不得依据本法第二十六条、第二十七条的规定解除劳动合同：

（一）患职业病或者因工负伤并被确认丧失或者部分丧失劳动能力的；

（二）患病或者负伤，在规定的医疗期内的；

（三）女职工在孕期、产期、哺乳期内的；

（四）法律、行政法规规定的其他情形。

第三十条　用人单位解除劳动合同，工会认为不适当的，有权提出意见。如果用人单位违反法律、法规或者劳动合同，工会有权要求重新处理；劳动者申请仲裁或者提起诉讼的，工会应当依法给予支持和帮助。

第三十一条　劳动者解除劳动合同，应当提前三十日以书面形式通知用人单位。

第三十二条　有下列情形之一的，劳动者可以随时通知用人单位解除劳动合同：

（一）在试用期内的；

（二）用人单位以暴力、威胁或者非法限制人身自由的手段强迫劳动的；

（三）用人单位未按照劳动合同约定支付劳动报酬或者提供劳动条件的。

第三十三条　企业职工一方与企业可以就劳动报酬、工作时间、休息休假、劳动安全卫生、保险福利等事项，签订集体合同。集体合同草案应当提交职工代表大会或者全体职工讨论通过。

集体合同由工会代表职工与企业签订；没有建立工会的企业，由职工推举的代表与企业签订。

第三十四条　集体合同签订后应当报送劳动行政部门；劳动行政部门自收到集体合同文本之日起十五日内未提出异议的，集体合同即行生效。

第三十五条　依法签订的集体合同对企业和企业全体职工具有约束力。职工个人与企业订立的劳动合同中劳动条件和劳动报酬等标准不得低于集体合同的规定。

第四章　工作时间和休息休假

第三十六条　国家实行劳动者每日工作时间不超过八小时、平均每周工作时间不超过四十四小时的工时制度。

第三十七条　对实行计件工作的劳动者，用人单位应当根据本法第三十六条规定的工时制度合理确定其劳动定额和计件报酬标准。

第三十八条　用人单位应当保证劳动者每周至少休息一日。

第三十九条　企业因生产特点不能实行本法第三十六条、第三十八条规定的，经劳动行政部门批准，可以实行其他工作和休息办法。

第四十条　用人单位在下列节日期间应当依法安排劳动者休假：

（一）元旦；

（二）春节；

（三）国际劳动节；

（四）国庆节；

（五）法律、法规规定的其他休假节日。

第四十一条　用人单位由于生产经营需要，经与工会和劳动者协商后可以延长工作时间，一般每日不得超过一小时；因特殊原因需要延长工作时间的，在保障劳动者身体健康的条件下延长工作时间每日不得超过三小时，但是每月不得超过三十六小时。

第四十二条　有下列情形之一的，延长工作时间不受本法第四十一条规定的限制：

（一）发生自然灾害、事故或者因其他原因，威胁劳动者生命健康和财产安全，需要紧急处理的；

（二）生产设备、交通运输线路、公共设施发生故障，影响生产和公众利益，必须及时抢修的；

（三）法律、行政法规规定的其他情形。

第四十三条　用人单位不得违反本法规定延长劳动者的工作时间。

第四十四条　有下列情形之一的，用人单位应当按照下列标准支付高于劳动者正常工作时间工资的工资报酬：

（一）安排劳动者延长工作时间的，支付不低于工资的百分之一百五十的工资报酬；

（二）休息日安排劳动者工作又不能安排补休的，支付不低于工资的百分之二百的工资报酬；

（三）法定休假日安排劳动者工作的，支付不低于工资的百分之三百的工资报酬。

第四十五条　国家实行带薪年休假制度。

劳动者连续工作一年以上的，享受带薪年休假。具体办法由国务院规定。

第五章　工资

第四十六条　工资分配应当遵循按劳分配原则，实行同工同酬。

工资水平在经济发展的基础上逐步提高。国家对工资总量实行宏观调控。

第四十七条　用人单位根据本单位的生产经营特点和经济效益，依法自主确定本单位的工资分配方式和工资水平。

第四十八条　国家实行最低工资保障制度。最低工资的具体标准由省、自治区、直辖市人民政府规定，报国务院备案。

用人单位支付劳动者的工资不得低于当地最低工资标准。

第四十九条　确定和调整最低工资标准应当综合参考下列因素：

（一）劳动者本人及平均赡养人口的最低生活费用；

（二）社会平均工资水平；

（三）劳动生产率；

（四）就业状况；

（五）地区之间经济发展水平的差异。

第五十条　工资应当以货币形式按月支付给劳动者本人。不得克扣或者无故拖欠劳动者的工资。

第五十一条　劳动者在法定休假日和婚丧假期间以及依法参加社会活动期间，用人单位应当依法支付工资。

第六章　劳动安全卫生

第五十二条　用人单位必须建立、健全劳动安全卫生制度，严格执行国家劳动安全卫生规程和标准，对劳动者进行劳动安全卫生教育，防止劳动过程中的事故，减少职业危害。

第五十三条　劳动安全卫生设施必须符合国家规定的标准。

新建、改建、扩建工程的劳动安全卫生设施必须与主体工程同时设计、同时施工、同时投入生产和使用。

第五十四条　用人单位必须为劳动者提供符合国家规定的劳动安全卫生条件和必要的劳动防护用品，对从事有职业危害作业的劳动者应当定期进行健康检查。

第五十五条　从事特种作业的劳动者必须经过专门培训并取得特种作业资格。

第五十六条　劳动者在劳动过程中必须严格遵守安全操作规程。

劳动者对用人单位管理人员违章指挥、强令冒险作业，有权拒绝执行；对危害生命安全和身体健康的行为，有权提出批评、检举和控告。

第五十七条　国家建立伤亡事故和职业病统计报告和处理制度。县级以上各级人民政府劳动行政部门、有关部门和用人单位应当依法对劳动者在劳动过程中发生的伤亡事故和劳动者的职业病状况，进行统计、报告和处理。

第七章　女职工和未成年工特殊保护

第五十八条　国家对女职工和未成年工实行特殊劳动保护。

未成年工是指年满十六周岁未满十八周岁的劳动者。

第五十九条　禁止安排女职工从事矿山井下、国家规定的第四级体力劳动强度的劳动和其他禁忌从事的劳动。

第六十条　不得安排女职工在经期从事高处、低温、冷水作业和国家规定的第三级体力劳动强度的劳动。

第六十一条　不得安排女职工在怀孕期间从事国家规定的第三级体力劳动强度的劳动和孕期禁忌从事的劳动。对怀孕七个月以上的女职工，不得安排其延长工作时间和夜班劳动。

第六十二条　女职工生育享受不少于九十天的产假。

第六十三条　不得安排女职工在哺乳未满一周岁的婴儿期间从事国家规定的第三级体力劳动强度的劳动和哺乳期禁忌从事的其他劳动，不得安排其延长工作时间和夜班劳动。

第六十四条　不得安排未成年工从事矿山井下、有毒有害、国家规定的第四级体力劳动强度的劳动和其他禁忌从事的劳动。

第六十五条　用人单位应当对未成年工定期进行健康检查。

第八章　职业培训

第六十六条　国家通过各种途径，采取各种措施，发展职业培训事业，开发劳动者的职业技能，提高劳动者素质，增强劳动者的就业能力和工作能力。

第六十七条　各级人民政府应当把发展职业培训纳入社会经济发展的规划，鼓励和支持有条件的企业、事业组织、社会团体和个人进行各种形式的职业培训。

第六十八条　用人单位应当建立职业培训制度，按照国家规定提取和使用职业培训经费，根据本单位实际，有计划地对劳动者进行职业培训。

从事技术工种的劳动者，上岗前必须经过培训。

第六十九条　国家确定职业分类，对规定的职业制定职业技能标准，实行职业资格证书制度，由经备案的考核鉴定机构负责对劳动者实施职业技能考核鉴定。

第九章　社会保险和福利

第七十条　国家发展社会保险事业，建立社会保险制度，设立社会保险基金，使劳动者在年老、患病、工伤、失业、生育等情况下获得帮助和补偿。

第七十一条　社会保险水平应当与社会经济发展水平和社会承受能力相适应。

第七十二条　社会保险基金按照保险类型确定资金来源，逐步实行社会统筹。用人单位和劳动者必须依法参加社会保险，缴纳社会保险费。

第七十三条　劳动者在下列情形下，依法享受社会保险待遇：

（一）退休；

（二）患病、负伤；

（三）因工伤残或者患职业病；

（四）失业；

（五）生育。

劳动者死亡后，其遗属依法享受遗属津贴。

劳动者享受社会保险待遇的条件和标准由法律、法规规定。

劳动者享受的社会保险金必须按时足额支付。

第七十四条　社会保险基金经办机构依照法律规定收支、管理和运营社会保险基金，并负有使社会保险基金保值增值的责任。

社会保险基金监督机构依照法律规定，对社会保险基金的收支、管理和运营实施监督。

社会保险基金经办机构和社会保险基金监督机构的设立和职能由法律规定。

任何组织和个人不得挪用社会保险基金。

第七十五条　国家鼓励用人单位根据本单位实际情况为劳动者建立补充保险。

国家提倡劳动者个人进行储蓄性保险。

第七十六条　国家发展社会福利事业，兴建公共福利设施，为劳动者休息、休养和疗养提供条件。

用人单位应当创造条件，改善集体福利，提高劳动者的福利待遇。

第十章 劳动争议

第七十七条 用人单位与劳动者发生劳动争议，当事人可以依法申请调解、仲裁、提起诉讼，也可以协商解决。

调解原则适用于仲裁和诉讼程序。

第七十八条 解决劳动争议，应当根据合法、公正、及时处理的原则，依法维护劳动争议当事人的合法权益。

第七十九条 劳动争议发生后，当事人可以向本单位劳动争议调解委员会申请调解；调解不成，当事人一方要求仲裁的，可以向劳动争议仲裁委员会申请仲裁。当事人一方也可以直接向劳动争议仲裁委员会申请仲裁。对仲裁裁决不服的，可以向人民法院提起诉讼。

第八十条 在用人单位内，可以设立劳动争议调解委员会。劳动争议调解委员会由职工代表、用人单位代表和工会代表组成。劳动争议调解委员会主任由工会代表担任。

劳动争议经调解达成协议的，当事人应当履行。

第八十一条 劳动争议仲裁委员会由劳动行政部门代表、同级工会代表、用人单位方面的代表组成。劳动争议仲裁委员会主任由劳动行政部门代表担任。

第八十二条 提出仲裁要求的一方应当自劳动争议发生之日起六十日内向劳动争议仲裁委员会提出书面申请。仲裁裁决一般应在收到仲裁申请的六十日内作出。对仲裁裁决无异议的，当事人必须履行。

第八十三条 劳动争议当事人对仲裁裁决不服的，可以自收到仲裁裁决书之日起十五日内向人民法院提起诉讼。一方当事人在法定期限内不起诉又不履行仲裁裁决的，另一方当事人可以申请人民法院强制执行。

第八十四条 因签订集体合同发生争议，当事人协商解决不成的，当地人民政府劳动行政部门可以组织有关各方协调处理。

因履行集体合同发生争议，当事人协商解决不成的，可以向劳动争议仲裁委员会申请仲裁；对仲裁裁决不服的，可以自收到仲裁裁决书之日起十五日内向人民法院提起诉讼。

第十一章 监督检查

第八十五条 县级以上各级人民政府劳动行政部门依法对用人单位遵守劳动法律、法规的情况进行监督检查，对违反劳动法律、法规的行为有权制止，并责令改正。

第八十六条 县级以上各级人民政府劳动行政部门监督检查人员执行公务，有权进入用人单位了解执行劳动法律、法规的情况，查阅必要的资料，并对劳动场所进行检查。

县级以上各级人民政府劳动行政部门监督检查人员执行公务，必须出示证件，秉公执法并遵守有关规定。

第八十七条 县级以上各级人民政府有关部门在各自职责范围内，对用人单位遵守劳动法律、法规的情况进行监督。

第八十八条 各级工会依法维护劳动者的合法权益，对用人单位遵守劳动法律、法规的情况进行监督。

任何组织和个人对于违反劳动法律、法规的行为有权检举和控告。

第十二章 法律责任

第八十九条 用人单位制定的劳动规章制度违反法律、法规规定的，由劳动行政部门给予警告，责令改正；对劳动者造成损害的，应当承担赔偿责任。

第九十条 用人单位违反本法规定，延长劳动者工作时间的，由劳动行政部门给予警告，责令改正，并可以处以罚款。

第九十一条 用人单位有下列侵害劳动者合法权益情形之一的，由劳动行政部门责令支付劳动者的工资报酬、经济补偿，并可以责令支付赔偿金：

（一）克扣或者无故拖欠劳动者工资的；

（二）拒不支付劳动者延长工作时间工资报酬的；

（三）低于当地最低工资标准支付劳动者工资的；

（四）解除劳动合同后，未依照本法规定给予劳动者经济补偿的。

第九十二条　用人单位的劳动安全设施和劳动卫生条件不符合国家规定或者未向劳动者提供必要的劳动防护用品和劳动保护设施的，由劳动行政部门或者有关部门责令改正，可以处以罚款；情节严重的，提请县级以上人民政府决定责令停产整顿；对事故隐患不采取措施，致使发生重大事故，造成劳动者生命和财产损失的，对责任人员依照刑法有关规定追究刑事责任。

第九十三条　用人单位强令劳动者违章冒险作业，发生重大伤亡事故，造成严重后果的，对责任人员依法追究刑事责任。

第九十四条　用人单位非法招用未满十六周岁的未成年人的，由劳动行政部门责令改正，处以罚款；情节严重的，由市场监督管理部门吊销营业执照。

第九十五条　用人单位违反本法对女职工和未成年工的保护规定，侵害其合法权益的，由劳动行政部门责令改正，处以罚款；对女职工或者未成年工造成损害的，应当承担赔偿责任。

第九十六条　用人单位有下列行为之一，由公安机关对责任人员处以十五日以下拘留、罚款或者警告；构成犯罪的，对责任人员依法追究刑事责任：

（一）以暴力、威胁或者非法限制人身自由的手段强迫劳动的；

（二）侮辱、体罚、殴打、非法搜查和拘禁劳动者的。

第九十七条　由于用人单位的原因订立的无效合同，对劳动者造成损害的，应当承担赔偿责任。

第九十八条　用人单位违反本法规定的条件解除劳动合同或者故意拖延不订立劳动合同的，由劳动行政部门责令改正；对劳动者造成损害的，应当承担赔偿责任。

第九十九条　用人单位招用尚未解除劳动合同的劳动者，对原用人单位造成经济损失的，该用人单位应当依法承担连带赔偿责任。

第一百条　用人单位无故不缴纳社会保险费的，由劳动行政部门责令其限期缴纳；逾期不缴的，可以加收滞纳金。

第一百零一条　用人单位无理阻挠劳动行政部门、有关部门及其工作人员行使监督检查权，打击报复举报人员的，由劳动行政部门或者有关部门处以罚款；构成犯罪的，对责任人员依法追究刑事责任。

第一百零二条　劳动者违反本法规定的条件解除劳动合同或者违反劳动合同中约定的保密事项，对用人单位造成经济损失的，应当依法承担赔偿责任。

第一百零三条　劳动行政部门或者有关部门的工作人员滥用职权、玩忽职守、徇私舞弊，构成犯罪的，依法追究刑事责任；不构成犯罪的，给予行政处分。

第一百零四条　国家工作人员和社会保险基金经办机构的工作人员挪用社会保险基金，构成犯罪的，依法追究刑事责任。

第一百零五条　违反本法规定侵害劳动者合法权益，其他法律、行政法规已规定处罚的，依照该法律、行政法规的规定处罚。

第十三章　附则

第一百零六条　省、自治区、直辖市人民政府根据本法和本地区的实际情况，规定劳动合同制度的实施步骤，报国务院备案。

第一百零七条　本法自1995年1月1日起施行。

中华人民共和国劳动合同法

（2007年6月29日第十届全国人民代表大会常务委员会第二十八次会议通过　根据2012年12月28日第十一届全国人民代表大会常务委员会第三十次会议《关于修改〈中华人民共和国劳动合同法〉的决定》修正）

第一章　总则

第一条　为了完善劳动合同制度，明确劳动合同双方当事人的权利和义务，保护劳动者的合法权益，构建和发展和谐稳定的劳动关系，制定本法。

第二条　中华人民共和国境内的企业、个体经济组织、民办非企业单位等组织（以下称用人单位）与劳动者建立劳动关系，订立、履行、变更、解除或者终止劳动合同，适用本法。

国家机关、事业单位、社会团体和与其建立劳动关系的劳动者，订立、履行、变更、解除或者终止劳动合同，依照本法执行。

第三条　订立劳动合同，应当遵循合法、公平、平等自愿、协商一致、诚实信用的原则。

依法订立的劳动合同具有约束力，用人单位与劳动者应当履行劳动合同约定的义务。

第四条　用人单位应当依法建立和完善劳动规章制度，保障劳动者享有劳动权利、履行劳动义务。

用人单位在制定、修改或者决定有关劳动报酬、工作时间、休息休假、劳动安全卫生、保险福利、职工培训、劳动纪律以及劳动定额管理等直接涉及劳动者切身利益的规章制度或者重大事项时，应当经职工代表大会或者全体职工讨论，提出方案和意见，与工会或者职工代表平等协商确定。

在规章制度和重大事项决定实施过程中，工会或者职工认为不适当的，有权向用人单位提出，通过协商予以修改完善。

用人单位应当将直接涉及劳动者切身利益的规章制度和重大事项决定公示，或者告知劳动者。

第五条　县级以上人民政府劳动行政部门会同工会和企业方面代表，建立健全协调劳动关系三方机制，共同研究解决有关劳动关系的重大问题。

第六条　工会应当帮助、指导劳动者与用人单位依法订立和履行劳动合同，并与用人单位建立集体协商机制，维护劳动者的合法权益。

第二章　劳动合同的订立

第七条　用人单位自用工之日起即与劳动者建立劳动关系。用人单位应当建立职工名册备查。

第八条　用人单位招用劳动者时，应当如实告知劳动者工作内容、工作条件、工作地点、职业危害、安全生产状况、劳动报酬，以及劳动者要求了解的其他情况；用人单位有权了解劳动者与劳动合同直接相关的基本情况，劳动者应当如实说明。

第九条　用人单位招用劳动者，不得扣押劳动者的居民身份证和其他证件，不得要求劳动者提供担保或者以其他名义向劳动者收取财物。

第十条　建立劳动关系，应当订立书面劳动合同。

已建立劳动关系，未同时订立书面劳动合同的，应当自用工之日起一个月内订立书面劳动合同。

用人单位与劳动者在用工前订立劳动合同的，劳动关系自用工之日起建立。

第十一条　用人单位未在用工的同时订立书面劳动合同，与劳动者约定的劳动报酬不明确的，新招用的劳动者的劳动报酬按照集体合同规定的标准执行；没有集体合同或者集体合同未规定的，实行同工同酬。

第十二条　劳动合同分为固定期限劳动合同、无固定期限劳动合同和以完成一定工作任务为期限的劳动合同。

第十三条　固定期限劳动合同，是指用人单位与劳动者约定合同终止时间的劳动合同。

用人单位与劳动者协商一致，可以订立固定期限劳动合同。

第十四条　无固定期限劳动合同，是指用人单位与劳动者约定无确定终止时间的劳动合同。

用人单位与劳动者协商一致，可以订立无固定期限劳动合同。有下列情形之一，劳动者提出或者同意续订、订立劳动合同的，除劳动者提出订立固定期限劳动合同外，应当订立无固定期限劳动合同：

（一）劳动者在该用人单位连续工作满十年的；

（二）用人单位初次实行劳动合同制度或者国有企业改制重新订立劳动合同时，劳动者在该用人单位连续工作满十年且距法定退休年龄不足十年的；

（三）连续订立二次固定期限劳动合同，且劳动者没有本法第三十九条和第四十条第一项、第二项规定的情形，续订劳动合同的。用人单位自用工之日起满一年不与劳动者订立书面劳动合同的，视为用人单位与劳动者已订立无固定期限劳动合同。

第十五条　以完成一定工作任务为期限的劳动合同，是指用人单位与劳动者约定以某项工作的完成为合同期限的劳动合同。

用人单位与劳动者协商一致，可以订立以完成一定工作任务为期限的劳动合同。

第十六条　劳动合同由用人单位与劳动者协商一致，并经用人单位与劳动者在劳动合同文本上签字或者盖章生效。

劳动合同文本由用人单位和劳动者各执一份。

第十七条　劳动合同应当具备以下条款：

（一）用人单位的名称、住所和法定代表人或者主要负责人；

（二）劳动者的姓名、住址和居民身份证或者其他有效身份证件号码；

（三）劳动合同期限；

（四）工作内容和工作地点；

（五）工作时间和休息休假；

（六）劳动报酬；

（七）社会保险；

（八）劳动保护、劳动条件和职业危害防护；

（九）法律、法规规定应当纳入劳动合同的其他事项。

劳动合同除前款规定的必备条款外，用人单位与劳动者可以约定试用期、培训、保守秘密、补充保险和福利待遇等其他事项。

第十八条　劳动合同对劳动报酬和劳动条件等标准约定不明确，引发争议的，用人单位与劳动者可以重新协商；协商不成的，适用集体合同规定；没有集体合同或者集体合同未规定劳动报酬的，实行同工同酬；没有集体合同或者集体合同未规定劳动条件等标准的，适用国家有关规定。

第十九条 劳动合同期限三个月以上不满一年的，试用期不得超过一个月；劳动合同期限一年以上不满三年的，试用期不得超过二个月；三年以上固定期限和无固定期限的劳动合同，试用期不得超过六个月。

同一用人单位与同一劳动者只能约定一次试用期。

以完成一定工作任务为期限的劳动合同或者劳动合同期限不满三个月的，不得约定试用期。

试用期包含在劳动合同期限内。劳动合同仅约定试用期的，试用期不成立，该期限为劳动合同期限。

第二十条 劳动者在试用期的工资不得低于本单位相同岗位最低档工资或者劳动合同约定工资的百分之八十，并不得低于用人单位所在地的最低工资标准。

第二十一条 在试用期中，除劳动者有本法第三十九条和第四十条第一项、第二项规定的情形外，用人单位不得解除劳动合同。用人单位在试用期解除劳动合同的，应当向劳动者说明理由。

第二十二条 用人单位为劳动者提供专项培训费用，对其进行专业技术培训的，可以与该劳动者订立协议，约定服务期。

劳动者违反服务期约定的，应当按照约定向用人单位支付违约金。违约金的数额不得超过用人单位提供的培训费用。用人单位要求劳动者支付的违约金不得超过服务期尚未履行部分所应分摊的培训费用。

用人单位与劳动者约定服务期的，不影响按照正常的工资调整机制提高劳动者在服务期期间的劳动报酬。

第二十三条 用人单位与劳动者可以在劳动合同中约定保守用人单位的商业秘密和与知识产权相关的保密事项。

对负有保密义务的劳动者，用人单位可以在劳动合同或者保密协议中与劳动者约定竞业限制条款，并约定在解除或者终止劳动合同后，在竞业限制期限内按月给予劳动者经济补偿。劳动者违反竞业限制约定的，应当按照约定向用人单位支付违约金。

第二十四条 竞业限制的人员限于用人单位的高级管理人员、高级技术人员和其他负有保密义务的人员。竞业限制的范围、地域、期限由用人单位与劳动者约定，竞业限制的约定不得违反法律、法规的规定。

在解除或者终止劳动合同后，前款规定的人员到与本单位生产或者经营同类产品、从事同类业务的有竞争关系的其他用人单位，或者自己开业生产或者经营同类产品、从事同类业务的竞业限制期限，不得超过二年。

第二十五条　除本法第二十二条和第二十三条规定的情形外，用人单位不得与劳动者约定由劳动者承担违约金。

第二十六条　下列劳动合同无效或者部分无效：

（一）以欺诈、胁迫的手段或者乘人之危，使对方在违背真实意思的情况下订立或者变更劳动合同的；

（二）用人单位免除自己的法定责任、排除劳动者权利的；

（三）违反法律、行政法规强制性规定的。

对劳动合同的无效或者部分无效有争议的，由劳动争议仲裁机构或者人民法院确认。

第二十七条　劳动合同部分无效，不影响其他部分效力的，其他部分仍然有效。

第二十八条　劳动合同被确认无效，劳动者已付出劳动的，用人单位应当向劳动者支付劳动报酬。劳动报酬的数额，参照本单位相同或者相近岗位劳动者的劳动报酬确定。

第三章　劳动合同的履行和变更

第二十九条　用人单位与劳动者应当按照劳动合同的约定，全面履行各自的义务。

第三十条　用人单位应当按照劳动合同约定和国家规定，向劳动者及时足额支付劳动报酬。

用人单位拖欠或者未足额支付劳动报酬的，劳动者可以依法向当地人民法院申请支付令，人民法院应当依法发出支付令。

第三十一条　用人单位应当严格执行劳动定额标准，不得强迫或者变相强迫劳动者加班。用人单位安排加班的，应当按照国家有关规定向劳动者支付加班费。

第三十二条　劳动者拒绝用人单位管理人员违章指挥、强令冒险作业的，不视为违反劳动合同。

劳动者对危害生命安全和身体健康的劳动条件，有权对用人单位提出批评、检举和控告。

第三十三条　用人单位变更名称、法定代表人、主要负责人或者投资人等事项，不影响劳动合同的履行。

第三十四条　用人单位发生合并或者分立等情况，原劳动合同继续有效，劳动合同由承继其权利和义务的用人单位继续履行。

第三十五条　用人单位与劳动者协商一致，可以变更劳动合同约定的内容。变更劳动合同，应当采用书面形式。

变更后的劳动合同文本由用人单位和劳动者各执一份。

第四章　劳动合同的解除和终止

第三十六条　用人单位与劳动者协商一致，可以解除劳动合同。

第三十七条　劳动者提前三十日以书面形式通知用人单位，可以解除劳动合同。劳动者在试用期内提前三日通知用人单位，可以解除劳动合同。

第三十八条　用人单位有下列情形之一的，劳动者可以解除劳动合同：

（一）未按照劳动合同约定提供劳动保护或者劳动条件的；

（二）未及时足额支付劳动报酬的；

（三）未依法为劳动者缴纳社会保险费的；

（四）用人单位的规章制度违反法律、法规的规定，损害劳动者权益的；

（五）因本法第二十六条第一款规定的情形致使劳动合同无效的；

（六）法律、行政法规规定劳动者可以解除劳动合同的其他情形。

用人单位以暴力、威胁或者非法限制人身自由的手段强迫劳动者劳动的，或者用人单位违章指挥、强令冒险作业危及劳动者人身安全的，劳动者可以立即解除劳动合同，不需事先告知用人单位。

第三十九条　劳动者有下列情形之一的，用人单位可以解除劳动合同：

（一）在试用期间被证明不符合录用条件的；

（二）严重违反用人单位的规章制度的；

（三）严重失职，营私舞弊，给用人单位造成重大损害的；

（四）劳动者同时与其他用人单位建立劳动关系，对完成本单位的工作任务造成严重影响，或者经用人单位提出，拒不改正的；

（五）因本法第二十六条第一款第一项规定的情形致使劳动合同无效的；

（六）被依法追究刑事责任的。

第四十条　有下列情形之一的，用人单位提前三十日以书面形式通知劳动者本人或者额外支付劳动者一个月工资后，可以解除劳动合同：

（一）劳动者患病或者非因工负伤，在规定的医疗期满后不能从事原工作，也不能从事由用人单位另行安排的工作的；

（二）劳动者不能胜任工作，经过培训或者调整工作岗位，仍不能胜任工作的；

（三）劳动合同订立时所依据的客观情况发生重大变化，致使劳动合同无法履行，经用人单位与劳动者协商，未能就变更劳动合同内容达成协议的。

第四十一条　有下列情形之一，需要裁减人员二十人以上或者裁减不足二十人但占企业职工总数百分之十以上的，用人单位提前三十日向工会或者全体职工说明情况，听取工会或者职工的意见后，裁减人员方案经向劳动行政部门报告，可以裁减人员：

（一）依照企业破产法规定进行重整的；

（二）生产经营发生严重困难的；

（三）企业转产、重大技术革新或者经营方式调整，经变更劳动合同后，仍需裁减人员的；

（四）其他因劳动合同订立时所依据的客观经济情况发生重大变化，致使劳动合同无法履行的。

裁减人员时，应当优先留用下列人员：

（一）与本单位订立较长期限的固定期限劳动合同的；

（二）与本单位订立无固定期限劳动合同的；

（三）家庭无其他就业人员，有需要扶养的老人或者未成年人的。

用人单位依照本条第一款规定裁减人员，在六个月内重新招用人员的，应当通知被裁减的人员，并在同等条件下优先招用被裁减的人员。

第四十二条　劳动者有下列情形之一的，用人单位不得依照本法第四十条、第四十一条的规定解除劳动合同：

（一）从事接触职业病危害作业的劳动者未进行离岗前职业健康检查，或者疑似职业病病人在诊断或者医学观察期间的；

（二）在本单位患职业病或者因工负伤并被确认丧失或者部分丧失劳动能力的；

（三）患病或者非因工负伤，在规定的医疗期内的；

（四）女职工在孕期、产期、哺乳期的；

（五）在本单位连续工作满十五年，且距法定退休年龄不足五年的；

（六）法律、行政法规规定的其他情形。

第四十三条　用人单位单方解除劳动合同，应当事先将理由通知工会。用人单位违反法律、行政法规规定或者劳动合同约定的，工会有权要求用人单位纠正。用人单位应当研究工会的意见，并将处理结果书面通知工会。

第四十四条　有下列情形之一的，劳动合同终止：

（一）劳动合同期满的；

（二）劳动者开始依法享受基本养老保险待遇的；

（三）劳动者死亡，或者被人民法院宣告死亡或者宣告失踪的；

（四）用人单位被依法宣告破产的；

（五）用人单位被吊销营业执照、责令关闭、撤销或者用人单位决定提前解散的；

（六）法律、行政法规规定的其他情形。

第四十五条　劳动合同期满，有本法第四十二条规定情形之一的，劳动合同应当续延至相应的情形消失时终止。但是，本法第四十二条第二项规定丧失或者部分丧失劳动能力劳动者的劳动合同的终止，按照国家有关工伤保险的规定执行。

第四十六条　有下列情形之一的，用人单位应当向劳动者支付经济补偿：

（一）劳动者依照本法第三十八条规定解除劳动合同的；

（二）用人单位依照本法第三十六条规定向劳动者提出解除劳动合同并与劳动者协商一致解除劳动合同的；

（三）用人单位依照本法第四十条规定解除劳动合同的；

（四）用人单位依照本法第四十一条第一款规定解除劳动合同的；

（五）除用人单位维持或者提高劳动合同约定条件续订劳动合同，劳动者不同意续订的情形外，依照本法第四十四条第一项规定终止固定期限劳动合同的；

（六）依照本法第四十四条第四项、第五项规定终止劳动合同的；

（七）法律、行政法规规定的其他情形。

第四十七条　经济补偿按劳动者在本单位工作的年限，每满一年支付一个月工资的标准向劳动者支付。六个月以上不满一年的，按一年计算；不满六个月的，向劳动者支付半个月工资的经济补偿。

劳动者月工资高于用人单位所在直辖市、设区的市级人民政府公布的本地区上年度职工月平均工资三倍的，向其支付经济补偿的标准按职工月平均工资三倍的数额支付，向其支付经济补偿的年限最高不超过十二年。

本条所称月工资是指劳动者在劳动合同解除或者终止前十二个月的平均工资。

第四十八条　用人单位违反本法规定解除或者终止劳动合同，劳动者要求继续履行劳动合同的，用人单位应当继续履行；劳动者不要求继续履行劳动合同或者劳动合同已经不能继续履行的，用人单位应当依照本法第八十七条规定支付赔偿金。

第四十九条　国家采取措施，建立健全劳动者社会保险关系跨地区转移接续制度。

第五十条　用人单位应当在解除或者终止劳动合同时出具解除或者终止劳动合同的证明，并在十五日内为劳动者办理档案和社会保险关系转移手续。

劳动者应当按照双方约定，办理工作交接。用人单位依照本法有关规定应当向劳动者支付经济补偿的，在办结工作交接时支付。

用人单位对已经解除或者终止的劳动合同的文本，至少保存二年备查。

第五章　特别规定

第一节　集体合同

第五十一条　企业职工一方与用人单位通过平等协商，可以就劳动报酬、工作时间、休息休假、劳动安全卫生、保险福利等事项订立集体合同。集体合同草案应当提交职工代表大会或者全体职工讨论通过。

集体合同由工会代表企业职工一方与用人单位订立；尚未建立工会的用人单位，由上级工会指导劳动者推举的代表与用人单位订立。

第五十二条　企业职工一方与用人单位可以订立劳动安全卫生、女职工权益保护、工资调整机制等专项集体合同。

第五十三条　在县级以下区域内，建筑业、采矿业、餐饮服务业等行业可以由工会与企业方面代表订立行业性集体合同，或者订立区域性集体合同。

第五十四条　集体合同订立后，应当报送劳动行政部门；劳动行政部门自收到集体合同文本之日起十五日内未提出异议的，集体合同即行生效。

依法订立的集体合同对用人单位和劳动者具有约束力。行业性、区域性集体合同对当地本行业、本区域的用人单位和劳动者具有约束力。

第五十五条　集体合同中劳动报酬和劳动条件等标准不得低于当地人民政府规定的最低标准；用人单位与劳动者订立的劳动合同中劳动报酬和劳动条件等标准不得低于集体合同规定的标准。

第五十六条　用人单位违反集体合同，侵犯职工劳动权益的，工会可以依法要求用人单位承担责任；因履行集体合同发生争议，经协商解决不成的，工会可以依法申请仲裁、提起诉讼。

第二节　劳务派遣

第五十七条　经营劳务派遣业务应当具备下列条件：

（一）注册资本不得少于人民币二百万元；

（二）有与开展业务相适应的固定的经营场所和设施；

（三）有符合法律、行政法规规定的劳务派遣管理制度；

（四）法律、行政法规规定的其他条件。

经营劳务派遣业务，应当向劳动行政部门依法申请行政许可；经许可的，依法办理相应的公司登记。未经许可，任何单位和个人不得经营劳务派遣业务。

第五十八条　劳务派遣单位是本法所称用人单位，应当履行用人单位对劳动者的义务。劳务派遣单位与被派遣劳动者订立的劳动合同，除应当载明本法第十七条规定的事项外，还应当载明被派遣劳动者的用工单位以及派遣期限、工作岗位等情况。

劳务派遣单位应当与被派遣劳动者订立二年以上的固定期限劳动合同，按月支付劳动报酬；被派遣劳动者在无工作期间，劳务派遣单位应当按照所在地人民政府规定的最低工资标准，向其按月支付报酬。

第五十九条　劳务派遣单位派遣劳动者应当与接受以劳务派遣形式用工的单位（以下称用工单位）订立劳务派遣协议。劳务派遣协议应当约定派遣岗位和人员数量、派遣期限、劳动报酬和社会保险费的数额与支付方式以及违反协议的责任。

用工单位应当根据工作岗位的实际需要与劳务派遣单位确定派遣期限，不得将连续用工期限分割订立数个短期劳务派遣协议。

第六十条　劳务派遣单位应当将劳务派遣协议的内容告知被派遣劳动者。

劳务派遣单位不得克扣用工单位按照劳务派遣协议支付给被派遣劳动者的劳动报酬。

劳务派遣单位和用工单位不得向被派遣劳动者收取费用。

第六十一条　劳务派遣单位跨地区派遣劳动者的，被派遣劳动者享有的劳动报酬和劳动条件，按照用工单位所在地的标准执行。

第六十二条　用工单位应当履行下列义务：

（一）执行国家劳动标准，提供相应的劳动条件和劳动保护；

（二）告知被派遣劳动者的工作要求和劳动报酬；

（三）支付加班费、绩效奖金，提供与工作岗位相关的福利待遇；

（四）对在岗被派遣劳动者进行工作岗位所必需的培训；

（五）连续用工的，实行正常的工资调整机制。

用工单位不得将被派遣劳动者再派遣到其他用人单位。

第六十三条　被派遣劳动者享有与用工单位的劳动者同工同酬的权利。用工单位应当按照同工同酬原则，对被派遣劳动者与本单位同类岗位的劳动者实行相同的劳动报酬分配办法。用工单位无同类岗位劳动者的，参照用工单位所在地相同或者相近岗位劳动者的劳动报酬确定。

劳务派遣单位与被派遣劳动者订立的劳动合同和与用工单位订立的劳务派遣协议，载明或者约定的向被派遣劳动者支付的劳动报酬应当符合前款规定。

第六十四条　被派遣劳动者有权在劳务派遣单位或者用工单位依法参加或者组织工会，维护自身的合法权益。

第六十五条　被派遣劳动者可以依照本法第三十六条、第三十八条的规定与劳务派遣单位解除劳动合同。

被派遣劳动者有本法第三十九条和第四十条第一项、第二项规定情形的，用工单位可以将劳动者退回劳务派遣单位，劳务派遣单位依照本法有关规定，可以与劳动者解除劳动合同。

第六十六条　劳动合同用工是我国的企业基本用工形式。劳务派遣用工是补充形式，只能在临时性、辅助性或者替代性的工作岗位上实施。

前款规定的临时性工作岗位是指存续时间不超过六个月的岗位；辅助性工作岗位是指为主营业务岗位提供服务的非主营业务岗位；替代性工作岗位是指用工单位的劳动者因脱产学习、休假等原因无法工作的一定期间内，可以由其他劳动者替代工作的岗位。

用工单位应当严格控制劳务派遣用工数量，不得超过其用工总量的一定比例，具体比例由国务院劳动行政部门规定。

第六十七条　用人单位不得设立劳务派遣单位向本单位或者所属单位派遣劳动者。

第三节　非全日制用工

第六十八条　非全日制用工，是指以小时计酬为主，劳动者在同一用人单位一般平均每日工作时间不超过四小时，每周工作时间累计不超过二十四小时的用工形式。

第六十九条　非全日制用工双方当事人可以订立口头协议。

从事非全日制用工的劳动者可以与一个或者一个以上用人单位订立劳动合同；但是，后订立的劳动合同不得影响先订立的劳动合同的履行。

第七十条　非全日制用工双方当事人不得约定试用期。

第七十一条　非全日制用工双方当事人任何一方都可以随时通知对方终止用工。终止用工，用人单位不向劳动者支付经济补偿。

第七十二条　非全日制用工小时计酬标准不得低于用人单位所在地人民政府规定的最低小时工资标准。

非全日制用工劳动报酬结算支付周期最长不得超过十五日。

第六章　监督检查

第七十三条　国务院劳动行政部门负责全国劳动合同制度实施的监督管理。

县级以上地方人民政府劳动行政部门负责本行政区域内劳动合同制度实施的监督管理。

县级以上各级人民政府劳动行政部门在劳动合同制度实施的监督管理工作中，应当听取工会、企业方面代表以及有关行业主管部门的意见。

第七十四条　县级以上地方人民政府劳动行政部门依法对下列实施劳动合同制度的情况进行监督检查：

（一）用人单位制定直接涉及劳动者切身利益的规章制度及其执行的情况；

（二）用人单位与劳动者订立和解除劳动合同的情况；

（三）劳务派遣单位和用工单位遵守劳务派遣有关规定的情况；

（四）用人单位遵守国家关于劳动者工作时间和休息休假规定的情况；

（五）用人单位支付劳动合同约定的劳动报酬和执行最低工资标准的情况；

（六）用人单位参加各项社会保险和缴纳社会保险费的情况；

（七）法律、法规规定的其他劳动监察事项。

第七十五条　县级以上地方人民政府劳动行政部门实施监督检查时，有权查阅与劳动合同、集体合同有关的材料，有权对劳动场所进行实地检查，用人单位和劳动者都应当如实提供有关情况和材料。

劳动行政部门的工作人员进行监督检查，应当出示证件，依法行使职权，文明执法。

第七十六条　县级以上人民政府建设、卫生、安全生产监督管理等有关主管部门在各自职责范围内，对用人单位执行劳动合同制度的情况进行监督管理。

第七十七条　劳动者合法权益受到侵害的，有权要求有关部门依法处理，或者依法申请仲裁、提起诉讼。

第七十八条　工会依法维护劳动者的合法权益，对用人单位履行劳动合同、集体合同的情况进行监督。用人单位违反劳动法律、法规和劳动合同、集体合同的，工会有权提出意见或者要求纠正；劳动者申请仲裁、提起诉讼的，工会依法给予支持和帮助。

第七十九条　任何组织或者个人对违反本法的行为都有权举报，县级以上人民政府劳动行政部门应当及时核实、处理，并对举报有功人员给予奖励。

第七章　法律责任

第八十条　用人单位直接涉及劳动者切身利益的规章制度违反法律、法规规定的，由劳动行政部门责令改正，给予警告；给劳动者造成损害的，应当承担赔偿责任。

第八十一条　用人单位提供的劳动合同文本未载明本法规定的劳动合同必备条款或者用人单位未将劳动合同文本交付劳动者的，由劳动行政部门责令改正；给劳动者造成损害的，应当承担赔偿责任。

第八十二条　用人单位自用工之日起超过一个月不满一年未与劳动者订立书面劳动合同的，应当向劳动者每月支付二倍的工资。

用人单位违反本法规定不与劳动者订立无固定期限劳动合同的，自应当订立无固定期限劳动合同之日起向劳动者每月支付二倍的工资。

第八十三条　用人单位违反本法规定与劳动者约定试用期的，由劳动行政部门责令改正；违法约定的试用期已经履行的，由用人单位以劳动者试用期满月工资为标准，按已经履行的超过法定试用期的期间向劳动者支付赔偿金。

第八十四条　用人单位违反本法规定，扣押劳动者居民身份证等证件的，由劳动行政部门责令限期退还劳动者本人，并依照有关法律规定给予处罚。

用人单位违反本法规定，以担保或者其他名义向劳动者收取财物的，由劳动行政部门责令限期退还劳动者本人，并以每人五百元以上二千元以下的标准处以罚款；给劳动者造成损害的，应当承担赔偿责任。

劳动者依法解除或者终止劳动合同，用人单位扣押劳动者档案或者其他物品的，依照前款规定处罚。

第八十五条　用人单位有下列情形之一的，由劳动行政部门责令限期支付劳动报酬、加班费或者经济补偿；劳动报酬低于当地最低工资标准的，应当支付其差额部分；逾期不支付的，责令用人单位按应付金额百分之五十以上百分之一百以下的标准向劳动者加付赔偿金：

（一）未按照劳动合同的约定或者国家规定及时足额支付劳动者劳动报酬的；

（二）低于当地最低工资标准支付劳动者工资的；

（三）安排加班不支付加班费的；

（四）解除或者终止劳动合同，未依照本法规定向劳动者支付经济补偿的。

第八十六条　劳动合同依照本法第二十六条规定被确认无效，给对方造成损害的，有过错的一方应当承担赔偿责任。

第八十七条　用人单位违反本法规定解除或者终止劳动合同的，应当依照本法第四十七条规定的经济补偿标准的二倍向劳动者支付赔偿金。

第八十八条　用人单位有下列情形之一的，依法给予行政处罚；构成犯罪的，依法追究刑事责任；给劳动者造成损害的，应当承担赔偿责任：

（一）以暴力、威胁或者非法限制人身自由的手段强迫劳动的；

（二）违章指挥或者强令冒险作业危及劳动者人身安全的；

（三）侮辱、体罚、殴打、非法搜查或者拘禁劳动者的；

（四）劳动条件恶劣、环境污染严重，给劳动者身心健康造成严重损害的。

第八十九条　用人单位违反本法规定未向劳动者出具解除或者终止劳动合同的书面证明，由劳动行政部门责令改正；给劳动者造成损害的，应当承担赔偿责任。

第九十条　劳动者违反本法规定解除劳动合同，或者违反劳动合同中约定的保密义务或者竞业限制，给用人单位造成损失的，应当承担赔偿责任。

第九十一条　用人单位招用与其他用人单位尚未解除或者终止劳动合同的劳动者，给其他用人单位造成损失的，应当承担连带赔偿责任。

第九十二条　违反本法规定，未经许可，擅自经营劳务派遣业务的，由劳动行政部门责令停止违法行为，没收违法所得，并处违法所得一倍以上五倍以下的罚款；没有违法所得的，可以处五万元以下的罚款。

劳务派遣单位、用工单位违反本法有关劳务派遣规定的，由劳动行政部门责令限期改正；逾期不改正的，以每人五千元以上一万元以下的标准处以罚款，对劳务派遣单位，吊销其劳务派遣业务经营许可证。用工单位给被派遣劳动者造成损害的，劳务派遣单位与用工单位承担连带赔偿责任。

第九十三条　对不具备合法经营资格的用人单位的违法犯罪行为，依法追究法律责任；劳动者已经付出劳动的，该单位或者其出资人应当依照本法有关规定向劳动者支付劳动报酬、经济补偿、赔偿金；给劳动者造成损害的，应当承担赔偿责任。

第九十四条　个人承包经营违反本法规定招用劳动者，给劳动者造成损害的，发包的组织与个人承包经营者承担连带赔偿责任。

第九十五条　劳动行政部门和其他有关主管部门及其工作人员玩忽职守、不履行法定职责，或者违法行使职权，给劳动者或者用人单位造成损害的，应当承担赔偿责任；对直接负责的主管人员和其他直接责任人员，依法给予行政处分；构成犯罪的，依法追究刑事责任。

第八章　附则

第九十六条　事业单位与实行聘用制的工作人员订立、履行、变更、解除或者终止劳动合同，法律、行政法规或者国务院另有规定的，依照其规定；未作规定的，依照本法有关规定执行。

第九十七条　本法施行前已依法订立且在本法施行之日存续的劳动合同，继续履行；本法第十四条第二款第三项规定连续订立固定期限劳动合同的次数，自本法施行后续订固定期限劳动合同时开始计算。

本法施行前已建立劳动关系，尚未订立书面劳动合同的，应当自本法施行之日起一个月内订立。

本法施行之日存续的劳动合同在本法施行后解除或者终止，依照本法第四十六条规定应当支付经济补偿的，经济补偿年限自本法施行之日起计算；本法施行前按照当时有关规定，用人单位应当向劳动者支付经济补偿的，按照当时有关规定执行。

第九十八条　本法自2008年1月1日起施行。

中华人民共和国社会保险法

（2010年10月28日第十一届全国人民代表大会常务委员会第十七次会议通过　根据2018年12月29日第十三届全国人民代表大会常务委员会第七次会议《关于修改〈中华人民共和国社会保险法〉的决定》修正）

第一章　总则

第一条　为了规范社会保险关系，维护公民参加社会保险和享受社会保险待遇的合法权益，使公民共享发展成果，促进社会和谐稳定，根据宪法，制定本法。

第二条　国家建立基本养老保险、基本医疗保险、工伤保险、失业保险、生育保险等社会保险制度，保障公民在年老、疾病、工伤、失业、生育等情况下依法从国家和社会获得物质帮助的权利。

第三条　社会保险制度坚持广覆盖、保基本、多层次、可持续的方针，社会保险水平应当与经济社会发展水平相适应。

第四条　中华人民共和国境内的用人单位和个人依法缴纳社会保险费，有权查询缴费记录、个人权益记录，要求社会保险经办机构提供社会保险咨询等相关服务。

个人依法享受社会保险待遇，有权监督本单位为其缴费情况。

第五条　县级以上人民政府将社会保险事业纳入国民经济和社会发展规划。

国家多渠道筹集社会保险资金。县级以上人民政府对社会保险事业给予必要的经费支持。

国家通过税收优惠政策支持社会保险事业。

第六条　国家对社会保险基金实行严格监管。

国务院和省、自治区、直辖市人民政府建立健全社会保险基金监督管理制度，保障社会保险基金安全、有效运行。

县级以上人民政府采取措施，鼓励和支持社会各方面参与社会保险基金的监督。

第七条　国务院社会保险行政部门负责全国的社会保险管理工作，国务院其他有关部门在各自的职责范围内负责有关的社会保险工作。

县级以上地方人民政府社会保险行政部门负责本行政区域的社会保险管理工作，县级以上地方人民政府其他有关部门在各自的职责范围内负责有关的社会保险工作。

第八条　社会保险经办机构提供社会保险服务，负责社会保险登记、个人权益记录、社会保险待遇支付等工作。

第九条　工会依法维护职工的合法权益，有权参与社会保险重大事项的研究，参加社会保险监督委员会，对与职工社会保险权益有关的事项进行监督。

第二章　基本养老保险

第十条　职工应当参加基本养老保险，由用人单位和职工共同缴纳基本养老保险费。

无雇工的个体工商户、未在用人单位参加基本养老保险的非全日制从业人员以及其他灵活就业人员可以参加基本养老保险，由个人缴纳基本养老保险费。

公务员和参照公务员法管理的工作人员养老保险的办法由国务院规定。

第十一条　基本养老保险实行社会统筹与个人账户相结合。

基本养老保险基金由用人单位和个人缴费以及政府补贴等组成。

第十二条　用人单位应当按照国家规定的本单位职工工资总额的比例缴纳基本养老保险费，记入基本养老保险统筹基金。

职工应当按照国家规定的本人工资的比例缴纳基本养老保险费，记入个人账户。

无雇工的个体工商户、未在用人单位参加基本养老保险的非全日制从业人员以及其他灵活就业人员参加基本养老保险的，应当按照国家规定缴纳基本养老保险费，分别记入基本养老保险统筹基金和个人账户。

第十三条　国有企业、事业单位职工参加基本养老保险前，视同缴费年限期间应当缴纳的基本养老保险费由政府承担。

基本养老保险基金出现支付不足时，政府给予补贴。

第十四条　个人账户不得提前支取，记账利率不得低于银行定期存款利率，免征利息税。个人死亡的，个人账户余额可以继承。

第十五条　基本养老金由统筹养老金和个人账户养老金组成。

基本养老金根据个人累计缴费年限、缴费工资、当地职工平均工资、个人账户金额、城镇人口平均预期寿命等因素确定。

第十六条　参加基本养老保险的个人，达到法定退休年龄时累计缴费满十五年的，按月领取基本养老金。

参加基本养老保险的个人，达到法定退休年龄时累计缴费不足十五年的，可以缴费至满十五年，按月领取基本养老金；也可以转入新型农村社会养老保险或者城镇居民社会养老保险，按照国务院规定享受相应的养老保险待遇。

第十七条　参加基本养老保险的个人，因病或者非因工死亡的，其遗属可以领取丧葬补助金和抚恤金；在未达到法定退休年龄时因病或者非因工致残完全丧失劳动能力的，可以领取病残津贴。所需资金从基本养老保险基金中支付。

第十八条　国家建立基本养老金正常调整机制。根据职工平均工资增长、物价上涨情况，适时提高基本养老保险待遇水平。

第十九条　个人跨统筹地区就业的，其基本养老保险关系随本人转移，缴费年限累计计算。个人达到法定退休年龄时，基本养老金分段计算、统一支付。具体办法由国务院规定。

第二十条　国家建立和完善新型农村社会养老保险制度。

新型农村社会养老保险实行个人缴费、集体补助和政府补贴相结合。

第二十一条　新型农村社会养老保险待遇由基础养老金和个人账户养

老金组成。

参加新型农村社会养老保险的农村居民，符合国家规定条件的，按月领取新型农村社会养老保险待遇。

第二十二条　国家建立和完善城镇居民社会养老保险制度。

省、自治区、直辖市人民政府根据实际情况，可以将城镇居民社会养老保险和新型农村社会养老保险合并实施。

第三章　基本医疗保险

第二十三条　职工应当参加职工基本医疗保险，由用人单位和职工按照国家规定共同缴纳基本医疗保险费。

无雇工的个体工商户、未在用人单位参加职工基本医疗保险的非全日制从业人员以及其他灵活就业人员可以参加职工基本医疗保险，由个人按照国家规定缴纳基本医疗保险费。

第二十四条　国家建立和完善新型农村合作医疗制度。

新型农村合作医疗的管理办法，由国务院规定。

第二十五条　国家建立和完善城镇居民基本医疗保险制度。

城镇居民基本医疗保险实行个人缴费和政府补贴相结合。

享受最低生活保障的人、丧失劳动能力的残疾人、低收入家庭六十周岁以上的老年人和未成年人等所需个人缴费部分，由政府给予补贴。

第二十六条　职工基本医疗保险、新型农村合作医疗和城镇居民基本医疗保险的待遇标准按照国家规定执行。

第二十七条　参加职工基本医疗保险的个人，达到法定退休年龄时累计缴费达到国家规定年限的，退休后不再缴纳基本医疗保险费，按照国家规定享受基本医疗保险待遇；未达到国家规定年限的，可以缴费至国家规定年限。

第二十八条　符合基本医疗保险药品目录、诊疗项目、医疗服务设施标准以及急诊、抢救的医疗费用，按照国家规定从基本医疗保险基金中支付。

第二十九条　参保人员医疗费用中应当由基本医疗保险基金支付的部

分，由社会保险经办机构与医疗机构、药品经营单位直接结算。

社会保险行政部门和卫生行政部门应当建立异地就医医疗费用结算制度，方便参保人员享受基本医疗保险待遇。

第三十条　下列医疗费用不纳入基本医疗保险基金支付范围：

（一）应当从工伤保险基金中支付的；

（二）应当由第三人负担的；

（三）应当由公共卫生负担的；

（四）在境外就医的。

医疗费用依法应当由第三人负担，第三人不支付或者无法确定第三人的，由基本医疗保险基金先行支付。基本医疗保险基金先行支付后，有权向第三人追偿。

第三十一条　社会保险经办机构根据管理服务的需要，可以与医疗机构、药品经营单位签订服务协议，规范医疗服务行为。

医疗机构应当为参保人员提供合理、必要的医疗服务。

第三十二条　个人跨统筹地区就业的，其基本医疗保险关系随本人转移，缴费年限累计计算。

第四章　工伤保险

第三十三条　职工应当参加工伤保险，由用人单位缴纳工伤保险费，职工不缴纳工伤保险费。

第三十四条　国家根据不同行业的工伤风险程度确定行业的差别费率，并根据使用工伤保险基金、工伤发生率等情况在每个行业内确定费率档次。行业差别费率和行业内费率档次由国务院社会保险行政部门制定，报国务院批准后公布施行。

社会保险经办机构根据用人单位使用工伤保险基金、工伤发生率和所属行业费率档次等情况，确定用人单位缴费费率。

第三十五条　用人单位应当按照本单位职工工资总额，根据社会保险经办机构确定的费率缴纳工伤保险费。

第三十六条　职工因工作原因受到事故伤害或者患职业病，且经工伤认定的，享受工伤保险待遇；其中，经劳动能力鉴定丧失劳动能力的，享受伤残待遇。

工伤认定和劳动能力鉴定应当简捷、方便。

第三十七条 职工因下列情形之一导致本人在工作中伤亡的，不认定为工伤：

（一）故意犯罪；

（二）醉酒或者吸毒；

（三）自残或者自杀；

（四）法律、行政法规规定的其他情形。

第三十八条 因工伤发生的下列费用，按照国家规定从工伤保险基金中支付：

（一）治疗工伤的医疗费用和康复费用；

（二）住院伙食补助费；

（三）到统筹地区以外就医的交通食宿费；

（四）安装配置伤残辅助器具所需费用；

（五）生活不能自理的，经劳动能力鉴定委员会确认的生活护理费；

（六）一次性伤残补助金和一至四级伤残职工按月领取的伤残津贴；

（七）终止或者解除劳动合同时，应当享受的一次性医疗补助金；

（八）因工死亡的，其遗属领取的丧葬补助金、供养亲属抚恤金和因工死亡补助金；

（九）劳动能力鉴定费。

第三十九条 因工伤发生的下列费用，按照国家规定由用人单位支付：

（一）治疗工伤期间的工资福利；

（二）五级、六级伤残职工按月领取的伤残津贴；

（三）终止或者解除劳动合同时，应当享受的一次性伤残就业补助金。

第四十条 工伤职工符合领取基本养老金条件的，停发伤残津贴，享受基本养老保险待遇。基本养老保险待遇低于伤残津贴的，从工伤保险基金中补足差额。

第四十一条 职工所在用人单位未依法缴纳工伤保险费，发生工伤事故的，由用人单位支付工伤保险待遇。用人单位不支付的，从工伤保险基金中先行支付。

从工伤保险基金中先行支付的工伤保险待遇应当由用人单位偿还。用人单位不偿还的，社会保险经办机构可以依照本法第六十三条的规定追偿。

第四十二条 由于第三人的原因造成工伤，第三人不支付工伤医疗费用或者无法确定第三人的，由工伤保险基金先行支付。工伤保险基金先行支付后，有权向第三人追偿。

第四十三条 工伤职工有下列情形之一的，停止享受工伤保险待遇：

（一）丧失享受待遇条件的；

（二）拒不接受劳动能力鉴定的；

（三）拒绝治疗的。

第五章 失业保险

第四十四条 职工应当参加失业保险，由用人单位和职工按照国家规定共同缴纳失业保险费。

第四十五条 失业人员符合下列条件的，从失业保险基金中领取失业保险金：

（一）失业前用人单位和本人已经缴纳失业保险费满一年的；

（二）非因本人意愿中断就业的；

（三）已经进行失业登记，并有求职要求的。

第四十六条 失业人员失业前用人单位和本人累计缴费满一年不足五年的，领取失业保险金的期限最长为十二个月；累计缴费满五年不足十年的，领取失业保险金的期限最长为十八个月；累计缴费十年以上的，领取失业保险金的期限最长为二十四个月。重新就业后，再次失业的，缴费时间重新计算，领取失业保险金的期限与前次失业应当领取而尚未领取的失业保险金的期限合并计算，最长不超过二十四个月。

第四十七条　失业保险金的标准，由省、自治区、直辖市人民政府确定，不得低于城市居民最低生活保障标准。

第四十八条　失业人员在领取失业保险金期间，参加职工基本医疗保险，享受基本医疗保险待遇。

失业人员应当缴纳的基本医疗保险费从失业保险基金中支付，个人不缴纳基本医疗保险费。

第四十九条　失业人员在领取失业保险金期间死亡的，参照当地对在职职工死亡的规定，向其遗属发给一次性丧葬补助金和抚恤金。所需资金从失业保险基金中支付。

个人死亡同时符合领取基本养老保险丧葬补助金、工伤保险丧葬补助金和失业保险丧葬补助金条件的，其遗属只能选择领取其中的一项。

第五十条　用人单位应当及时为失业人员出具终止或者解除劳动关系的证明，并将失业人员的名单自终止或者解除劳动关系之日起十五日内告知社会保险经办机构。

失业人员应当持本单位为其出具的终止或者解除劳动关系的证明，及时到指定的公共就业服务机构办理失业登记。

失业人员凭失业登记证明和个人身份证明，到社会保险经办机构办理领取失业保险金的手续。失业保险金领取期限自办理失业登记之日起计算。

第五十一条　失业人员在领取失业保险金期间有下列情形之一的，停止领取失业保险金，并同时停止享受其他失业保险待遇：

（一）重新就业的；

（二）应征服兵役的；

（三）移居境外的；

（四）享受基本养老保险待遇的；

（五）无正当理由，拒不接受当地人民政府指定部门或者机构介绍的适当工作或者提供的培训的。

第五十二条　职工跨统筹地区就业的，其失业保险关系随本人转移，缴费年限累计计算。

第六章　生育保险

第五十三条　职工应当参加生育保险，由用人单位按照国家规定缴纳生育保险费，职工不缴纳生育保险费。

第五十四条　用人单位已经缴纳生育保险费的，其职工享受生育保险待遇；职工未就业配偶按照国家规定享受生育医疗费用待遇。所需资金从生育保险基金中支付。

生育保险待遇包括生育医疗费用和生育津贴。

第五十五条　生育医疗费用包括下列各项：

（一）生育的医疗费用；

（二）计划生育的医疗费用；

（三）法律、法规规定的其他项目费用。

第五十六条　职工有下列情形之一的，可以按照国家规定享受生育津贴：

（一）女职工生育享受产假；

（二）享受计划生育手术休假；

（三）法律、法规规定的其他情形。

生育津贴按照职工所在用人单位上年度职工月平均工资计发。

第七章　社会保险费征缴

第五十七条　用人单位应当自成立之日起三十日内凭营业执照、登记证书或者单位印章，向当地社会保险经办机构申请办理社会保险登记。社会保险经办机构应当自收到申请之日起十五日内予以审核，发给社会保险登记证件。

用人单位的社会保险登记事项发生变更或者用人单位依法终止的，应当自变更或者终止之日起三十日内，到社会保险经办机构办理变更或者注销社会保险登记。

市场监督管理部门、民政部门和机构编制管理机关应当及时向社会保险经办机构通报用人单位的成立、终止情况，公安机关应当及时向社会保险经办机构通报个人的出生、死亡以及户口登记、迁移、注销等情况。

第五十八条　用人单位应当自用工之日起三十日内为其职工向社会保险经办机构申请办理社会保险登记。未办理社会保险登记的，由社会保险经办机构核定其应当缴纳的社会保险费。

自愿参加社会保险的无雇工的个体工商户、未在用人单位参加社会保险的非全日制从业人员以及其他灵活就业人员，应当向社会保险经办机构申请办理社会保险登记。

国家建立全国统一的个人社会保障号码。个人社会保障号码为公民身份号码。

第五十九条　县级以上人民政府加强社会保险费的征收工作。

社会保险费实行统一征收，实施步骤和具体办法由国务院规定。

第六十条　用人单位应当自行申报、按时足额缴纳社会保险费，非因不可抗力等法定事由不得缓缴、减免。职工应当缴纳的社会保险费由用人单位代扣代缴，用人单位应当按月将缴纳社会保险费的明细情况告知本人。

无雇工的个体工商户、未在用人单位参加社会保险的非全日制从业人员以及其他灵活就业人员，可以直接向社会保险费征收机构缴纳社会保险费。

第六十一条　社会保险费征收机构应当依法按时足额征收社会保险费，并将缴费情况定期告知用人单位和个人。

第六十二条　用人单位未按规定申报应当缴纳的社会保险费数额的，按照该单位上月缴费额的百分之一百一十确定应当缴纳数额；缴费单位补办申报手续后，由社会保险费征收机构按照规定结算。

第六十三条　用人单位未按时足额缴纳社会保险费的，由社会保险费征收机构责令其限期缴纳或者补足。

用人单位逾期仍未缴纳或者补足社会保险费的，社会保险费征收机构可以向银行和其他金融机构查询其存款账户；并可以申请县级以上有关行政部门作出划拨社会保险费的决定，书面通知其开户银行或者其他金融机构划拨社会保险费。用人单位账户余额少于应当缴纳的社会保险费的，社会保险费征收机构可以要求该用人单位提供担保，签订延期缴费协议。

用人单位未足额缴纳社会保险费且未提供担保的，社会保险费征收机构可以申请人民法院扣押、查封、拍卖其价值相当于应当缴纳社会保险费的财产，以拍卖所得抵缴社会保险费。

第八章　社会保险基金

第六十四条　社会保险基金包括基本养老保险基金、基本医疗保险基金、工伤保险基金、失业保险基金和生育保险基金。除基本医疗保险基金与生育保险基金合并建账及核算外，其他各项社会保险基金按照社会保险险种分别建账，分账核算。社会保险基金执行国家统一的会计制度。

社会保险基金专款专用，任何组织和个人不得侵占或者挪用。

基本养老保险基金逐步实行全国统筹，其他社会保险基金逐步实行省级统筹，具体时间、步骤由国务院规定。

第六十五条　社会保险基金通过预算实现收支平衡。

县级以上人民政府在社会保险基金出现支付不足时，给予补贴。

第六十六条　社会保险基金按照统筹层次设立预算。除基本医疗保险基金与生育保险基金预算合并编制外，其他社会保险基金预算按照社会保险项目分别编制。

第六十七条　社会保险基金预算、决算草案的编制、审核和批准，依照法律和国务院规定执行。

第六十八条　社会保险基金存入财政专户，具体管理办法由国务院规定。

第六十九条　社会保险基金在保证安全的前提下，按照国务院规定投资运营实现保值增值。

社会保险基金不得违规投资运营，不得用于平衡其他政府预算，不得用于兴建、改建办公场所和支付人员经费、运行费用、管理费用，或者违反法律、行政法规规定挪作其他用途。

第七十条　社会保险经办机构应当定期向社会公布参加社会保险情况

以及社会保险基金的收入、支出、结余和收益情况。

第七十一条　国家设立全国社会保障基金，由中央财政预算拨款以及国务院批准的其他方式筹集的资金构成，用于社会保障支出的补充、调剂。全国社会保障基金由全国社会保障基金管理运营机构负责管理运营，在保证安全的前提下实现保值增值。

全国社会保障基金应当定期向社会公布收支、管理和投资运营的情况。国务院财政部门、社会保险行政部门、审计机关对全国社会保障基金的收支、管理和投资运营情况实施监督。

第九章　社会保险经办

第七十二条　统筹地区设立社会保险经办机构。社会保险经办机构根据工作需要，经所在地的社会保险行政部门和机构编制管理机关批准，可以在本统筹地区设立分支机构和服务网点。

社会保险经办机构的人员经费和经办社会保险发生的基本运行费用、管理费用，由同级财政按照国家规定予以保障。

第七十三条　社会保险经办机构应当建立健全业务、财务、安全和风险管理制度。

社会保险经办机构应当按时足额支付社会保险待遇。

第七十四条　社会保险经办机构通过业务经办、统计、调查获取社会保险工作所需的数据，有关单位和个人应当及时、如实提供。

社会保险经办机构应当及时为用人单位建立档案，完整、准确地记录参加社会保险的人员、缴费等社会保险数据，妥善保管登记、申报的原始凭证和支付结算的会计凭证。

社会保险经办机构应当及时、完整、准确地记录参加社会保险的个人缴费和用人单位为其缴费，以及享受社会保险待遇等个人权益记录，定期将个人权益记录单免费寄送本人。

用人单位和个人可以免费向社会保险经办机构查询、核对其缴费和享受社会保险待遇记录，要求社会保险经办机构提供社会保险咨询等相关服务。

第七十五条　全国社会保险信息系统按照国家统一规划，由县级以上人民政府按照分级负责的原则共同建设。

第十章　社会保险监督

第七十六条　各级人民代表大会常务委员会听取和审议本级人民政府对社会保险基金的收支、管理、投资运营以及监督检查情况的专项工作报告，组织对本法实施情况的执法检查等，依法行使监督职权。

第七十七条　县级以上人民政府社会保险行政部门应当加强对用人单位和个人遵守社会保险法律、法规情况的监督检查。

社会保险行政部门实施监督检查时，被检查的用人单位和个人应当如实提供与社会保险有关的资料，不得拒绝检查或者谎报、瞒报。

第七十八条　财政部门、审计机关按照各自职责，对社会保险基金的收支、管理和投资运营情况实施监督。

第七十九条　社会保险行政部门对社会保险基金的收支、管理和投资运营情况进行监督检查，发现存在问题的，应当提出整改建议，依法作出处理决定或者向有关行政部门提出处理建议。社会保险基金检查结果应当定期向社会公布。

社会保险行政部门对社会保险基金实施监督检查，有权采取下列措施：

（一）查阅、记录、复制与社会保险基金收支、管理和投资运营相关的资料，对可能被转移、隐匿或者灭失的资料予以封存；

（二）询问与调查事项有关的单位和个人，要求其对与调查事项有关的问题作出说明、提供有关证明材料；

（三）对隐匿、转移、侵占、挪用社会保险基金的行为予以制止并责令改正。

第八十条　统筹地区人民政府成立由用人单位代表、参保人员代表，以及工会代表、专家等组成的社会保险监督委员会，掌握、分析社会保险基金的收支、管理和投资运营情况，对社会保险工作提出咨询意见和建议，实施社会监督。

社会保险经办机构应当定期向社会保险监督委员会汇报社会保险基金的收支、管理和投资运营情况。社会保险监督委员会可以聘请会计师事务所对社会保险基金的收支、管理和投资运营情况进行年度审计和专项审计。审计结果应当向社会公开。

社会保险监督委员会发现社会保险基金收支、管理和投资运营中存在问题的，有权提出改正建议；对社会保险经办机构及其工作人员的违法行为，有权向有关部门提出依法处理建议。

第八十一条　社会保险行政部门和其他有关行政部门、社会保险经办机构、社会保险费征收机构及其工作人员，应当依法为用人单位和个人的信息保密，不得以任何形式泄露。

第八十二条　任何组织或者个人有权对违反社会保险法律、法规的行为进行举报、投诉。

社会保险行政部门、卫生行政部门、社会保险经办机构、社会保险费征收机构和财政部门、审计机关对属于本部门、本机构职责范围的举报、投诉，应当依法处理；对不属于本部门、本机构职责范围的，应当书面通知并移交有权处理的部门、机构处理。有权处理的部门、机构应当及时处理，不得推诿。

第八十三条　用人单位或者个人认为社会保险费征收机构的行为侵害自己合法权益的，可以依法申请行政复议或者提起行政诉讼。

用人单位或者个人对社会保险经办机构不依法办理社会保险登记、核定社会保险费、支付社会保险待遇、办理社会保险转移接续手续或者侵害其他社会保险权益的行为，可以依法申请行政复议或者提起行政诉讼。

个人与所在用人单位发生社会保险争议的，可以依法申请调解、仲裁，提起诉讼。用人单位侵害个人社会保险权益的，个人也可以要求社会保险行政部门或者社会保险费征收机构依法处理。

第十一章　法律责任

第八十四条　用人单位不办理社会保险登记的，由社会保险行政部门责令限期改正；逾期不改正的，对用人单位处应缴社会保险费数额一倍以上三倍以下的罚款，对其直接负责的主管人员和其他直接责任人员处五百元以上三千元以下的罚款。

第八十五条　用人单位拒不出具终止或者解除劳动关系证明的，依照《中华人民共和国劳动合同法》的规定处理。

第八十六条　用人单位未按时足额缴纳社会保险费的，由社会保险费征收机构责令限期缴纳或者补足，并自欠缴之日起，按日加收万分之五的滞纳金；逾期仍不缴纳的，由有关行政部门处欠缴数额一倍以上三倍以下的罚款。

第八十七条　社会保险经办机构以及医疗机构、药品经营单位等社会保险服务机构以欺诈、伪造证明材料或者其他手段骗取社会保险基金支出的，由社会保险行政部门责令退回骗取的社会保险金，处骗取金额二倍以上五倍以下的罚款；属于社会保险服务机构的，解除服务协议；直接负责的主管人员和其他直接责任人员有执业资格的，依法吊销其执业资格。

第八十八条　以欺诈、伪造证明材料或者其他手段骗取社会保险待遇的，由社会保险行政部门责令退回骗取的社会保险金，处骗取金额二倍以上五倍以下的罚款。

第八十九条　社会保险经办机构及其工作人员有下列行为之一的，由社会保险行政部门责令改正；给社会保险基金、用人单位或者个人造成损失的，依法承担赔偿责任；对直接负责的主管人员和其他直接责任人员依法给予处分：

（一）未履行社会保险法定职责的；

（二）未将社会保险基金存入财政专户的；

（三）克扣或者拒不按时支付社会保险待遇的；

（四）丢失或者篡改缴费记录、享受社会保险待遇记录等社会保险数据、个人权益记录的；

（五）有违反社会保险法律、法规的其他行为的。

第九十条　社会保险费征收机构擅自更改社会保险费缴费基数、费率，导致少收或者多收社会保险费的，由有关行政部门责令其追缴应当缴纳的社会保险费或者退还不应当缴纳的社会保险费；对直接负责的主管人员和其他直接责任人员依法给予处分。

第九十一条　违反本法规定，隐匿、转移、侵占、挪用社会保险基金或者违规投资运营的，由社会保险行政部门、财政部门、审计机关责令追回；有违法所得的，没收违法所得；对直接负责的主管人员和其他直接责任人员依法给予处分。

第九十二条　社会保险行政部门和其他有关行政部门、社会保险经办机构、社会保险费征收机构及其工作人员泄露用人单位和个人信息的，对直接负责的主管人员和其他直接责任人员依法给予处分；给用人单位或者个人造成损失的，应当承担赔偿责任。

第九十三条　国家工作人员在社会保险管理、监督工作中滥用职权、玩忽职守、徇私舞弊的，依法给予处分。

第九十四条　违反本法规定，构成犯罪的，依法追究刑事责任。

第十二章　附则

第九十五条　进城务工的农村居民依照本法规定参加社会保险。

第九十六条　征收农村集体所有的土地，应当足额安排被征地农民的社会保险费，按照国务院规定将被征地农民纳入相应的社会保险制度。

第九十七条　外国人在中国境内就业的，参照本法规定参加社会保险。

第九十八条　本法自 2011 年 7 月 1 日起施行。

中华人民共和国劳动争议调解仲裁法

（2007 年 12 月 19 日第十届全国人民代表大会常务委员会第三十一次会议通过）

第一章　总则

第一条　为了公正及时解决劳动争议，保护当事人合法权益，促进劳动关系和谐稳定，制定本法。

第二条 中华人民共和国境内的用人单位与劳动者发生的下列劳动争议，适用本法：

（一）因确认劳动关系发生的争议；

（二）因订立、履行、变更、解除和终止劳动合同发生的争议；

（三）因除名、辞退和辞职、离职发生的争议；

（四）因工作时间、休息休假、社会保险、福利、培训以及劳动保护发生的争议；

（五）因劳动报酬、工伤医疗费、经济补偿或者赔偿金等发生的争议；

（六）法律、法规规定的其他劳动争议。

第三条 解决劳动争议，应当根据事实，遵循合法、公正、及时、着重调解的原则，依法保护当事人的合法权益。

第四条 发生劳动争议，劳动者可以与用人单位协商，也可以请工会或者第三方共同与用人单位协商，达成和解协议。

第五条 发生劳动争议，当事人不愿协商、协商不成或者达成和解协议后不履行的，可以向调解组织申请调解；不愿调解、调解不成或者达成调解协议后不履行的，可以向劳动争议仲裁委员会申请仲裁；对仲裁裁决不服的，除本法另有规定的外，可以向人民法院提起诉讼。

第六条 发生劳动争议，当事人对自己提出的主张，有责任提供证据。与争议事项有关的证据属于用人单位掌握管理的，用人单位应当提供；用人单位不提供的，应当承担不利后果。

第七条 发生劳动争议的劳动者一方在十人以上，并有共同请求的，可以推举代表参加调解、仲裁或者诉讼活动。

第八条 县级以上人民政府劳动行政部门会同工会和企业方面代表建立协调劳动关系三方机制，共同研究解决劳动争议的重大问题。

第九条 用人单位违反国家规定，拖欠或者未足额支付劳动报酬，或者拖欠工伤医疗费、经济补偿或者赔偿金的，劳动者可以向劳动行政部门投诉，劳动行政部门应当依法处理。

第二章 调解

第十条 发生劳动争议，当事人可以到下列调解组织申请调解：

（一）企业劳动争议调解委员会；

（二）依法设立的基层人民调解组织；

（三）在乡镇、街道设立的具有劳动争议调解职能的组织。

企业劳动争议调解委员会由职工代表和企业代表组成。职工代表由工会成员担任或者由全体职工推举产生，企业代表由企业负责人指定。企业劳动争议调解委员会主任由工会成员或者双方推举的人员担任。

第十一条 劳动争议调解组织的调解员应当由公道正派、联系群众、热心调解工作，并具有一定法律知识、政策水平和文化水平的成年公民担任。

第十二条 当事人申请劳动争议调解可以书面申请，也可以口头申请。口头申请的，调解组织应当当场记录申请人基本情况、申请调解的争议事项、理由和时间。

第十三条 调解劳动争议，应当充分听取双方当事人对事实和理由的陈述，耐心疏导，帮助其达成协议。

第十四条 经调解达成协议的，应当制作调解协议书。

调解协议书由双方当事人签名或者盖章，经调解员签名并加盖调解组织印章后生效，对双方当事人具有约束力，当事人应当履行。

自劳动争议调解组织收到调解申请之日起十五日内未达成调解协议的，当事人可以依法申请仲裁。

第十五条 达成调解协议后，一方当事人在协议约定期限内不履行调解协议的，另一方当事人可以依法申请仲裁。

第十六条 因支付拖欠劳动报酬、工伤医疗费、经济补偿或者赔偿金事项达成调解协议，用人单位在协议约定期限内不履行的，劳动者可以持调解协议书依法向人民法院申请支付令。人民法院应当依法发出支付令。

第三章 仲裁

第一节 一般规定

第十七条 劳动争议仲裁委员会按照统筹规划、合理布局和适应实际需要的原则设立。省、自治区人民政府可以决定在市、县设立；直辖市人民政府可以决定在区、县设立。直辖市、设区的市也可以设立一个或者若干个劳动争议仲裁委员会。劳动争议仲裁委员会不按行政区划层层设立。

第十八条 国务院劳动行政部门依照本法有关规定制定仲裁规则。省、自治区、直辖市人民政府劳动行政部门对本行政区域的劳动争议仲裁工作进行指导。

第十九条 劳动争议仲裁委员会由劳动行政部门代表、工会代表和企业方面代表组成。劳动争议仲裁委员会组成人员应当是单数。

劳动争议仲裁委员会依法履行下列职责：

（一）聘任、解聘专职或者兼职仲裁员；

（二）受理劳动争议案件；

（三）讨论重大或者疑难的劳动争议案件；

（四）对仲裁活动进行监督。

劳动争议仲裁委员会下设办事机构，负责办理劳动争议仲裁委员会的日常工作。

第二十条 劳动争议仲裁委员会应当设仲裁员名册。

仲裁员应当公道正派并符合下列条件之一：

（一）曾任审判员的；

（二）从事法律研究、教学工作并具有中级以上职称的；

（三）具有法律知识、从事人力资源管理或者工会等专业工作满五年的；

（四）律师执业满三年的。

第二十一条 劳动争议仲裁委员会负责管辖本区域内发生的劳动争议。

劳动争议由劳动合同履行地或者用人单位所在地的劳动争议仲裁委员

会管辖。双方当事人分别向劳动合同履行地和用人单位所在地的劳动争议仲裁委员会申请仲裁的，由劳动合同履行地的劳动争议仲裁委员会管辖。

第二十二条　发生劳动争议的劳动者和用人单位为劳动争议仲裁案件的双方当事人。

劳务派遣单位或者用工单位与劳动者发生劳动争议的，劳务派遣单位和用工单位为共同当事人。

第二十三条　与劳动争议案件的处理结果有利害关系的第三人，可以申请参加仲裁活动或者由劳动争议仲裁委员会通知其参加仲裁活动。

第二十四条　当事人可以委托代理人参加仲裁活动。委托他人参加仲裁活动，应当向劳动争议仲裁委员会提交有委托人签名或者盖章的委托书，委托书应当载明委托事项和权限。

第二十五条　丧失或者部分丧失民事行为能力的劳动者，由其法定代理人代为参加仲裁活动；无法定代理人的，由劳动争议仲裁委员会为其指定代理人。劳动者死亡的，由其近亲属或者代理人参加仲裁活动。

第二十六条　劳动争议仲裁公开进行，但当事人协议不公开进行或者涉及国家秘密、商业秘密和个人隐私的除外。

第二节　申请和受理

第二十七条　劳动争议申请仲裁的时效期间为一年。仲裁时效期间从当事人知道或者应当知道其权利被侵害之日起计算。

前款规定的仲裁时效，因当事人一方向对方当事人主张权利，或者向有关部门请求权利救济，或者对方当事人同意履行义务而中断。从中断时起，仲裁时效期间重新计算。

因不可抗力或者有其他正当理由，当事人不能在本条第一款规定的仲裁时效期间申请仲裁的，仲裁时效中止。从中止时效的原因消除之日起，仲裁时效期间继续计算。

劳动关系存续期间因拖欠劳动报酬发生争议的，劳动者申请仲裁不受本条第一款规定的仲裁时效期间的限制；但是，劳动关系终止的，应当自劳动关系终止之日起一年内提出。

第二十八条　申请人申请仲裁应当提交书面仲裁申请，并按照被申请人人数提交副本。

仲裁申请书应当载明下列事项：

（一）劳动者的姓名、性别、年龄、职业、工作单位和住所，用人单位的名称、住所和法定代表人或者主要负责人的姓名、职务；

（二）仲裁请求和所根据的事实、理由；

（三）证据和证据来源、证人姓名和住所。

书写仲裁申请确有困难的，可以口头申请，由劳动争议仲裁委员会记入笔录，并告知对方当事人。

第二十九条　劳动争议仲裁委员会收到仲裁申请之日起五日内，认为符合受理条件的，应当受理，并通知申请人；认为不符合受理条件的，应当书面通知申请人不予受理，并说明理由。对劳动争议仲裁委员会不予受理或者逾期未作出决定的，申请人可以就该劳动争议事项向人民法院提起诉讼。

第三十条　劳动争议仲裁委员会受理仲裁申请后，应当在五日内将仲裁申请书副本送达被申请人。

被申请人收到仲裁申请书副本后，应当在十日内向劳动争议仲裁委员会提交答辩书。劳动争议仲裁委员会收到答辩书后，应当在五日内将答辩书副本送达申请人。被申请人未提交答辩书的，不影响仲裁程序的进行。

第三节　开庭和裁决

第三十一条　劳动争议仲裁委员会裁决劳动争议案件实行仲裁庭制。仲裁庭由三名仲裁员组成，设首席仲裁员。简单劳动争议案件可以由一名仲裁员独任仲裁。

第三十二条　劳动争议仲裁委员会应当在受理仲裁申请之日起五日内将仲裁庭的组成情况书面通知当事人。

第三十三条　仲裁员有下列情形之一，应当回避，当事人也有权以口头或者书面方式提出回避申请：

（一）是本案当事人或者当事人、代理人的近亲属的；

（二）与本案有利害关系的；

（三）与本案当事人、代理人有其他关系，可能影响公正裁决的；

（四）私自会见当事人、代理人，或者接受当事人、代理人的请客送礼的。

劳动争议仲裁委员会对回避申请应当及时作出决定，并以口头或者书面方式通知当事人。

第三十四条　仲裁员有本法第三十三条第四项规定情形，或者有索贿受贿、徇私舞弊、枉法裁决行为的，应当依法承担法律责任。劳动争议仲裁委员会应当将其解聘。

第三十五条　仲裁庭应当在开庭五日前，将开庭日期、地点书面通知双方当事人。当事人有正当理由的，可以在开庭三日前请求延期开庭。是否延期，由劳动争议仲裁委员会决定。

第三十六条　申请人收到书面通知，无正当理由拒不到庭或者未经仲裁庭同意中途退庭的，可以视为撤回仲裁申请。

被申请人收到书面通知，无正当理由拒不到庭或者未经仲裁庭同意中途退庭的，可以缺席裁决。

第三十七条　仲裁庭对专门性问题认为需要鉴定的，可以交由当事人约定的鉴定机构鉴定；当事人没有约定或者无法达成约定的，由仲裁庭指定的鉴定机构鉴定。

根据当事人的请求或者仲裁庭的要求，鉴定机构应当派鉴定人参加开庭。当事人经仲裁庭许可，可以向鉴定人提问。

第三十八条　当事人在仲裁过程中有权进行质证和辩论。质证和辩论终结时，首席仲裁员或者独任仲裁员应当征询当事人的最后意见。

第三十九条　当事人提供的证据经查证属实的，仲裁庭应当将其作为认定事实的根据。

劳动者无法提供由用人单位掌握管理的与仲裁请求有关的证据，仲裁庭可以要求用人单位在指定期限内提供。用人单位在指定期限内不提供的，应当承担不利后果。

第四十条　仲裁庭应当将开庭情况记入笔录。当事人和其他仲裁参加人认为对自己陈述的记录有遗漏或者差错的，有权申请补正。如果不予补正，应当记录该申请。

笔录由仲裁员、记录人员、当事人和其他仲裁参加人签名或者盖章。

第四十一条　当事人申请劳动争议仲裁后，可以自行和解。达成和解协议的，可以撤回仲裁申请。

第四十二条　仲裁庭在作出裁决前，应当先行调解。

调解达成协议的，仲裁庭应当制作调解书。

调解书应当写明仲裁请求和当事人协议的结果。调解书由仲裁员签名，加盖劳动争议仲裁委员会印章，送达双方当事人。调解书经双方当事人签收后，发生法律效力。

调解不成或者调解书送达前，一方当事人反悔的，仲裁庭应当及时作出裁决。

第四十三条　仲裁庭裁决劳动争议案件，应当自劳动争议仲裁委员会受理仲裁申请之日起四十五日内结束。案情复杂需要延期的，经劳动争议仲裁委员会主任批准，可以延期并书面通知当事人，但是延长期限不得超过十五日。逾期未作出仲裁裁决的，当事人可以就该劳动争议事项向人民法院提起诉讼。

仲裁庭裁决劳动争议案件时，其中一部分事实已经清楚，可以就该部分先行裁决。

第四十四条　仲裁庭对追索劳动报酬、工伤医疗费、经济补偿或者赔偿金的案件，根据当事人的申请，可以裁决先予执行，移送人民法院执行。

仲裁庭裁决先予执行的，应当符合下列条件：

（一）当事人之间权利义务关系明确；

（二）不先予执行将严重影响申请人的生活。

劳动者申请先予执行的，可以不提供担保。

第四十五条　裁决应当按照多数仲裁员的意见作出，少数仲裁员的不同意见应当记入笔录。仲裁庭不能形成多数意见时，裁决应当按照首席仲裁员的意见作出。

第四十六条　裁决书应当载明仲裁请求、争议事实、裁决理由、裁决结果和裁决日期。裁决书由仲裁员签名，加盖劳动争议仲裁委员会印章。对裁决持不同意见的仲裁员，可以签名，也可以不签名。

第四十七条　下列劳动争议，除本法另有规定的外，仲裁裁决为终局裁决，裁决书自作出之日起发生法律效力：

（一）追索劳动报酬、工伤医疗费、经济补偿或者赔偿金，不超过当地月最低工资标准十二个月金额的争议；

（二）因执行国家的劳动标准在工作时间、休息休假、社会保险等方面发生的争议。

第四十八条　劳动者对本法第四十七条规定的仲裁裁决不服的，可以自收到仲裁裁决书之日起十五日内向人民法院提起诉讼。

第四十九条　用人单位有证据证明本法第四十七条规定的仲裁裁决有下列情形之一，可以自收到仲裁裁决书之日起三十日内向劳动争议仲裁委员会所在地的中级人民法院申请撤销裁决：

（一）适用法律、法规确有错误的；

（二）劳动争议仲裁委员会无管辖权的；

（三）违反法定程序的；

（四）裁决所根据的证据是伪造的；

（五）对方当事人隐瞒了足以影响公正裁决的证据的；

（六）仲裁员在仲裁该案时有索贿受贿、徇私舞弊、枉法裁决行为的。

人民法院经组成合议庭审查核实裁决有前款规定情形之一的，应当裁定撤销。

仲裁裁决被人民法院裁定撤销的，当事人可以自收到裁定书之日起十五日内就该劳动争议事项向人民法院提起诉讼。

第五十条　当事人对本法第四十七条规定以外的其他劳动争议案件的仲裁裁决不服的，可以自收到仲裁裁决书之日起十五日内向人民法院提起诉讼；期满不起诉的，裁决书发生法律效力。

第五十一条 当事人对发生法律效力的调解书、裁决书，应当依照规定的期限履行。一方当事人逾期不履行的，另一方当事人可以依照民事诉讼法的有关规定向人民法院申请执行。受理申请的人民法院应当依法执行。

第四章 附则

第五十二条 事业单位实行聘用制的工作人员与本单位发生劳动争议的，依照本法执行；法律、行政法规或者国务院另有规定的，依照其规定。

第五十三条 劳动争议仲裁不收费。劳动争议仲裁委员会的经费由财政予以保障。

第五十四条 本法自 2008 年 5 月 1 日起施行。

最高人民法院关于审理劳动争议案件适用法律问题的解释（一）

法释〔2020〕26 号

（2020 年 12 月 25 日最高人民法院审判委员会第 1825 次会议通过，自 2021 年 1 月 1 日起施行）

为正确审理劳动争议案件，根据《中华人民共和国民法典》《中华人民共和国劳动法》《中华人民共和国劳动合同法》《中华人民共和国劳动争议调解仲裁法》《中华人民共和国民事诉讼法》等相关法律规定，结合审判实践，制定本解释。

第一条 劳动者与用人单位之间发生的下列纠纷，属于劳动争议，当事人不服劳动争议仲裁机构作出的裁决，依法提起诉讼的，人民法院应予受理：

（一）劳动者与用人单位在履行劳动合同过程中发生的纠纷；

（二）劳动者与用人单位之间没有订立书面劳动合同，但已形成劳动关系后发生的纠纷；

（三）劳动者与用人单位因劳动关系是否已经解除或者终止，以及应否支付解除或者终止劳动关系经济补偿金发生的纠纷；

（四）劳动者与用人单位解除或者终止劳动关系后，请求用人单位返还其收取的劳动合同定金、保证金、抵押金、抵押物发生的纠纷，或者办理劳动者的人事档案、社会保险关系等移转手续发生的纠纷；

（五）劳动者以用人单位未为其办理社会保险手续，且社会保险经办机构不能补办导致其无法享受社会保险待遇为由，要求用人单位赔偿损失发生的纠纷；

（六）劳动者退休后，与尚未参加社会保险统筹的原用人单位因追索养老金、医疗费、工伤保险待遇和其他社会保险待遇而发生的纠纷；

（七）劳动者因为工伤、职业病，请求用人单位依法给予工伤保险待遇发生的纠纷；

（八）劳动者依据劳动合同法第八十五条规定，要求用人单位支付加付赔偿金发生的纠纷；

（九）因企业自主进行改制发生的纠纷。

第二条　下列纠纷不属于劳动争议：

（一）劳动者请求社会保险经办机构发放社会保险金的纠纷；

（二）劳动者与用人单位因住房制度改革产生的公有住房转让纠纷；

（三）劳动者对劳动能力鉴定委员会的伤残等级鉴定结论或者对职业病诊断鉴定委员会的职业病诊断鉴定结论的异议纠纷；

（四）家庭或者个人与家政服务人员之间的纠纷；

（五）个体工匠与帮工、学徒之间的纠纷；

（六）农村承包经营户与受雇人之间的纠纷。

第三条　劳动争议案件由用人单位所在地或者劳动合同履行地的基层人民法院管辖。

劳动合同履行地不明确的，由用人单位所在地的基层人民法院管辖。

法律另有规定的，依照其规定。

第四条　劳动者与用人单位均不服劳动争议仲裁机构的同一裁决，向同一人民法院起诉的，人民法院应当并案审理，双方当事人互为原告和被告，对双方的诉讼请求，人民法院应当一并作出裁决。在诉讼过程中，一方当事人撤诉的，人民法院应当根据另一方当事人的诉讼请求继续审理。双方当事人就同一仲裁裁决分别向有管辖权的人民法院起诉的，后受理的人民法院应当将案件移送给先受理的人民法院。

第五条　劳动争议仲裁机构以无管辖权为由对劳动争议案件不予受理，当事人提起诉讼的，人民法院按照以下情形分别处理：

（一）经审查认为该劳动争议仲裁机构对案件确无管辖权的，应当告知当事人向有管辖权的劳动争议仲裁机构申请仲裁；

（二）经审查认为该劳动争议仲裁机构有管辖权的，应当告知当事人申请仲裁，并将审查意见书面通知该劳动争议仲裁机构；劳动争议仲裁机构仍不受理，当事人就该劳动争议事项提起诉讼的，人民法院应予受理。

第六条　劳动争议仲裁机构以当事人申请仲裁的事项不属于劳动争议为由，作出不予受理的书面裁决、决定或者通知，当事人不服依法提起诉讼的，人民法院应当分别情况予以处理：

（一）属于劳动争议案件的，应当受理；

（二）虽不属于劳动争议案件，但属于人民法院主管的其他案件，应当依法受理。

第七条　劳动争议仲裁机构以申请仲裁的主体不适格为由，作出不予受理的书面裁决、决定或者通知，当事人不服依法提起诉讼，经审查确属主体不适格的，人民法院不予受理；已经受理的，裁定驳回起诉。

第八条　劳动争议仲裁机构为纠正原仲裁裁决错误重新作出裁决，当事人不服依法提起诉讼的，人民法院应当受理。

第九条　劳动争议仲裁机构仲裁的事项不属于人民法院受理的案件范围，当事人不服依法提起诉讼的，人民法院不予受理；已经受理的，裁定驳回起诉。

第十条　当事人不服劳动争议仲裁机构作出的预先支付劳动者劳动报酬、工伤医疗费、经济补偿或者赔偿金的裁决，依法提起诉讼的，人民法院院不予受理。

用人单位不履行上述裁决中的给付义务，劳动者依法申请强制执行的，人民法院应予受理。

第十一条　劳动争议仲裁机构作出的调解书已经发生法律效力，一方当事人反悔提起诉讼的，人民法院不予受理；已经受理的，裁定驳回起诉。

第十二条　劳动争议仲裁机构逾期未作出受理决定或仲裁裁决，当事人直接提起诉讼的，人民法院应予受理，但申请仲裁的案件存在下列事由的除外：

（一）移送管辖的；

（二）正在送达或者送达延误的；

（三）等待另案诉讼结果、评残结论的；

（四）正在等待劳动争议仲裁机构开庭的；

（五）启动鉴定程序或者委托其他部门调查取证的；

（六）其他正当事由。

当事人以劳动争议仲裁机构逾期未作出仲裁裁决为由提起诉讼的，应当提交该仲裁机构出具的受理通知书或者其他已接受仲裁申请的凭证、证明。

第十三条　劳动者依据劳动合同法第三十条第二款和调解仲裁法第十六条规定向人民法院申请支付令，符合民事诉讼法第十七章督促程序规定的，人民法院应予受理。

依据劳动合同法第三十条第二款规定申请支付令被人民法院裁定终结督促程序后，劳动者就劳动争议事项直接提起诉讼的，人民法院应当告知其先向劳动争议仲裁机构申请仲裁。

依据调解仲裁法第十六条规定申请支付令被人民法院裁定终结督促程序后，劳动者依据调解协议直接提起诉讼的，人民法院应予受理。

第十四条　人民法院受理劳动争议案件后，当事人增加诉讼请求的，如该诉讼请求与讼争的劳动争议具有不可分性，应当合并审理；如属独立的劳动争议，应当告知当事人向劳动争议仲裁机构申请仲裁。

第十五条　劳动者以用人单位的工资欠条为证据直接提起诉讼，诉讼请求不涉及劳动关系其他争议的，视为拖欠劳动报酬争议，人民法院按照普通民事纠纷受理。

第十六条　劳动争议仲裁机构作出仲裁裁决后，当事人对裁决中的部分事项不服，依法提起诉讼的，劳动争议仲裁裁决不发生法律效力。

第十七条　劳动争议仲裁机构对多个劳动者的劳动争议作出仲裁裁决后，部分劳动者对仲裁裁决不服，依法提起诉讼的，仲裁裁决对提起诉讼的劳动者不发生法律效力；对未提起诉讼的部分劳动者，发生法律效力，如其申请执行的，人民法院应当受理。

第十八条　仲裁裁决的类型以仲裁裁决书确定为准。仲裁裁决书未载明该裁决为终局裁决或者非终局裁决，用人单位不服该仲裁裁决向基层人民法院提起诉讼的，应当按照以下情形分别处理：

（一）经审查认为该仲裁裁决为非终局裁决的，基层人民法院应予受理；

（二）经审查认为该仲裁裁决为终局裁决的，基层人民法院不予受理，但应告知用人单位可以自收到不予受理裁定书之日起三十日内向劳动争议仲裁机构所在地的中级人民法院申请撤销该仲裁裁决；已经受理的，裁定驳回起诉。

第十九条　仲裁裁决书未载明该裁决为终局裁决或者非终局裁决，劳动者依据调解仲裁法第四十七条第一项规定，追索劳动报酬、工伤医疗费、经济补偿或者赔偿金，如果仲裁裁决涉及数项，每项确定的数额均不超过当地月最低工资标准十二个月金额的，应当按照终局裁决处理。

第二十条　劳动争议仲裁机构作出的同一仲裁裁决同时包含终局裁决事项和非终局裁决事项，当事人不服该仲裁裁决向人民法院提起诉讼的，应当按照非终局裁决处理。

第二十一条　劳动者依据调解仲裁法第四十八条规定向基层人民法院提起诉讼，用人单位依据调解仲裁法第四十九条规定向劳动争议仲裁机构所在地的中级人民法院申请撤销仲裁裁决的，中级人民法院应当不予受理；已经受理的，应当裁定驳回申请。

被人民法院驳回起诉或者劳动者撤诉的，用人单位可以自收到裁定书之日起三十日内，向劳动争议仲裁机构所在地的中级人民法院申请撤销仲裁裁决。

第二十二条　用人单位依据调解仲裁法第四十九条规定向中级人民法院申请撤销仲裁裁决，中级人民法院作出的驳回申请或者撤销仲裁裁决的裁定为终审裁定。

第二十三条　中级人民法院审理用人单位申请撤销终局裁决的案件，应当组成合议庭开庭审理。经过阅卷、调查和询问当事人，对没有新的事实、证据或者理由，合议庭认为不需要开庭审理的，可以不开庭审理。

中级人民法院可以组织双方当事人调解。达成调解协议的，可以制作调解书。一方当事人逾期不履行调解协议的，另一方可以申请人民法院强制执行。

第二十四条　当事人申请人民法院执行劳动争议仲裁机构作出的发生法律效力的裁决书、调解书，被申请人提出证据证明劳动争议仲裁裁决书、调解书有下列情形之一，并经审查核实的，人民法院可以根据民事诉讼法第二百三十七条规定，裁定不予执行：

（一）裁决的事项不属于劳动争议仲裁范围，或者劳动争议仲裁机构无权仲裁的；

（二）适用法律、法规确有错误的；

（三）违反法定程序的；

（四）裁决所根据的证据是伪造的；

（五）对方当事人隐瞒了足以影响公正裁决的证据的；

（六）仲裁员在仲裁该案时有索贿受贿、徇私舞弊、枉法裁决行为的；

（七）人民法院认定执行该劳动争议仲裁裁决违背社会公共利益的。

人民法院在不予执行的裁定书中，应当告知当事人在收到裁定书之次日起三十日内，可以就该劳动争议事项向人民法院提起诉讼。

第二十五条 劳动争议仲裁机构作出终局裁决，劳动者向人民法院申请执行，用人单位向劳动争议仲裁机构所在地的中级人民法院申请撤销的，人民法院应当裁定中止执行。

用人单位撤回撤销终局裁决申请或者其申请被驳回的，人民法院应当裁定恢复执行。仲裁裁决被撤销的，人民法院应当裁定终结执行。

用人单位向人民法院申请撤销仲裁裁决被驳回后，又在执行程序中以相同理由提出不予执行抗辩的，人民法院不予支持。

第二十六条 用人单位与其它单位合并的，合并前发生的劳动争议，由合并后的单位为当事人；用人单位分立为若干单位的，其分立前发生的劳动争议，由分立后的实际用人单位为当事人。

用人单位分立为若干单位后，具体承受劳动权利义务的单位不明确的，分立后的单位均为当事人。

第二十七条 用人单位招用尚未解除劳动合同的劳动者，原用人单位与劳动者发生的劳动争议，可以列新的用人单位为第三人。

原用人单位以新的用人单位侵权为由提起诉讼的，可以列劳动者为第三人。

原用人单位以新的用人单位和劳动者共同侵权为由提起诉讼的，新的用人单位和劳动者列为共同被告。

第二十八条 劳动者在用人单位与其他平等主体之间的承包经营期间，与发包方和承包方双方或者一方发生劳动争议，依法提起诉讼的，应当将承包方和发包方作为当事人。

第二十九条 劳动者与未办理营业执照、营业执照被吊销或者营业期限届满仍继续经营的用人单位发生争议的，应当将用人单位或者其出资人列为当事人。

第三十条 未办理营业执照、营业执照被吊销或者营业期限届满仍继续经营的用人单位，以挂靠等方式借用他人营业执照经营的，应当将用人单位和营业执照出借方列为当事人。

第三十一条 当事人不服劳动争议仲裁机构作出的仲裁裁决，依法提起诉讼，人民法院审查认为仲裁裁决遗漏了必须共同参加仲裁的当事人的，应当依法追加遗漏的人为诉讼当事人。

被追加的当事人应当承担责任的，人民法院应当一并处理。

第三十二条　用人单位与其招用的已经依法享受养老保险待遇或者领取退休金的人员发生用工争议而提起诉讼的，人民法院应当按劳务关系处理。

企业停薪留职人员、未达到法定退休年龄的内退人员、下岗待岗人员以及企业经营性停产放长假人员，因与新的用人单位发生用工争议而提起诉讼的，人民法院应当按劳动关系处理。

第三十三条　外国人、无国籍人未依法取得就业证件即与中华人民共和国境内的用人单位签订劳动合同，当事人请求确认与用人单位存在劳动关系的，人民法院不予支持。

持有《外国专家证》并取得《外国人来华工作许可证》的外国人，与中华人民共和国境内的用人单位建立用工关系的，可以认定为劳动关系。

第三十四条　劳动合同期满后，劳动者仍在原用人单位工作，原用人单位未表示异议的，视为双方同意以原条件继续履行劳动合同。一方提出终止劳动关系的，人民法院应予支持。

根据劳动合同法第十四条规定，用人单位应当与劳动者签订无固定期限劳动合同而未签订的，人民法院可以视为双方之间存在无固定期限劳动合同关系，并以原劳动合同确定双方的权利义务关系。

第三十五条　劳动者与用人单位就解除或者终止劳动合同办理相关手续、支付工资报酬、加班费、经济补偿或者赔偿金等达成的协议，不违反法律、行政法规的强制性规定，且不存在欺诈、胁迫或者乘人之危情形的，应当认定有效。

前款协议存在重大误解或者显失公平情形，当事人请求撤销的，人民法院应予支持。

第三十六条　当事人在劳动合同或者保密协议中约定了竞业限制，但未约定解除或者终止劳动合同后给予劳动者经济补偿，劳动者履行了竞业限制义务，要求用人单位按照劳动者在劳动合同解除或者终止前十二个月平均工资的 30%按月支付经济补偿的，人民法院应予支持。

前款规定的月平均工资的 30%低于劳动合同履行地最低工资标准的，按照劳动合同履行地最低工资标准支付。

第三十七条 当事人在劳动合同或者保密协议中约定了竞业限制和经济补偿，当事人解除劳动合同时，除另有约定外，用人单位要求劳动者履行竞业限制义务，或者劳动者履行了竞业限制义务后要求用人单位支付经济补偿的，人民法院应予支持。

第三十八条 当事人在劳动合同或者保密协议中约定了竞业限制和经济补偿，劳动合同解除或者终止后，因用人单位的原因导致三个月未支付经济补偿，劳动者请求解除竞业限制约定的，人民法院应予支持。

第三十九条 在竞业限制期限内，用人单位请求解除竞业限制协议的，人民法院应予支持。

在解除竞业限制协议时，劳动者请求用人单位额外支付劳动者三个月的竞业限制经济补偿的，人民法院应予支持。

第四十条 劳动者违反竞业限制约定，向用人单位支付违约金后，用人单位要求劳动者按照约定继续履行竞业限制义务的，人民法院应予支持。

第四十一条 劳动合同被确认为无效，劳动者已付出劳动的，用人单位应当按照劳动合同法第二十八条、第四十六条、第四十七条的规定向劳动者支付劳动报酬和经济补偿。

由于用人单位原因订立无效劳动合同，给劳动者造成损害的，用人单位应当赔偿劳动者因合同无效所造成的经济损失。

第四十二条 劳动者主张加班费的，应当就加班事实的存在承担举证责任。但劳动者有证据证明用人单位掌握加班事实存在的证据，用人单位不提供的，由用人单位承担不利后果。

第四十三条 用人单位与劳动者协商一致变更劳动合同，虽未采用书面形式，但已经实际履行了口头变更的劳动合同超过一个月，变更后的劳动合同内容不违反法律、行政法规且不违背公序良俗，当事人以未采用书面形式为由主张劳动合同变更无效的，人民法院不予支持。

第四十四条　因用人单位作出的开除、除名、辞退、解除劳动合同、减少劳动报酬、计算劳动者工作年限等决定而发生的劳动争议，用人单位负举证责任。

第四十五条　用人单位有下列情形之一，迫使劳动者提出解除劳动合同的，用人单位应当支付劳动者的劳动报酬和经济补偿，并可支付赔偿金：

（一）以暴力、威胁或者非法限制人身自由的手段强迫劳动的；

（二）未按照劳动合同约定支付劳动报酬或者提供劳动条件的；

（三）克扣或者无故拖欠劳动者工资的；

（四）拒不支付劳动者延长工作时间工资报酬的；

（五）低于当地最低工资标准支付劳动者工资的。

第四十六条　劳动者非因本人原因从原用人单位被安排到新用人单位工作，原用人单位未支付经济补偿，劳动者依据劳动合同法第三十八条规定与新用人单位解除劳动合同，或者新用人单位向劳动者提出解除、终止劳动合同，在计算支付经济补偿或赔偿金的工作年限时，劳动者请求把在原用人单位的工作年限合并计算为新用人单位工作年限的，人民法院应予支持。

用人单位符合下列情形之一的，应当认定属于“劳动者非因本人原因从原用人单位被安排到新用人单位工作”：

（一）劳动者仍在原工作场所、工作岗位工作，劳动合同主体由原用人单位变更为新用人单位；

（二）用人单位以组织委派或任命形式对劳动者进行工作调动；

（三）因用人单位合并、分立等原因导致劳动者工作调动；

（四）用人单位及其关联企业与劳动者轮流订立劳动合同；

（五）其他合理情形。

第四十七条　建立了工会组织的用人单位解除劳动合同符合劳动合同

法第三十九条、第四十条规定，但未按照劳动合同法第四十三条规定事先通知工会，劳动者以用人单位违法解除劳动合同为由请求用人单位支付赔偿金的，人民法院应予支持，但起诉前用人单位已经补正有关程序的除外。

第四十八条　劳动合同法施行后，因用人单位经营期限届满不再继续经营导致劳动合同不能继续履行，劳动者请求用人单位支付经济补偿的，人民法院应予支持。

第四十九条　在诉讼过程中，劳动者向人民法院申请采取财产保全措施，人民法院经审查认为申请人经济确有困难，或者有证据证明用人单位存在欠薪逃匿可能的，应当减轻或者免除劳动者提供担保的义务，及时采取保全措施。

人民法院作出的财产保全裁定中，应当告知当事人在劳动争议仲裁机构的裁决书或者在人民法院的裁判文书生效后三个月内申请强制执行。逾期不申请的，人民法院应当裁定解除保全措施。

第五十条　用人单位根据劳动合同法第四条规定，通过民主程序制定的规章制度，不违反国家法律、行政法规及政策规定，并已向劳动者公示的，可以作为确定双方权利义务的依据。

用人单位制定的内部规章制度与集体合同或者劳动合同约定的内容不一致，劳动者请求优先适用合同约定的，人民法院应予支持。

第五十一条　当事人在调解仲裁法第十条规定的调解组织主持下达成的具有劳动权利义务内容的调解协议，具有劳动合同的约束力，可以作为人民法院裁判的根据。

当事人在调解仲裁法第十条规定的调解组织主持下仅就劳动报酬争议达成调解协议，用人单位不履行调解协议确定的给付义务，劳动者直接提起诉讼的，人民法院可以按照普通民事纠纷受理。

第五十二条　当事人在人民调解委员会主持下仅就给付义务达成的调解协议，双方认为有必要的，可以共同向人民调解委员会所在地的基层人民法院申请司法确认。

第五十三条　用人单位对劳动者作出的开除、除名、辞退等处理，或者因其他原因解除劳动合同确有错误的，人民法院可以依法判决予以撤销。

对于追索劳动报酬、养老金、医疗费以及工伤保险待遇、经济补偿金、培训费及其他相关费用等案件，给付数额不当的，人民法院可以予以变更。

第五十四条　本解释自2021年1月1日起施行。

最高人民法院关于审理拒不支付劳动报酬刑事案件适用法律若干问题的解释

法释〔2013〕3号

（2013年1月14日由最高人民法院审判委员会第1567次会议通过　2013年1月16日最高人民法院公告公布　自2013年1月23日起施行）

为依法惩治拒不支付劳动报酬犯罪，维护劳动者的合法权益，根据《中华人民共和国刑法》有关规定，现就办理此类刑事案件适用法律的若干问题解释如下：

第一条　劳动者依照《中华人民共和国劳动法》和《中华人民共和国劳动合同法》等法律的规定应得的劳动报酬，包括工资、奖金、津贴、补贴、延长工作时间的工资报酬及特殊情况下支付的工资等，应当认定为刑法第二百七十六条之一第一款规定的“劳动者的劳动报酬”。

第二条　以逃避支付劳动者的劳动报酬为目的，具有下列情形之一的，应当认定为刑法第二百七十六条之一第一款规定的“以转移财产、逃匿等方法逃避支付劳动者的劳动报酬”：

（一）隐匿财产、恶意清偿、虚构债务、虚假破产、虚假倒闭或者以其他方法转移、处分财产的；

（二）逃跑、藏匿的；

（三）隐匿、销毁或者篡改账目、职工名册、工资支付记录、考勤记录等与劳动报酬相关的材料的；

（四）以其他方法逃避支付劳动报酬的。

第三条 具有下列情形之一的，应当认定为刑法第二百七十六条之一第一款规定的“数额较大”：

（一）拒不支付一名劳动者三个月以上的劳动报酬且数额在五千元至二万元以上的；

（二）拒不支付十名以上劳动者的劳动报酬且数额累计在三万元至十万元以上的。

各省、自治区、直辖市高级人民法院可以根据本地区经济社会发展状况，在前款规定的数额幅度内，研究确定本地区执行的具体数额标准，报最高人民法院备案。

第四条 经人力资源社会保障部门或者政府其他有关部门依法以限期整改指令书、行政处理决定书等文书责令支付劳动者的劳动报酬后，在指定的期限内仍不支付的，应当认定为刑法第二百七十六条之一第一款规定的“经政府有关部门责令支付仍不支付”，但有证据证明行为人有正当理由未知悉责令支付或者未及时支付劳动报酬的除外。

行为人逃匿，无法将责令支付文书送交其本人、同住成年家属或者所在单位负责收件的人的，如果有关部门已通过在行为人的住所地、生产经营场所等地张贴责令支付文书等方式责令支付，并采用拍照、录像等方式记录的，应当视为“经政府有关部门责令支付”。

第五条 拒不支付劳动者的劳动报酬，符合本解释第三条的规定，并具有下列情形之一的，应当认定为刑法第二百七十六条之一第一款规定的“造成严重后果”：

（一）造成劳动者或者其被赡养人、被扶养人、被抚养人的基本生活受到严重影响、重大疾病无法及时医治或者失学的；

（二）对要求支付劳动报酬的劳动者使用暴力或者进行暴力威胁的；

（三）造成其他严重后果的。

第六条 拒不支付劳动者的劳动报酬，尚未造成严重后果，在刑事立案前支付劳动者的劳动报酬，并依法承担相应赔偿责任的，可以认定为情节显著轻微危害不大，不认为是犯罪；在提起公诉前支付劳动者的劳动报酬，并依法承担相应赔偿责任的，可以减轻或者免除刑事处罚；在一审宣判前支付劳动者的劳动报酬，并依法承担相应赔偿责任的，可以从轻处罚。

对于免除刑事处罚的，可以根据案件的不同情况，予以训诫、责令具结悔过或者赔礼道歉。

拒不支付劳动者的劳动报酬，造成严重后果，但在宣判前支付劳动者的劳动报酬，并依法承担相应赔偿责任的，可以酌情从宽处罚。

第七条　不具备用工主体资格的单位或者个人，违法用工且拒不支付劳动者的劳动报酬，数额较大，经政府有关部门责令支付仍不支付的，应当依照刑法第二百七十六条之一的规定，以拒不支付劳动报酬罪追究刑事责任。

第八条　用人单位的实际控制人实施拒不支付劳动报酬行为，构成犯罪的，应当依照刑法第二百七十六条之一的规定追究刑事责任。

第九条　单位拒不支付劳动报酬，构成犯罪的，依照本解释规定的相应个人犯罪的定罪量刑标准，对直接负责的主管人员和其他直接责任人员定罪处罚，并对单位判处罚金。

中华人民共和国劳动合同法实施条例

（2008年9月3日国务院第25次常务会议通过　2008年9月18日中华人民共和国国务院令第535号公布　自公布之日起施行）

第一章　总则

第一条　为了贯彻实施《中华人民共和国劳动合同法》（以下简称劳动合同法），制定本条例。

第二条　各级人民政府和县级以上人民政府劳动行政等有关部门以及工会等组织，应当采取措施，推动劳动合同法的贯彻实施，促进劳动关系的和谐。

第三条　依法成立的会计师事务所、律师事务所等合伙组织和基金会，属于劳动合同法规定的用人单位。

第二章 劳动合同的订立

第四条 劳动合同法规定的用人单位设立的分支机构，依法取得营业执照或者登记证书的，可以作为用人单位与劳动者订立劳动合同；未依法取得营业执照或者登记证书的，受用人单位委托可以与劳动者订立劳动合同。

第五条 自用工之日起一个月内，经用人单位书面通知后，劳动者不与用人单位订立书面劳动合同的，用人单位应当书面通知劳动者终止劳动关系，无需向劳动者支付经济补偿，但是应当依法向劳动者支付其实际工作时间的劳动报酬。

第六条 用人单位自用工之日起超过一个月不满一年未与劳动者订立书面劳动合同的，应当依照劳动合同法第八十二条的规定向劳动者每月支付两倍的工资，并与劳动者补订书面劳动合同；劳动者不与用人单位订立书面劳动合同的，用人单位应当书面通知劳动者终止劳动关系，并依照劳动合同法第四十七条的规定支付经济补偿。

前款规定的用人单位向劳动者每月支付两倍工资的起算时间为用工之日起满一个月的次日，截止时间为补订书面劳动合同的前一日。

第七条 用人单位自用工之日起满一年未与劳动者订立书面劳动合同的，自用工之日起满一个月的次日至满一年的前一日应当依照劳动合同法第八十二条的规定向劳动者每月支付两倍的工资，并视为自用工之日起满一年的当日已经与劳动者订立无固定期限劳动合同，应当立即与劳动者补订书面劳动合同。

第八条 劳动合同法第七条规定的职工名册，应当包括劳动者姓名、性别、公民身份号码、户籍地址及现住址、联系方式、用工形式、用工起始时间、劳动合同期限等内容。

第九条 劳动合同法第十四条第二款规定的连续工作满 10 年的起始时间，应当自用人单位用工之日起计算，包括劳动合同法施行前的工作年限。

第十条　劳动者非因本人原因从原用人单位被安排到新用人单位工作的，劳动者在原用人单位的工作年限合并计算为新用人单位的工作年限。原用人单位已经向劳动者支付经济补偿的，新用人单位在依法解除、终止劳动合同计算支付经济补偿的工作年限时，不再计算劳动者在原用人单位的工作年限。

第十一条　除劳动者与用人单位协商一致的情形外，劳动者依照劳动合同法第十四条第二款的规定，提出订立无固定期限劳动合同的，用人单位应当与其订立无固定期限劳动合同。对劳动合同的内容，双方应当按照合法、公平、平等自愿、协商一致、诚实信用的原则协商确定；对协商不一致的内容，依照劳动合同法第十八条的规定执行。

第十二条　地方各级人民政府及县级以上地方人民政府有关部门为安置就业困难人员提供的给予岗位补贴和社会保险补贴的公益性岗位，其劳动合同不适用劳动合同法有关无固定期限劳动合同的规定以及支付经济补偿的规定。

第十三条　用人单位与劳动者不得在劳动合同法第四十四条规定的劳动合同终止情形之外约定其他的劳动合同终止条件。

第十四条　劳动合同履行地与用人单位注册地不一致的，有关劳动者的最低工资标准、劳动保护、劳动条件、职业危害防护和本地区上年度职工月平均工资标准等事项，按照劳动合同履行地的有关规定执行；用人单位注册地的有关标准高于劳动合同履行地的有关标准，且用人单位与劳动者约定按照用人单位注册地的有关规定执行的，从其约定。

第十五条　劳动者在试用期的工资不得低于本单位相同岗位最低档工资的80%或者不得低于劳动合同约定工资的80%，并不得低于用人单位所在地的最低工资标准。

第十六条　劳动合同法第二十二条第二款规定的培训费用，包括用人单位为了对劳动者进行专业技术培训而支付的有凭证的培训费用、培训期间的差旅费用以及因培训产生的用于该劳动者的其他直接费用。

第十七条　劳动合同期满，但是用人单位与劳动者依照劳动合同法第二十二条的规定约定的服务期尚未到期的，劳动合同应当续延至服务期满；双方另有约定的，从其约定。

第三章　劳动合同的解除和终止

第十八条　有下列情形之一的，依照劳动合同法规定的条件、程序，劳动者可以与用人单位解除固定期限劳动合同、无固定期限劳动合同或者以完成一定工作任务为期限的劳动合同：

（一）劳动者与用人单位协商一致的；

（二）劳动者提前30日以书面形式通知用人单位的；

（三）劳动者在试用期内提前3日通知用人单位的；

（四）用人单位未按照劳动合同约定提供劳动保护或者劳动条件的；

（五）用人单位未及时足额支付劳动报酬的；

（六）用人单位未依法为劳动者缴纳社会保险费的；

（七）用人单位的规章制度违反法律、法规的规定，损害劳动者权益的；

（八）用人单位以欺诈、胁迫的手段或者乘人之危，使劳动者在违背真实意思的情况下订立或者变更劳动合同的；

（九）用人单位在劳动合同中免除自己的法定责任、排除劳动者权利的；

（十）用人单位违反法律、行政法规强制性规定的；

（十一）用人单位以暴力、威胁或者非法限制人身自由的手段强迫劳动者劳动的；

（十二）用人单位违章指挥、强令冒险作业危及劳动者人身安全的；

（十三）法律、行政法规规定劳动者可以解除劳动合同的其他情形。

第十九条　有下列情形之一的，依照劳动合同法规定的条件、程序，用人单位可以与劳动者解除固定期限劳动合同、无固定期限劳动合同或者以完成一定工作任务为期限的劳动合同：

（一）用人单位与劳动者协商一致的；

（二）劳动者在试用期间被证明不符合录用条件的；

（三）劳动者严重违反用人单位的规章制度的；

（四）劳动者严重失职，营私舞弊，给用人单位造成重大损害的；

（五）劳动者同时与其他用人单位建立劳动关系，对完成本单位的工作任务造成严重影响，或者经用人单位提出，拒不改正的；

（六）劳动者以欺诈、胁迫的手段或者乘人之危，使用人单位在违背真实意思的情况下订立或者变更劳动合同的；

（七）劳动者被依法追究刑事责任的；

（八）劳动者患病或者非因工负伤，在规定的医疗期满后不能从事原工作，也不能从事由用人单位另行安排的工作的；

（九）劳动者不能胜任工作，经过培训或者调整工作岗位，仍不能胜任工作的；

（十）劳动合同订立时所依据的客观情况发生重大变化，致使劳动合同无法履行，经用人单位与劳动者协商，未能就变更劳动合同内容达成协议的；

（十一）用人单位依照企业破产法规定进行重整的；

（十二）用人单位生产经营发生严重困难的；

（十三）企业转产、重大技术革新或者经营方式调整，经变更劳动合同后，仍需裁减人员的；

（十四）其他因劳动合同订立时所依据的客观经济情况发生重大变化，致使劳动合同无法履行的。

第二十条　用人单位依照劳动合同法第四十条的规定，选择额外支付劳动者一个月工资解除劳动合同的，其额外支付的工资应当按照该劳动者上一个月的工资标准确定。

第二十一条　劳动者达到法定退休年龄的，劳动合同终止。

第二十二条　以完成一定工作任务为期限的劳动合同因任务完成而终止的，用人单位应当依照劳动合同法第四十七条的规定向劳动者支付经济补偿。

第二十三条　用人单位依法终止工伤职工的劳动合同的，除依照劳动合同法第四十七条的规定支付经济补偿外，还应当依照国家有关工伤保险的规定支付一次性工伤医疗补助金和伤残就业补助金。

第二十四条　用人单位出具的解除、终止劳动合同的证明，应当写明劳动合同期限、解除或者终止劳动合同的日期、工作岗位、在本单位的工作年限。

第二十五条　用人单位违反劳动合同法的规定解除或者终止劳动合同，依照劳动合同法第八十七条的规定支付了赔偿金的，不再支付经济补偿。赔偿金的计算年限自用工之日起计算。

第二十六条　用人单位与劳动者约定了服务期，劳动者依照劳动合同法第三十八条的规定解除劳动合同的，不属于违反服务期的约定，用人单位不得要求劳动者支付违约金。

有下列情形之一，用人单位与劳动者解除约定服务期的劳动合同的，劳动者应当按照劳动合同的约定向用人单位支付违约金：

（一）劳动者严重违反用人单位的规章制度的；

（二）劳动者严重失职，营私舞弊，给用人单位造成重大损害的；

（三）劳动者同时与其他用人单位建立劳动关系，对完成本单位的工作任务造成严重影响，或者经用人单位提出，拒不改正的；

（四）劳动者以欺诈、胁迫的手段或者乘人之危，使用人单位在违背真实意思的情况下订立或者变更劳动合同的；

（五）劳动者被依法追究刑事责任的。

第二十七条　劳动合同法第四十七条规定的经济补偿的月工资按照劳动者应得工资计算，包括计时工资或者计件工资以及奖金、津贴和补贴等货币性收入。劳动者在劳动合同解除或者终止前 12 个月的平均工资低于当地最低工资标准的，按照当地最低工资标准计算。劳动者工作不满 12 个月的，按照实际工作的月数计算平均工资。

第四章　劳务派遣特别规定

第二十八条　用人单位或者其所属单位出资或者合伙设立的劳务派遣单位，向本单位或者所属单位派遣劳动者的，属于劳动合同法第六十七条规定的不得设立的劳务派遣单位。

第二十九条　用工单位应当履行劳动合同法第六十二条规定的义务，维护被派遣劳动者的合法权益。

第三十条　劳务派遣单位不得以非全日制用工形式招用被派遣劳动者。

第三十一条　劳务派遣单位或者被派遣劳动者依法解除、终止劳动合同的经济补偿，依照劳动合同法第四十六条、第四十七条的规定执行。

第三十二条　劳务派遣单位违法解除或者终止被派遣劳动者的劳动合同的，依照劳动合同法第四十八条的规定执行。

第五章　法律责任

第三十三条　用人单位违反劳动合同法有关建立职工名册规定的，由劳动行政部门责令限期改正；逾期不改正的，由劳动行政部门处 2000 元以上 2 万元以下的罚款。

第三十四条　用人单位依照劳动合同法的规定应当向劳动者每月支付两倍的工资或者应当向劳动者支付赔偿金而未支付的，劳动行政部门应当责令用人单位支付。

第三十五条　用工单位违反劳动合同法和本条例有关劳务派遣规定的，由劳动行政部门和其他有关主管部门责令改正；情节严重的，以每位被派遣劳动者 1000 元以上 5000 元以下的标准处以罚款；给被派遣劳动者造成损害的，劳务派遣单位和用工单位承担连带赔偿责任。

第六章　附则

第三十六条　对违反劳动合同法和本条例的行为的投诉、举报，县级以上地方人民政府劳动行政部门依照《劳动保障监察条例》的规定处理。

第三十七条　劳动者与用人单位因订立、履行、变更、解除或者终止劳动合同发生争议的，依照《中华人民共和国劳动争议调解仲裁法》的规定处理。

第三十八条　本条例自公布之日起施行。

工伤保险条例

（2003 年 4 月 27 日中华人民共和国国务院令第 375 号公布 根据 2010 年 12 月 20 日《国务院关于修改〈工伤保险条例〉的决定》修订）

第一章 总则

第一条 为了保障因工作遭受事故伤害或者患职业病的职工获得医疗救治和经济补偿，促进工伤预防和职业康复，分散用人单位的工伤风险，制定本条例。

第二条 中华人民共和国境内的企业、事业单位、社会团体、民办非企业单位、基金会、律师事务所、会计师事务所等组织和有雇工的个体工商户（以下称用人单位）应当依照本条例规定参加工伤保险，为本单位全部职工或者雇工（以下称职工）缴纳工伤保险费。

中华人民共和国境内的企业、事业单位、社会团体、民办非企业单位、基金会、律师事务所、会计师事务所等组织的职工和个体工商户的雇工，均有依照本条例的规定享受工伤保险待遇的权利。

第三条 工伤保险费的征缴按照《社会保险费征缴暂行条例》关于基本养老保险费、基本医疗保险费、失业保险费的征缴规定执行。

第四条 用人单位应当将参加工伤保险的有关情况在本单位内公示。

用人单位和职工应当遵守有关安全生产和职业病防治的法律法规，执行安全卫生规程和标准，预防工伤事故发生，避免和减少职业病危害。

职工发生工伤时，用人单位应当采取措施使工伤职工得到及时救治。

第五条 国务院社会保险行政部门负责全国的工伤保险工作。

县级以上地方各级人民政府社会保险行政部门负责本行政区域内的工伤保险工作。

社会保险行政部门按照国务院有关规定设立的社会保险经办机构（以下称经办机构）具体承办工伤保险事务。

第六条 社会保险行政部门等部门制定工伤保险的政策、标准，应当征求工会组织、用人单位代表的意见。

第二章　工伤保险基金

第七条　工伤保险基金由用人单位缴纳的工伤保险费、工伤保险基金的利息和依法纳入工伤保险基金的其他资金构成。

第八条　工伤保险费根据以支定收、收支平衡的原则，确定费率。

国家根据不同行业的工伤风险程度确定行业的差别费率，并根据工伤保险费使用、工伤发生率等情况在每个行业内确定若干费率档次。行业差别费率及行业内费率档次由国务院社会保险行政部门制定，报国务院批准后公布施行。

统筹地区经办机构根据用人单位工伤保险费使用、工伤发生率等情况，适用所属行业内相应的费率档次确定单位缴费费率。

第九条　国务院社会保险行政部门应当定期了解全国各统筹地区工伤保险基金收支情况，及时提出调整行业差别费率及行业内费率档次的方案，报国务院批准后公布施行。

第十条　用人单位应当按时缴纳工伤保险费。职工个人不缴纳工伤保险费。

用人单位缴纳工伤保险费的数额为本单位职工工资总额乘以单位缴费费率之积。

对难以按照工资总额缴纳工伤保险费的行业，其缴纳工伤保险费的具体方式，由国务院社会保险行政部门规定。

第十一条　工伤保险基金逐步实行省级统筹。

跨地区、生产流动性较大的行业，可以采取相对集中的方式异地参加统筹地区的工伤保险。具体办法由国务院社会保险行政部门会同有关行业的主管部门制定。

第十二条　工伤保险基金存入社会保障基金财政专户，用于本条例规定的工伤保险待遇，劳动能力鉴定，工伤预防的宣传、培训等费用，以及法律、法规规定的用于工伤保险的其他费用的支付。

工伤预防费用的提取比例、使用和管理的具体办法，由国务院社会保险行政部门会同国务院财政、卫生行政、安全生产监督管理等部门规定。

任何单位或者个人不得将工伤保险基金用于投资运营、兴建或者改建办公场所、发放奖金，或者挪作其他用途。

第十三条　工伤保险基金应当留有一定比例的储备金，用于统筹地区重大事故的工伤保险待遇支付；储备金不足支付的，由统筹地区的人民政府垫付。储备金占基金总额的具体比例和储备金的使用办法，由省、自治区、直辖市人民政府规定。

第三章　工伤认定

第十四条　职工有下列情形之一的，应当认定为工伤：

（一）在工作时间和工作场所内，因工作原因受到事故伤害的；

（二）工作时间前后在工作场所内，从事与工作有关的预备性或者收尾性工作受到事故伤害的；

（三）在工作时间和工作场所内，因履行工作职责受到暴力等意外伤害的；

（四）患职业病的；

（五）因工外出期间，由于工作原因受到伤害或者发生事故下落不明的；

（六）在上下班途中，受到非本人主要责任的交通事故或者城市轨道交通、客运轮渡、火车事故伤害的；

（七）法律、行政法规规定应当认定为工伤的其他情形。

第十五条　职工有下列情形之一的，视同工伤：

（一）在工作时间和工作岗位，突发疾病死亡或者在48小时之内经抢救无效死亡的；

（二）在抢险救灾等维护国家利益、公共利益活动中受到伤害的；

（三）职工原在军队服役，因战、因公负伤致残，已取得革命伤残军人证，到用人单位后旧伤复发的。

职工有前款第（一）项、第（二）项情形的，按照本条例的有关规定享受工伤保险待遇；职工有前款第（三）项情形的，按照本条例的有关规定享受除一次性伤残补助金以外的工伤保险待遇。

第十六条　职工符合本条例第十四条、第十五条的规定，但是有下列情形之一的，不得认定为工伤或者视同工伤：

（一）故意犯罪的；

（二）醉酒或者吸毒的；

（三）自残或者自杀的。

第十七条　职工发生事故伤害或者按照职业病防治法规定被诊断、鉴定为职业病，所在单位应当自事故伤害发生之日或者被诊断、鉴定为职业病之日起 30 日内，向统筹地区社会保险行政部门提出工伤认定申请。遇有特殊情况，经报社会保险行政部门同意，申请时限可以适当延长。

用人单位未按前款规定提出工伤认定申请的，工伤职工或者其近亲属、工会组织在事故伤害发生之日或者被诊断、鉴定为职业病之日起 1 年内，可以直接向用人单位所在地统筹地区社会保险行政部门提出工伤认定申请。

按照本条第一款规定应当由省级社会保险行政部门进行工伤认定的事项，根据属地原则由用人单位所在地的设区的市级社会保险行政部门办理。

用人单位未在本条第一款规定的时限内提交工伤认定申请，在此期间发生符合本条例规定的工伤待遇等有关费用由该用人单位负担。

第十八条　提出工伤认定申请应当提交下列材料：

（一）工伤认定申请表；

（二）与用人单位存在劳动关系（包括事实劳动关系）的证明材料；

（三）医疗诊断证明或者职业病诊断证明书（或者职业病诊断鉴定书）。

工伤认定申请表应当包括事故发生的时间、地点、原因以及职工伤害程度等基本情况。

工伤认定申请人提供材料不完整的，社会保险行政部门应当一次性书面告知工伤认定申请人需要补正的全部材料。申请人按照书面告知要求补正材料后，社会保险行政部门应当受理。

第十九条　社会保险行政部门受理工伤认定申请后，根据审核需要可以对事故伤害进行调查核实，用人单位、职工、工会组织、医疗机构以及有关部门应当予以协助。职业病诊断和诊断争议的鉴定，依照职业病防治法的有关规定执行。对依法取得职业病诊断证明书或者职业病诊断鉴定书的，社会保险行政部门不再进行调查核实。

职工或者其近亲属认为是工伤，用人单位不认为是工伤的，由用人单位承担举证责任。

第二十条　社会保险行政部门应当自受理工伤认定申请之日起 60 日内作出工伤认定的决定，并书面通知申请工伤认定的职工或者其近亲属和该职工所在单位。

社会保险行政部门对受理的事实清楚、权利义务明确的工伤认定申请，应当在 15 日内作出工伤认定的决定。

作出工伤认定决定需要以司法机关或者有关行政主管部门的结论为依据的，在司法机关或者有关行政主管部门尚未作出结论期间，作出工伤认定决定的时限中止。

社会保险行政部门工作人员与工伤认定申请人有利害关系的，应当回避。

第四章　劳动能力鉴定

第二十一条　职工发生工伤，经治疗伤情相对稳定后存在残疾、影响劳动能力的，应当进行劳动能力鉴定。

第二十二条　劳动能力鉴定是指劳动功能障碍程度和生活自理障碍程度的等级鉴定。

劳动功能障碍分为十个伤残等级，最重的为一级，最轻的为十级。

生活自理障碍分为三个等级：生活完全不能自理、生活大部分不能自理和生活部分不能自理。

劳动能力鉴定标准由国务院社会保险行政部门会同国务院卫生行政部门等部门制定。

第二十三条　劳动能力鉴定由用人单位、工伤职工或者其近亲属向设区的市级劳动能力鉴定委员会提出申请，并提供工伤认定决定和职工工伤医疗的有关资料。

第二十四条　省、自治区、直辖市劳动能力鉴定委员会和设区的市级劳动能力鉴定委员会分别由省、自治区、直辖市和设区的市级社会保险行政部门、卫生行政部门、工会组织、经办机构代表以及用人单位代表组成。

劳动能力鉴定委员会建立医疗卫生专家库。列入专家库的医疗卫生专业技术人员应当具备下列条件：

（一）具有医疗卫生高级专业技术职务任职资格；

（二）掌握劳动能力鉴定的相关知识；

（三）具有良好的职业品德。

第二十五条　设区的市级劳动能力鉴定委员会收到劳动能力鉴定申请后，应当从其建立的医疗卫生专家库中随机抽取 3 名或者 5 名相关专家组成专家组，由专家组提出鉴定意见。设区的市级劳动能力鉴定委员会根据专家组的鉴定意见作出工伤职工劳动能力鉴定结论；必要时，可以委托具备资格的医疗机构协助进行有关的诊断。

设区的市级劳动能力鉴定委员会应当自收到劳动能力鉴定申请之日起 60 日内作出劳动能力鉴定结论，必要时，作出劳动能力鉴定结论的期限可以延长 30 日。劳动能力鉴定结论应当及时送达申请鉴定的单位和个人。

第二十六条　申请鉴定的单位或者个人对设区的市级劳动能力鉴定委员会作出的鉴定结论不服的，可以在收到该鉴定结论之日起 15 日内向省、自治区、直辖市劳动能力鉴定委员会提出再次鉴定申请。省、自治区、直辖市劳动能力鉴定委员会作出的劳动能力鉴定结论为最终结论。

第二十七条　劳动能力鉴定工作应当客观、公正。劳动能力鉴定委员会组成人员或者参加鉴定的专家与当事人有利害关系的，应当回避。

第二十八条　自劳动能力鉴定结论作出之日起 1 年后，工伤职工或者其近亲属、所在单位或者经办机构认为伤残情况发生变化的，可以申请劳动能力复查鉴定。

第二十九条 劳动能力鉴定委员会依照本条例第二十六条和第二十八条的规定进行再次鉴定和复查鉴定的期限，依照本条例第二十五条第二款的规定执行。

第五章 工伤保险待遇

第三十条 职工因工作遭受事故伤害或者患职业病进行治疗，享受工伤医疗待遇。

职工治疗工伤应当在签订服务协议的医疗机构就医，情况紧急时可以先到就近的医疗机构急救。

治疗工伤所需费用符合工伤保险诊疗项目目录、工伤保险药品目录、工伤保险住院服务标准的，从工伤保险基金支付。工伤保险诊疗项目目录、工伤保险药品目录、工伤保险住院服务标准，由国务院社会保险行政部门会同国务院卫生行政部门、食品药品监督管理部门等部门规定。

职工住院治疗工伤的伙食补助费，以及经医疗机构出具证明，报经办机构同意，工伤职工到统筹地区以外就医所需的交通、食宿费用从工伤保险基金支付，基金支付的具体标准由统筹地区人民政府规定。

工伤职工治疗非工伤引发的疾病，不享受工伤医疗待遇，按照基本医疗保险办法处理。

工伤职工到签订服务协议的医疗机构进行工伤康复的费用，符合规定的，从工伤保险基金支付。

第三十一条 社会保险行政部门作出认定为工伤的决定后发生行政复议、行政诉讼的，行政复议和行政诉讼期间不停止支付工伤职工治疗工伤的医疗费用。

第三十二条 工伤职工因日常生活或者就业需要，经劳动能力鉴定委员会确认，可以安装假肢、矫形器、假眼、假牙和配置轮椅等辅助器具，所需费用按照国家规定的标准从工伤保险基金支付。

第三十三条 职工因工作遭受事故伤害或者患职业病需要暂停工作接受工伤医疗的，在停工留薪期内，原工资福利待遇不变，由所在单位按月支付。

停工留薪期一般不超过12个月。伤情严重或者情况特殊，经设区的市级劳动能力鉴定委员会确认，可以适当延长，但延长不得超过12个月。工伤职工评定伤残等级后，停发原待遇，按照本章的有关规定享受伤残待遇。工伤职工在停工留薪期满后仍需治疗的，继续享受工伤医疗待遇。

生活不能自理的工伤职工在停工留薪期需要护理的，由所在单位负责。

第三十四条　工伤职工已经评定伤残等级并经劳动能力鉴定委员会确认需要生活护理的，从工伤保险基金按月支付生活护理费。

生活护理费按照生活完全不能自理、生活大部分不能自理或者生活部分不能自理3个不同等级支付，其标准分别为统筹地区上年度职工月平均工资的50％、40％或者30％。

第三十五条　职工因工致残被鉴定为一级至四级伤残的，保留劳动关系，退出工作岗位，享受以下待遇：

（一）从工伤保险基金按伤残等级支付一次性伤残补助金，标准为：一级伤残为27个月的本人工资，二级伤残为25个月的本人工资，三级伤残为23个月的本人工资，四级伤残为21个月的本人工资；

（二）从工伤保险基金按月支付伤残津贴，标准为：一级伤残为本人工资的90％，二级伤残为本人工资的85％，三级伤残为本人工资的80％，四级伤残为本人工资的75％。伤残津贴实际金额低于当地最低工资标准的，由工伤保险基金补足差额；

（三）工伤职工达到退休年龄并办理退休手续后，停发伤残津贴，按照国家有关规定享受基本养老保险待遇。基本养老保险待遇低于伤残津贴的，由工伤保险基金补足差额。

职工因工致残被鉴定为一级至四级伤残的，由用人单位和职工个人以伤残津贴为基数，缴纳基本医疗保险费。

第三十六条　职工因工致残被鉴定为五级、六级伤残的，享受以下待遇：

（一）从工伤保险基金按伤残等级支付一次性伤残补助金，标准为：

五级伤残为 18 个月的本人工资，六级伤残为 16 个月的本人工资；

（二）保留与用人单位的劳动关系，由用人单位安排适当工作。难以安排工作的，由用人单位按月发给伤残津贴，标准为：五级伤残为本人工资的 70％，六级伤残为本人工资的 60％，并由用人单位按照规定为其缴纳应缴纳的各项社会保险费。伤残津贴实际金额低于当地最低工资标准的，由用人单位补足差额。

经工伤职工本人提出，该职工可以与用人单位解除或者终止劳动关系，由工伤保险基金支付一次性工伤医疗补助金，由用人单位支付一次性伤残就业补助金。一次性工伤医疗补助金和一次性伤残就业补助金的具体标准由省、自治区、直辖市人民政府规定。

第三十七条　职工因工致残被鉴定为七级至十级伤残的，享受以下待遇：

（一）从工伤保险基金按伤残等级支付一次性伤残补助金，标准为：七级伤残为 13 个月的本人工资，八级伤残为 11 个月的本人工资，九级伤残为 9 个月的本人工资，十级伤残为 7 个月的本人工资；

（二）劳动、聘用合同期满终止，或者职工本人提出解除劳动、聘用合同的，由工伤保险基金支付一次性工伤医疗补助金，由用人单位支付一次性伤残就业补助金。一次性工伤医疗补助金和一次性伤残就业补助金的具体标准由省、自治区、直辖市人民政府规定。

第三十八条　工伤职工工伤复发，确认需要治疗的，享受本条例第三十条、第三十二条和第三十三条规定的工伤待遇。

第三十九条　职工因工死亡，其近亲属按照下列规定从工伤保险基金领取丧葬补助金、供养亲属抚恤金和一次性工亡补助金：

（一）丧葬补助金为 6 个月的统筹地区上年度职工月平均工资；

（二）供养亲属抚恤金按照职工本人工资的一定比例发给由因工死亡职工生前提供主要生活来源、无劳动能力的亲属。标准为：配偶每月 40％，其他亲属每人每月 30％，孤寡老人或者孤儿每人每月在上述标准的基础上增加 10％。核定的各供养亲属的抚恤金之和不应高于因工死亡职工生前的工资。供养亲属的具体范围由国务院社会保险行政部门规定；

（三）一次性工亡补助金标准为上一年度全国城镇居民人均可支配收入的20倍。

伤残职工在停工留薪期内因工伤导致死亡的，其近亲属享受本条第一款规定的待遇。

一级至四级伤残职工在停工留薪期满后死亡的，其近亲属可以享受本条第一款第（一）项、第（二）项规定的待遇。

第四十条　伤残津贴、供养亲属抚恤金、生活护理费由统筹地区社会保险行政部门根据职工平均工资和生活费用变化等情况适时调整。调整办法由省、自治区、直辖市人民政府规定。

第四十一条　职工因工外出期间发生事故或者在抢险救灾中下落不明的，从事故发生当月起3个月内照发工资，从第4个月起停发工资，由工伤保险基金向其供养亲属按月支付供养亲属抚恤金。生活有困难的，可以预支一次性工亡补助金的50%。职工被人民法院宣告死亡的，按照本条例第三十九条职工因工死亡的规定处理。

第四十二条　工伤职工有下列情形之一的，停止享受工伤保险待遇：

（一）丧失享受待遇条件的；

（二）拒不接受劳动能力鉴定的；

（三）拒绝治疗的。

第四十三条　用人单位分立、合并、转让的，承继单位应当承担原用人单位的工伤保险责任；原用人单位已经参加工伤保险的，承继单位应当到当地经办机构办理工伤保险变更登记。

用人单位实行承包经营的，工伤保险责任由职工劳动关系所在单位承担。

职工被借调期间受到工伤事故伤害的，由原用人单位承担工伤保险责任，但原用人单位与借调单位可以约定补偿办法。

企业破产的，在破产清算时依法拨付应当由单位支付的工伤保险待遇费用。

第四十四条　职工被派遣出境工作，依据前往国家或者地区的法律应当参加当地工伤保险的，参加当地工伤保险，其国内工伤保险关系中止；不能参加当地工伤保险的，其国内工伤保险关系不中止。

第四十五条　职工再次发生工伤，根据规定应当享受伤残津贴的，按照新认定的伤残等级享受伤残津贴待遇。

第六章　监督管理

第四十六条　经办机构具体承办工伤保险事务，履行下列职责：

（一）根据省、自治区、直辖市人民政府规定，征收工伤保险费；

（二）核查用人单位的工资总额和职工人数，办理工伤保险登记，并负责保存用人单位缴费和职工享受工伤保险待遇情况的记录；

（三）进行工伤保险的调查、统计；

（四）按照规定管理工伤保险基金的支出；

（五）按照规定核定工伤保险待遇；

（六）为工伤职工或者其近亲属免费提供咨询服务。

第四十七条　经办机构与医疗机构、辅助器具配置机构在平等协商的基础上签订服务协议，并公布签订服务协议的医疗机构、辅助器具配置机构的名单。具体办法由国务院社会保险行政部门分别会同国务院卫生行政部门、民政部门等部门制定。

第四十八条　经办机构按照协议和国家有关目录、标准对工伤职工医疗费用、康复费用、辅助器具费用的使用情况进行核查，并按时足额结算费用。

第四十九条　经办机构应当定期公布工伤保险基金的收支情况，及时向社会保险行政部门提出调整费率的建议。

第五十条　社会保险行政部门、经办机构应当定期听取工伤职工、医疗机构、辅助器具配置机构以及社会各界对改进工伤保险工作的意见。

第五十一条　社会保险行政部门依法对工伤保险费的征缴和工伤保险基金的支付情况进行监督检查。

财政部门和审计机关依法对工伤保险基金的收支、管理情况进行监督。

第五十二条　任何组织和个人对有关工伤保险的违法行为，有权举报。社会保险行政部门对举报应当及时调查，按照规定处理，并为举报人保密。

第五十三条　工会组织依法维护工伤职工的合法权益，对用人单位的工伤保险工作实行监督。

第五十四条　职工与用人单位发生工伤待遇方面的争议，按照处理劳动争议的有关规定处理。

第五十五条　有下列情形之一的，有关单位或者个人可以依法申请行政复议，也可以依法向人民法院提起行政诉讼：

（一）申请工伤认定的职工或者其近亲属、该职工所在单位对工伤认定申请不予受理的决定不服的；

（二）申请工伤认定的职工或者其近亲属、该职工所在单位对工伤认定结论不服的；

（三）用人单位对经办机构确定的单位缴费费率不服的；

（四）签订服务协议的医疗机构、辅助器具配置机构认为经办机构未履行有关协议或者规定的；

（五）工伤职工或者其近亲属对经办机构核定的工伤保险待遇有异议的。

第七章　法律责任

第五十六条　单位或者个人违反本条例第十二条规定挪用工伤保险基金，构成犯罪的，依法追究刑事责任；尚不构成犯罪的，依法给予处分或者纪律处分。被挪用的基金由社会保险行政部门追回，并入工伤保险基金；没收的违法所得依法上缴国库。

第五十七条　社会保险行政部门工作人员有下列情形之一的，依法给予处分；情节严重，构成犯罪的，依法追究刑事责任：

（一）无正当理由不受理工伤认定申请，或者弄虚作假将不符合工伤条件的人员认定为工伤职工的；

（二）未妥善保管申请工伤认定的证据材料，致使有关证据灭失的；

（三）收受当事人财物的。

第五十八条 经办机构有下列行为之一的，由社会保险行政部门责令改正，对直接负责的主管人员和其他责任人员依法给予纪律处分；情节严重，构成犯罪的，依法追究刑事责任；造成当事人经济损失的，由经办机构依法承担赔偿责任：

（一）未按规定保存用人单位缴费和职工享受工伤保险待遇情况记录的；

（二）不按规定核定工伤保险待遇的；

（三）收受当事人财物的。

第五十九条 医疗机构、辅助器具配置机构不按服务协议提供服务的，经办机构可以解除服务协议。

经办机构不按时足额结算费用的，由社会保险行政部门责令改正；医疗机构、辅助器具配置机构可以解除服务协议。

第六十条 用人单位、工伤职工或者其近亲属骗取工伤保险待遇，医疗机构、辅助器具配置机构骗取工伤保险基金支出的，由社会保险行政部门责令退还，处骗取金额 2 倍以上 5 倍以下的罚款；情节严重，构成犯罪的，依法追究刑事责任。

第六十一条 从事劳动能力鉴定的组织或者个人有下列情形之一的，由社会保险行政部门责令改正，处 2000 元以上 1 万元以下的罚款；情节严重，构成犯罪的，依法追究刑事责任：

（一）提供虚假鉴定意见的；

（二）提供虚假诊断证明的；

（三）收受当事人财物的。

第六十二条 用人单位依照本条例规定应当参加工伤保险而未参加的，由社会保险行政部门责令限期参加，补缴应当缴纳的工伤保险费，并自欠缴之日起，按日加收万分之五的滞纳金；逾期仍不缴纳的，处欠缴数额 1 倍以上 3 倍以下的罚款。

依照本条例规定应当参加工伤保险而未参加工伤保险的用人单位职工发生工伤的，由该用人单位按照本条例规定的工伤保险待遇项目和标准支付费用。

用人单位参加工伤保险并补缴应当缴纳的工伤保险费、滞纳金后，由工伤保险基金和用人单位依照本条例的规定支付新发生的费用。

第六十三条　用人单位违反本条例第十九条的规定，拒不协助社会保险行政部门对事故进行调查核实的，由社会保险行政部门责令改正，处2000元以上2万元以下的罚款。

第八章　附则

第六十四条　本条例所称工资总额，是指用人单位直接支付给本单位全部职工的劳动报酬总额。

本条例所称本人工资，是指工伤职工因工作遭受事故伤害或者患职业病前12个月平均月缴费工资。本人工资高于统筹地区职工平均工资300%的，按照统筹地区职工平均工资的300%计算；本人工资低于统筹地区职工平均工资60%的，按照统筹地区职工平均工资的60%计算。

第六十五条　公务员和参照公务员法管理的事业单位、社会团体的工作人员因工作遭受事故伤害或者患职业病的，由所在单位支付费用。具体办法由国务院社会保险行政部门会同国务院财政部门规定。

第六十六条　无营业执照或者未经依法登记、备案的单位以及被依法吊销营业执照或者撤销登记、备案的单位的职工受到事故伤害或者患职业病的，由该单位向伤残职工或者死亡职工的近亲属给予一次性赔偿，赔偿标准不得低于本条例规定的工伤保险待遇；用人单位不得使用童工，用人单位使用童工造成童工伤残、死亡的，由该单位向童工或者童工的近亲属给予一次性赔偿，赔偿标准不得低于本条例规定的工伤保险待遇。具体办法由国务院社会保险行政部门规定。

前款规定的伤残职工或者死亡职工的近亲属就赔偿数额与单位发生争议的，以及前款规定的童工或者童工的近亲属就赔偿数额与单位发生争议的，按照处理劳动争议的有关规定处理。

第六十七条 本条例自2004年1月1日起施行。本条例施行前已受到事故伤害或者患职业病的职工尚未完成工伤认定的，按照本条例的规定执行。

最高人民法院关于人民法院对经劳动争议仲裁裁决的纠纷准予撤诉或驳回起诉后劳动争议仲裁裁决从何时起生效的解释

法释〔2000〕18号

（2000年4月4日最高人民法院审判委员会第1108次会议通过 2000年7月10日最高人民法院公告公布 自2000年7月19日起施行）

为正确适用法律审理劳动争议案件，对人民法院裁定准予撤诉或驳回起诉后，劳动争议仲裁裁决从何时起生效的问题解释如下：

第一条 当事人不服劳动争议仲裁裁决向人民法院起诉后又申请撤诉，经人民法院审查准予撤诉的，原仲裁裁决自人民法院裁定送达当事人之日起发生法律效力。

第二条 当事人因超过起诉期间而被人民法院裁定驳回起诉的，原仲裁裁决自起诉期间届满之次日起恢复法律效力。

第三条 因仲裁裁决确定的主体资格错误或仲裁裁决事项不属于劳动争议，被人民法院驳回起诉的，原仲裁裁决不发生法律效力。

参考文献

1.《中华人民共和国劳动法》（2018 年修正）
2.《中华人民共和国劳动合同法》（2012 年修正）
3.《中华人民共和国社会保险法》（2018 年修正）
4.《中华人民共和国劳动争议调解仲裁法》
5.《中华人民共和国公务员法》
6.《就业促进法》
7.《工会法》
8.《妇女权益保障法》
9.《未成年人保护法》
10.《残疾人保障法》
11.《退役军人保障法》
12.《职业病防治法》
13.《职业教育法》
14.《最高人民法院关于审理劳动争议案件适用法律问题的解释（一）》
15.《劳动合同法实施条例》
16.《劳动保障监察条例》
17.《职工带薪年休假条例》
18.《社会保险费征缴暂行条例》
19.《工伤保险条例》
20.《失业保险条例》
21.《未成年工特殊保护规定》

22.《女职工劳动保护特别规定》

23.《企业职工患病或非因工负伤医疗期规定》

24.《企业经济性裁减人员规定》

25.《禁止使用童工规定》

26.《集体合同规定》

27.《国务院关于职工工作时间的规定》

28.《国务院关于职工探亲待遇的规定》

29.《工资支付暂行规定》

30.《对〈工资支付暂行规定〉有关问题的补充规定》

31.《关于工资总额组成的规定》

32.《最低工资规定》

33.《工会参与劳动争议处理试行办法》

34.《国务院关于工人退休、退职的暂行办法》

35.《违反〈劳动法〉有关劳动合同规定的赔偿办法》

36.《劳动部贯彻〈国务院关于职工工作时间的规定〉的实施办法》

37.《全国年节及纪念日放假办法》

38.《职业病诊断与鉴定管理办法》

39.《关于贯彻执行〈中华人民共和国劳动法〉若干问题的意见》

40.《劳动部关于〈中华人民共和国劳动法〉若干条文的说明》

41.《实施〈劳动法〉中有关劳动合同问题的解答》

42.《劳动部关于职工工作时间有关问题的复函》

43.《国家统计局关于〈工资总额组成的规定〉若干具体范围的解释》

44.《关于确立劳动关系有关事项的通知》(劳社部发〔2005〕12号)

45.《最高人民法院关于审理工伤保险行政案件若干问题的规定》

46. 北京市高级人民法院、北京市劳动人事争议仲裁委员会《关于审理劳动争议案件解答(一)》(2024年4月30日发布)

47. 上海市高级人民法院民事审判第一庭《关于审理劳动争议案件若干问题的解答》

48. 广州市中级人民法院《关于审理劳动争议案件的参考意见》

49.《广州市中级人民法院关于审理劳动争议案件若干问题的意见综述》

50.《深圳市中级人民法院关于审理劳动争议案件的裁判指引》

51.《深圳市中级人民法院关于审理工伤保险待遇案件的裁判指引》

52. 浙江省高级人民法院民一庭《关于审理劳动争议纠纷案件若干疑难问题的解答》

53. 浙江省高级人民法院民事审判第一庭、浙江省劳动人事争议仲裁院关于《关于审理劳动争议案件若干问题的解答（二）》

54. 浙江省高级人民法院民事审判第一庭、浙江省劳动人事争议仲裁院关于《关于审理劳动争议案件若干问题的解答（三）》

55. 浙江省高级人民法院民事审判第一庭、浙江省劳动人事争议仲裁院关于《关于审理劳动争议案件若干问题的解答（四）》

56. 浙江省高级人民法院民事审判第一庭、浙江省劳动人事争议仲裁院关于《关于审理劳动争议案件若干问题的解答（五）》

57.《福建省高级人民法院关于审理劳动争议案件若干问题的意见》

58.《山东省高级人民法院办公室关于印发劳动争议热点难点问题诉讼指引的通知》

59. 湖北省人力资源和社会保障厅《湖北省审理劳动人事争议仲裁案件若干问题规范指引（一）》（鄂人社发〔2024〕7 号）

60. 天津市高级人民法院《天津法院劳动争议案件审理指南》

61. 四川省高级人民法院、四川省劳动人事争议仲裁委员会《关于审理劳动争议案件有关问题的会议纪要》

62.《内蒙古自治区高级人民法院、内蒙古自治区劳动人事争议仲裁委员会关于劳动人事争议案件适用法律若干问题的指导意见》

63.《南京市中级人民法院关于劳动争议案件仲裁与审判若干问题的指导意见》

64.《安徽省高级人民法院关于审理劳动争议案件若干问题的意见》